Raising Positive Kids in a
Negative World

부정적인 세상에서
긍정적인 아이로 키우기

(부정적인 세상에서) 긍정적인 아이로 키우기 / 지그 지글러 지음
; 홍희정 옮김. -- 개정판. -- 서울 : 산수야, 2007
368p. ; 22.5cm

원서명: Raising positive kids in a negative world
원저자명: Ziglar, Zig
ISBN 978-89-8097-170-1 03370 : ₩12,000

598.1-KDC4
649.1-DDC21   CIP2007003608

Raising Positive Kids in a
Negative World

부정적인 세상에서
긍정적인 아이로
키우기

지그 지글러 지음 ㅣ 홍희정 옮김

산수야

Raising Positive Kids in a
Negative World
부정적인 세상에서
긍정적인 아이로 키우기

개정판 1쇄 인쇄 _ 2008년 1월 5일
개정판 1쇄 발행 _ 2008년 1월 10일

지은이 _ 지그 지글러
옮긴이 _ 홍희정
펴낸이 _ 권윤삼
펴낸곳 _ 도서출판 산수야

등록번호 _ 제 1-1515호
등록일자 _ 1993년 4월 30일
주소 _ 서울시 마포구 망원동 472-19호
전화 _ (02)332-9655
팩스 _ (02)335-0674

ISBN 978-89-8097-170-1 03370

값 12,000원

서문

　심한 태풍으로 밀농사를 망친 농부가 있었다. 그 농부는 일 년 만 날씨를 마음대로 조정할 수 있다면 평생 먹고 살 만큼의 돈을 벌 수 있을 것이라고 생각했다. 원하는 때 태양을 비추게 하고 적당한 시기에 눈이 내리게 하며, 강수량과 기온, 이슬과 서리 내리는 시기를 조정할 수 있는 능력을 하나님이 부여해 주기를 소원했다.

　마침내 농부의 소원이 이루어져 원하는 시기와 장소에 적정량의 비를 내릴 수 있는 특권을 부여받았다. 뿐만 아니라 눈이 내리는 시기와 기온, 그리고 해빙기까지 완벽하게 조정할 수 있는 능력과 기분에 따라 일조량까지 조정하여 원하는 기온을 정확하게 맞추는 특권까지 갖게 되었다.

　그러나 그 결과는 참담한 실패였다. 최악의 수확을 거두게 되던 것이다. 이를 지켜본 이웃이 농부에게 그 이유를 묻자 "바람이 불도록 하는 걸 잊었지 뭡니까." 라고 대답했다.

　이 이야기는 『부정적인 세상에서 긍정적인 아이로 키우기 Raising Positive Kids in a Negative World』를 시작하는 아주 좋은 도입부가 된다. 우리가 이용할 수 있는 모든 정보를 활용하여 문제에 대한 답을 알고 있고, 어떤 환경에서 무엇을 해야할지를 정확히 알고 있다

해도 자녀들 문제에 있어서만큼은 결국 '농사를 망쳐버릴' 수 있다. 이유는 아주 간단하다. 아이들은 농작물이나 컴퓨터가 아니라 인간이기 때문이다.

도입부에서 그리 밝지 않은 이야기를 끌어내기는 했지만 불리한 조건들을 유리하게 바꿀 수 있는 확실한 방법은 있다. 그 방법은 더욱 견실하고 분별력 있고 상식적이며 성실한 단계를 밟으면 밟을수록 자녀들은 우리가 원하는 인간상이자 우리가 자라면서 되고 싶었던 그런 인간으로 자라게 되는 것이다.

이미 나에 대하여 알고 있는 사람들은 내가 낙천적인 사람임을 인지하고 있을 것이다. 그러나 내가 맹목적이거나 분별없이 긍정적인 자세만으로 낙천주의자가 되고자 한 것은 아니다. 이는 모든 자연과 모든 삶의 창조 바로 그 중심에 긍정적이고 낙천적이며 희망적인 자세가 있다는 내 믿음에서 기인한 것이다.

내가 아이들에 대해서 진정으로 염려하고 고민하는 이유는 아이들만이 우리나라의 미래를 짊어질 유일한 희망이기 때문이다. 이는 마치 부모가 아이에게 있어 현재와 가까운 미래에 대한 유일한 희망인 것과 마찬가지인 것이다.

그러나 불행하게도 많은 부모들은 결국 우리가 선택해야 하는 마지막 보루가 삶에 대한 낙천적인 견해를 갖는 것임을 아직까지 깨닫지 못하고 있다. 부모가 삶에 대한 기본적인 자세를 선택하고 난 후에야 비로소 아이들이 자세를 선택하는 데 도움을 줄 수 있음에도 불구하고 말이다.

　확신컨대 긍정적인 자세를 지닌 아이로 키우기 위한 최선의 방법이자 유일한 방법은 스스로 긍정적인 자세를 지닌 부모가 되는 것이다. 이런 이유로 나는 이 책의 상당 부분을 부모인 여러분에게 인생에서 '성공하는 사람'이 되는 방법을 알려주는 데 할애 할 것이다.

스스로에게 묻는 질문들

스스로에게 책에 있는 내용을 모두 실천했는지를 묻는다면 그 대답은 '그렇지 않다'이다. 아내와 나는 세 딸과 아들을 키우면서 이 책에서 제시하는 모든 것들을 행하지는 못했다(누구나 사실대로 말할 수 있다. 그러나 나는 사실이어야 하는 것을 말하고 싶다). 그러나 우리 부부는 이 책에서 제시하는 대부분의 원칙들을 지켰다. 그 결과 행복하고 건강하며 능동적이고 사회에 적응을 잘 할 뿐만 아니라 도덕적이고 긍정적인 자세를 지닌 네 명의 아이들을 성공적으로 키울 수 있었다.

만약 스스로가 마지막에 쓴 문장에 대한 확신이 없었다면 이 책은 절대
로 쓰지 않았을 것이다.

■ 머리말

초보 엄마 아빠가 3.5 킬로그램의 아기를 최초로 가슴에 안았을 그 순간, 아기가 자라서 이 세상에 커다란 기여를 할 건실한 청년이나 아름다운 미인이 될 것을 상상하기란 쉽지 않은 일이다.

그러나 긍정적인 자세를 지닌 부모라면 그들의 상상력을 발휘하여 아기가 자라서 성공적이고 창조적이며 긍정적인 자세를 지닌 어른이 되어 있는 모습을 눈앞에 펼치며 '미래를 내다 볼 수 있을 것'이다. 마치 미켈란젤로가 화강암 덩어리에 처음으로 정을 내리칠 때 전능한 모세를 보았듯이 부모들도

(1) 자그마한 인간의 형체를 하고 있는 '덩어리'에서 훌륭한 젊은이의 이미지를 확신에 찬 굳은 신념으로 투영해 낼 수 있으며,

(2) 무기력한 아기를 성공적인 양육 단계를 밟아 돌봄으로써 긍정적인 자세를 지닌 어른으로 키울 수 있다.

물론 아이를 키우는 과정이 쉬운 것은 아니다. 빵 한 조각을 만들려 해도 다양한 재료들이 적당하게 잘 섞여야 하고, 또 적정 온도에서 적정 시간을 구워야 먹음직스럽고 모양도 예쁜 빵이 되는 것처럼 말이다.

우리의 자녀를 긍정적인 자세를 지닌 아이로 키우기 위해서는

수많은 재료들을 잘 사용해야만 한다. 이를테면 사랑, 꾸지람(벌), 용서, 자신감 등과 아이들의 행복을 위한 수많은 헌신과 배려가 필요한 것이다. 긍정적인 자세를 지닌 아이로 키우는 것은 쉬운 여정은 아니지만 흥미롭고 신나는 일일 뿐 아니라, 가치를 따질 수 없을 만큼의 값진 일이 될 것이다.

　　자, 이제 안전벨트를 단단히 하기 바란다. 지금부터는 당신이 어린 자녀를 두었건 청소년을 두었건 간에 부모로서 아주 흥미있어 할 정보들이 쏟아져 나올 테니 말이다.

감사의 글

어떤 책을 쓰건 작가로서 좋은 글을 쓰기 위해 최선의 노력을 기울이기 마련이다. 그러나 이 책은 그 동안 써왔던 다른 어떤 책을 쓸 때보다 흥미진진했을 뿐 아니라 내게 큰 도전이 되었다.

늘 그렇듯이 좋은 책은 혼자의 힘만으로 쓸 수 없다. 이번에도 많은 작가와 조사자들이 아주 귀중한 글과 자료를 이용할 수 있도록 선뜻 내주었다.

우선 깊이 있는 조사를 해준 나의 절친한 친구 월트 클레이톤과 항상 나를 후원해 준 아내 진, 그리고 딸 수잔, 신디와 줄리, 아들 톰에게 깊은 감사를 드린다.

실질적으로 많은 도움과 지속적인 격려를 아끼지 않았던 마미 맥컬로우 여사와 캐런 루지엔, 그리고 이 책을 출판하도록 해준 빅토르 올리버 씨에게 감사 드린다.

또한 그밖에 사랑과 믿음으로 내 집필 과정을 지켜봐 준 모든 분들에게 진심어린 감사를 드리는 바이다.

차
례

부정적인 세상에서
긍정적인 아이로
키우기

01

긍정적인 아이로 키우는
것은 간단하나 쉽지 않은 일

Raising Positive Kids Is Simple
— But Not Easy

적극적인 기회를 위한 새 안경

몇 년 전 나는 근시와 원시를 동시에 교정해 주는 안경을 맞추기 위해
시력교정사인 밥 보드바르카를 찾아갔다. 밥은 최첨단 컴퓨터를 이용
하여 내 시력에 꼭 맞는 안경을 처방해 주었다. 열흘 후 그 친구는 안경
을 찾으러 간 내게 새 안경을 건네주면서, "이제 자네가 보고 싶은 것을
모두 훤하게 볼 수 있을 걸세." 하며 작별 인사를 했다.

　　밥의 안경점을 나선 나는 차를 주차해둔 곳까지 15미터 정도를
걸어 내려와야 했다. 그런데 차가 주차되어 있는 곳의 모퉁이를 돌면
서 차창에 비친 내 모습을 보고 당황하지 않을 수 없었다. 새 안경에 적
응하지 못해 나도 모르게 발을 심하게 높이 들어올리고 있었던 것이
다. 이런 내 모습을 보고 있는 사람은 없는지 얼른 주위를 살폈다(자신

도 모르게 그리 유쾌하지만은 않은 행동을 하고 있을 때 어떤 기분이 드는지 모두들 잘 알고 있으리라). 다행히 주변에 아무도 없다는 것을 확인하고 나서야 내가 걷는 모습이 얼마나 우스꽝스러워 보였을 지를 생각하며 혼자 웃었다.

바로 그 때, 나 역시 시력 교정사의 역할을 하고 있다는 소박한 생각이 떠올랐다. 나는 전국 방방곡곡을 정기적으로 돌아다니면서 사람들에게 아주 특별한 안경을 하나씩 맞춰준다. 그 안경은 물론 세상을 아름답게만 보도록 하는 장밋빛 안경도 아니요, 어둡고 암담한 세상을 보도록 하는 고뇌의 빛을 띤 안경도 아니다. 이 안경은 부모로서 당신의 잠재력을 확대해서 보여주는 유일한 안경이다.

사실 이 안경은 그보다 더한 것도 가능하게 해준다. 이를테면 이 안경을 통해 당신의 아이가 지니고 있는 사랑, 희망, 지혜, 개성, 천재성, 그리고 성실성 및 그 밖의 다른 여러 자질들을 볼 수 있도록 도와줄 것이다.

다시 말해서 자녀의 잠재력을 올바르게 보도록 돕는 안경의 역할을 하는 것이 바로 이 책이다. 부모인 당신으로 하여금 당신의 특별한 아이가 자라서 어떤 인물이 될지를 다시 한 번 잘 볼 수 있도록 하려는 데 이 책의 목적이 있다.

이 책을 통해서 당신 역시 스스로를 되돌아보게 될 뿐만 아니라 자녀의 잠재력 계발을 도울 수 있는 기회를 찾게 될 것이다.

긍정적인 아이를 키우는 두 가지 원칙

이 책을 통해서 나는 두 가지 원칙을 수 없이 반복하여 강조할 것이다. 왜냐하면 당신이 이 두 가지 원칙을 완전히 자기 것으로 만든다면 자녀를 교육시키고 부모로서의 역할을 다 하는 데 어려움이 없을 것이기 때문이다.

생각하는 방식에 따라 행동 방식이 결정된다

첫 번째 원칙은 어떤 생각을 하느냐에 따라 현재의 모습이 결정되며, 그 생각을 바꿈으로써 현재의 상황과 모습 역시 바꿀 수 있다는 것이다. 다시 말해서 생각하는 방식에 따라 행동 방식이 결정된다는 것이 첫 번째 원칙의 핵심이다.

몇 년 전, 행동 방식에 관하여 이야기하면서 나는 컴퓨터 구입에 적극적으로 동의했었다. 한 기업이 성장하여 더욱 성공적으로 목표를 성취하는 데 있어 컴퓨터가 핵심적인 구성요소라고 확신했기 때문이다. 당시 나는 컴퓨터에 대단한 흥미를 느끼고 있었다. 사실 미시시피에 있는 시골 마을 출신인 나는 새로운 것이라면 무엇이든지 사고 싶어 했다. 그러니 컴퓨터와 같이 놀라운 능력을 지닌 신개발품이야 말해서 무엇하겠는가.

나는 전국을 돌아다니면서 내 강연을 듣는 청중들에게 이 기적에 가까울 만큼 놀라운 컴퓨터의 성능에 대해 열변을 토했다. 그도 그럴 것이 컴퓨터만 있으면 직원들의 급여 총액을 쉽게 확인하고 상품 목록을 관리하는 것은 물론 메일도 주고받을 수 있었다. 뿐만 아니라 자질구레한 일들을 간편하게 처리할 수 있었던 것이다. 컴퓨터야말로 모든 성가신 일들을 척척 해결해 주는 만능 기계였다.

그런데 구입한지 6개월된 컴퓨터를 처음에 샀던 값의 절반도 안 되는 가격으로 중고시장에 내놓고 말았다. 당신은 아마 '말도 안 되는 소리'라고 할 것이다. 그러나 이 컴퓨터 때문에 정말 '말도 안 되는' 일이 있었다. 그 당시 우리 회사에서는 메일 리스트에 있는 사람들에게 한 달에 두 번 소식지를 보내고 있었다. 이 소식지는 고객들에게 신상품을 소개하면서 계속 구매에 활력을 주기 위하여 무료로 발송하고 있었다.

우리는 회사 메일 리스트에 있는 고객들에게 소식지를 발송했고, 그들은 그것을 받아보았다. 그런데 문제는 이름이 같은 고객에게 같은 소식지가 전해졌던 것이다. 가령 윌리엄 B. 존스 박사와 그의 부인에게 소식지를 발송했다고 하자. 윌리엄 B. 존스 씨와 그의 부인은 물론, 윌리엄 존스 씨와 그의 부인, 그리고 존스 씨와 그의 부인까지 같은 소식지를 받았다. 그 뿐인가? 윌리엄 B. 존스 여사도 그 소식지를 받았던 것이다(역주: '윌리엄'과 '존스'가 들어간 이름을 가진 모든 사람에게 메일이 발송되고 있는 상황을 설명).

자, 이제 무슨 일이 일어났는지 감을 잡았을 것이다. 그러니 우리가 계산서를 보낼 때도 같은 일이 발생해서 엉뚱한 사람들에게 더 많은 비용을 청구하거나, 낮은 비용을 청구하기도 하고 비용 청구서가 늦게 들어가는가 하면, 더 일찍 발송이 되는 사태가 발생하고 있었던 것이다. 게다가 이미 지불한 청구서를 세 번째 받게 되었을 때 고객들이 얼마나 당혹스러워하며 화를 냈을지 생각해 보라. 얼마나 터무니없고 기막힌 일인가!

이제 컴퓨터를 사용하고 있는 독자들은 내가 지금 이야기하고 있는 것과 관련된 어려움은 겪지 않을 것이다. 컴퓨터로 인해 발생한 문제의 파장을 알았을 때, 나는 화가 머리끝까지 나서 직원들에게 소리쳤다.

"컴퓨터를 팔아버리시오. 없애버리란 말이오. 내다 버려요."

컴퓨터라는 기계가 그야말로 우리 회사를 망치고 있었다. 그러나 다행히 중고시장에 내놓은 컴퓨터는 팔리지 않았다. 지금 와서 하는 말이지만 정말 '다행스러운' 일이었다. 오늘날 컴퓨터는 지그 지글러 주식회사의 성공에 없어서는 안 되는 필수품이기 때문이다.

질문 전에 있던 컴퓨터와 현재 컴퓨터의 차이는 무엇인가?

답변 차이는 없다. 컴퓨터를 운용했던 사람들이 바뀐 것을 제외하고는 말이다.

어느 날 데이브 씨와 메릴린 바우어 씨가 사무실로 들어서더니 이렇게 말했다. "지글러 씨, 저희들이 당신의 컴퓨터가 재주를 부리도록 해드리지요. 물론 실수 없이 일도 할 수 있도록 말입니다." 당연히 나는 그들을 반갑게 맞았다.

바로 그 다음날 컴퓨터실로 들어서자 처음 보는 아주 훌륭한 컴퓨터가 나를 기다리고 있었다. 이 컴퓨터는 웃고 이야기하며 휘파람을 불고 노래를 하는 등 놀라운 재주를 부리는가 하면, 일도 하고 있는 것이 아닌가! 도대체 이 컴퓨터를 어떻게 했을가? 당연히 떠오르는 의문이다.

그 의문의 답은 간단하다. 입력 내용을 바꾸었던 것이다. *입력 내용을 바꾸니 당연히 결과물도 바뀔 수밖에!* 그렇다. 바로 이 단순한 원칙이 인간에게도 적용된다.

 어떤 생각을 하느냐에 따라 당신의 현재
모습이 결정된다.

스스로에게 엄격하면 삶은 더욱 평탄해질 것이다

두 번째 원칙은 삶이 평탄하지 않다는 것이다. 솔직히 삶이란 아주 힘겨운 것이다. 당신이 한 가정의 가장이건 또는 한 회사의 임원이건 간에 이 원칙은 틀림없는 사실이다. 당신이 운동 선수나 그 선수의 코치라 해도 마찬가지로 적용되는 원칙이다. 성공한 승리자가 되기 위해서 부모와 자녀는 이 험한 세상에서 살아남아야 하며, 그러기 위해서는 자기수양법을 익혀야 한다.

이 책을 읽고 있는 부모들이여, 스스로에게 엄격하면 삶은 더욱 평탄해질 것이다. 이것이 바로 부모들이 자녀들에게 어릴 때부터 자기 통제훈련을 시켜야 하는 이유다.

훈련을 받지 못했다는 것은 곧 재앙이다. 왜냐하면 당신의 자녀가 자라서 세상에 나가게 되면 사랑이라고는 눈을 씻고도 찾아볼 수 없는 가혹한 세상으로부터 사랑하는 부모에게서 받지 못했던 모든 훈련을 받아야 한다는 사실을 깨닫기 때문이다.

자기 통제력을 기르기 위해서는 일반적으로 고통스러운 경험 학습이 필요하다. 하지만 그 결과는 노력에 대한 대가를 톡톡히 지불할 것이다.

성공은 쉽게 오지 않는다

삶이 쉽지 않다는 것을 강조하기 위하여 나는 내 연설 계약에 대한 이야기를 자주 인용한다. 한번은 어떤 여성이 내 얼굴도 제대로 쳐다보지 못하면서 "저, 선생님께서는 아주 적은 비용으로도 좋은 연설을 해주신다고 하던데요. 그렇죠?" 하고 물어왔다. 나는 가볍게 미소를 띠며 그녀를 바라보고 대답했다. "저런, 그렇지 않습니다. 잘못 알고 계신 것 같군요. 저는 아주 많은 비용을 받고 연설을 하고 있답니다."

그러나 나는 어떤 연설에 대해서건 비용을 받기 시작하기 전에는 라이온스클럽, 로터리클럽, 교회단체를 비롯한 다양한 사무실과 영업단체를 찾아다니며 무료로 수백 건의 연설을 해주었다는 사실을 그녀에게 말하지 않았다. 때로는 자비를 들여 수십 킬로미터 떨어진 곳까지 차를 몰고 가서 열 명 남짓 되는 사람들에게 연설을 하고는 숙박비가 없어서 되돌아오기를 수없이 반복했다.

내가 왜 그랬을까? 나는 할 말이 있었고, 언젠가는 그에 대한 대가를 받게 될 것이라는 믿음이 있었기 때문에 이를 견뎌냈던 것이다.

"진정으로 당신이 바라는 것은 무엇입니까?" 라고 묻는다면 이 책을 읽고 있는 모든 부모들은 아마 "우리 아이들이 인생에서 성공하여 최고가 됐으면 좋겠어요." 라고 대답할 것이다. 어떻게 하면 이런 결과를 얻을 수 있을까?

우선 내가 앞서 말했던 당신의 아이들이 천부적으로 타고난 잠재력을 꿰뚫어 볼 수 있는 안경을 이용하라. 그리고 아이들을 비교적 오랜 기간 동안의 험난한 환경을 견뎌낼 수 있도록 준비 시켜야 한다. 그리고 아이들의 마음에 주파수를 맞추고 매일 힘을 불어 넣어주어 그들이 강하고 긍정적인 결과물을 만들어내는 모습을 지켜보라.

다음 장에서는 우리가 살고 있는 세상에 대한 부정적인 측면들을 몇 가지 살펴볼 것이다. 우리가 수많은 문제에 부딪히는 곳이 바로 우리가 살아 가고 있는 세상이기 때문이다.

자기 평가

1. 당신에게 있어 긍정적인 아이를 키우는 데 도움이
   될 최우선 원칙은 무엇인가?

2. 살아오면서 당신의 생각이 어떤 방식으로 행동에
   영향을 미쳤는지를 설명하는 구체적인 사례를 생
   각해 보라.

3. 긍정적인 자세를 지닌 아이를 키우는 데 최우선 원
   칙 못지 않게 중요한 두 번째 원칙은 무엇인가?

4. 당신은 삶의 힘겨운 환경으로부터 자녀를 보호하
   는가?

5. 자녀들을 삶의 험난한 환경에서도 잘 견딜 수 있도
   록 준비시키기 위하여 당신이 바꿀 수 있는 교육법
   과 훈련법을 목록화 해보라.

6. 당신의 부모님은 당신에게 인내하는 법을 가르쳐
   주었는가? 그랬다면 그 방법은 무엇이었는가?

02

우리의 문제

We've Got Problems

이 세상은 얼마나 부정적인가?

책을 펼쳐서 처음 몇 페이지만을 읽은 독자라면 저자인 나를 부정적인 시각을 가진 사람이라고 생각하며 책을 덮을 것이다. (특히 이 장의 마지막을 장식하는 몇 단락까지 더 읽지 못하고 책을 덮는 사람들에게 말이다.) 그러나 충고를 한 마디 하자면 내가 이 책에서 세상이 얼마나 부정적인지에 대해 많은 예를 들어 이야기하더라도 궁극적으로는 이 모든 문제에 대한 해결책은 있다고 긍정적이고도 단호하게 믿고 있다.

　　만일 이런 문제들을 그럴듯하게 얼버무려 간단한 문제처럼 보이게 한다면 스스로 무력감을 느낄 것이다. 문제는 그렇게 간단하지 않다. 먼저 논리적이며 이치에 맞게 문제를 해결해 가는 단계는 그 문제를 조심스럽게 확인하고 마침내 그것을 긍정적으로 해결하는 것이다. 자, 이제 구체적인 문제들을 살펴보도록 하자.

　　가장 근본적인 문제는 부정적인 대화와 혼잣말에 있다. 예를 들어 부모들은 "뛰지마라!"는 명령과 함께 학교 가는 아이를 전송한다. 또 비만인 사람은 십중팔구 음식을 꾸역꾸역 먹으면서 "내가 먹는 건 모두 살로 가지."라고 중얼거린다. 만일 누군가 충돌사고를 낸다면 몇 분 안에 '폐차 작업반'이 불려 올 것이다. 우스운 일이다. '충돌사고'가 일어났으니 '견인차'가 필요하지 않은가.

　　대부분의 사람들은 '벨' 소리에 잠을 깬다. 이는 우리에게 더없이 부정적인 영향을 준다. 은행 강도가 침입하면 울리는 것이 벨이다. 이 벨 소리를 듣는 사람들은 겁에 질리게 마련이다. 그 뿐인가! 건물에 불이 나도 벨이 울려 사람들을 놀라게 한다. 그러니 당신이 벨 소리에 잠을 깬다면 잠자리에서 일어나 활동하는 것 자체를 두려워하게 될 것이다. 벨 소리를 들을 수 없다면 이미 일어나서 활동을 시작했을지도 모르는 일 아닌가.

　　심지어는 우리가 쓰고 있는 용어도 부정적이다. 가령 빵을 한 덩어리 사서 첫 조각과 마지막 조각을 일컬어 '끄트머리'라고 한다. 사실 모든 덩어리 빵은 두 개의 시작부분이 있을 뿐인데 말이다.

　　최근 비행기로 댈러스에 도착했을 때의 일이다. 기장이 기내 방송으로 "이제 최종 목적지에 진입하고 있습니다."라는 불길한 이야기를 했다. 정말이지 자리를 박차고 일어날 만큼 무시무시한 말이 아닐 수 없었다. 나는 승무원을 불러 이렇게 말했다. "기장에게 그 최종 목적지는 다음에 가 달라고 전해주시겠습니까? 저는 아직 하고 싶은 일들이 많거든요!"

골프를 좋아하는 나는 2명이 한 조를 이루어 하는 경기를 즐긴다. 어느 날 함께 경기를 하던 친구가 공을 쳤는데 그만 호수에 떨어지고 말았다. 그걸 보고 있던 친구가 돌아서더니 "내 그럴 줄 알았어!" 라고 말했다.

그렇게 될 줄 알았다면 도대체 왜 공을 쳐서 호수에 빠뜨렸단 말인가? 공을 쳐서 호수에 빠뜨리는 것이 골프 경기의 규칙은 아니지 않은가 말이다. 물론 점수가 올라가는 일도 아니다. 긍정적인 사람이라면 뒤로 물러나 생각을 재정리하여 다음에는 호수를 넘겨 페어웨이로 공을 쳐야겠다는 다짐을 하고, 또 그렇게 했을 것이다.

일반적으로 사람들은 늦게 잠자리에 들면서 다음날 아침 일찍 일어나야 하는 상황이라면 영락없이 '내일은 정말 피곤하겠군.' 이라고 중얼거린다. 또 어렵고 힘든 일만 보면 '난 저 일을 할 수 없어.' 라고 하는가 하면, 일이 조금이라도 복잡해진다 싶으면 '이 일을 절대 끝낼 수 없을 것 같아.' 라고 말해버리는 것이다. 이 얼마나 부정적인가!

상황이 변했다

두 세대 이전과 비교하여 21세기에 접어든 현재 시점에서 긍정적인 아이를 키우는 일은 훨씬 더 어려워졌다. 부정적으로 바뀐 몇 가지 상황들을 살펴보도록 하자.

댈러스에 있는 한 침례교 대학의 전 총장인 마빈 왓슨 박사의 말에 따르면, 1940년 공립학교 학생들에게서 볼 수 있는 가장 많은 위반 사항들은 복도에서 뛰어다니기, 껌 씹기, 복장불량(여기에는 셔츠를 단정치 못하게 내놓은 채로 다니는 것이 포함된다), 떠들기, 휴지 아무 곳에나 버리기에 불과했다고 한다.

그러나 오늘날 공립학교에서 가장 많이 발생하는 위반 사항들은 살인, 강간, 절도, 폭행, 강도, 마약중독, 방화, 총기사건, 알코올중독, 무기 소지, 장기 결석, 각종 야만행위(기물 파괴 등) 및 금품 강탈에 이르고 있다.

사실 위에서 열거한 위반 사항들이 모두 중죄에 해당되기 때문에 시대와 상황이 변했다는 말밖에는 할 말이 없다. 이러한 변화가 좋다고 생각하는 사람은 아무도 없을 것이다. 당신의 자녀가 학교와 사회에서 바로 이런 문제들에 직면해 있다. 그러니 가정에서 부모의 역할이 점점 더 어려워지고 중요해지는 것은 너무나 당연한 일이다.

미국인들의 삶에서는 흥미로운 현상을 엿볼 수 있다. 만일 내가 실제로 청중들 앞에 서면 그 대상이 세일즈 협회건, 교육자들이건, 애국지사들의 모임이건, 또는 운동 선수들이건, 떠들썩한 술잔치에 모인 변호사나 심지어는 코카인 등의 약물에 취해있는 사람들이건 간에 상관없이 나를 경이로운 시선으로 바라볼 것이다.

그러나 내가 그들에게 근친상간, 간통, 동성애, 잔인 행위, 그리고 심지어 자살에 관한 세일즈 강연을 한다고 하면 그것도 자연스럽게 드문드문 육두문자를 섞는다면, 가만히 앉아서 내 이야기를 들을 사람은 아무도 없을 것이다.

또한 다음날 그 지역에 있는 학교에서 학생들을 대상으로 이런 연설을 할 것이라는 사실을 알게 된다면 부모들은 분명히 천지가 개벽이라도 하듯 학교로 달려가 연설 계획을 취소시키라고 아우성을 칠 것이다.

 긍정적인 정보의 투입은 긍정적인 결과를 가져오고 부정적인 정보의 투입은 부정적인 결과를 가져온다.

음악

흥미로운 것은 욕설 등이 섞인 부정적인 음반을 구입하는 돈을 부모들이 은연중에 자녀에게 주고 있다는 사실이다. 부모들은 겉으로만 필사적으로 그 행위를 막으려고 하는 것이다.

음악의 멜로디나 가사는 오늘날 가족들에게 또 다른 주요 문제가 되고 있다. 내가 지나치게 과장하고 있다는 생각이 든다면 지금 당장 가까운 곳에 있는 레코드 가게에 들러 인기 가요가 수록되어 있는 앨범들을 살펴 보라.

대중 가요에서부터 알엔비, 컨트리 뮤직, 랩 등 다양한 장르가 수록되어 있을 것이다. 그 가사를 읽어 보라. 그 가사들이 무엇을 노래하고 있는지를 알게 된다면 그 충격에서 벗어날 수 없을 것이다.

더욱 중요한 점은 이런 내용의 가사들이 아이들의 마음속에서 수십 번, 수백 번 반복해서 불려지고 있다는 사실이다. 이것이 아이들에게 미치는 영향은 같은 내용을 내가 연설로 한 번 들려주는 것과는 비교도 되지 않을 만큼 크다. 사실 우리 아이들이 이런 수많은 노래들을 부를 수 있는 가능성은 아주 높다.

말이 마음속에 자리를 잡아 영상을 만들어 내고 마음은 그 영상을 완성시키려고 끊임없이 노력한다는 점을 이해한다면 자살이나 마약중독, 폭력과 그 밖의 성행위 등이 점점 증가하는 이유를 쉽게 납득할 수 있을 것이다. 이 문제에 있어 놀라운 사실은 특히 나이가 어리거나 감수성이 예민한 아이들의 경우에는 마음속에 들어오는 말 한마디 한마디가 만들어내는 영상을 그대로 믿어버리게 된다는 것이다.

볼테르가 말했듯이 "다른 사람들의 말에 따라 불합리한 것을 믿어버리는 사람은 그 말에 따라 잔혹 행위도 저지를 수 있다."

음악의 영향력은 얼마나 될까?

"당신이 법을 만들고 내게 음악을 만들도록 해 주시오. 그러면 내가 당신의 나라를 다스리리다." 이는 1703년 스코틀랜드의 위대한 우국지사였던 앤드류 플래처의 말이다.

만약 레코드 가게에 들를 시간이 없어 노래가사를 확인해 보지 못한다 해도 수백 가지의 다른 예들이 즐비하게 있다. 어떤 락그룹은 최고의 파티가 벌어지고 있는 지옥에 관한 노래를 부르는데, 내용은 당신의 모든 친구들이 그 곳에 모여있으니 당신도 동참해야 한다는 내용이다.

또 어떤 노래들은 기독교를 조롱하는 노래로 심하게는 신성모독에 가까운 내용을 담고 있다. 어떤 밴드는 듣는 이로 하여금 부모님이나 선생님 말씀은 물론, 다른 어떤 권위에도 귀를 기울이지 말고 오로지 '너의 뜻대로 하라' 는 내용을 담은 노래를 부르고 있다.

또 다른 인기 절정의 가요는 술에 취해보려 노력하고 마약도 해보았지만 도움이 되지 않았고, 성행위를 해보아도 아무런 도움이 되지 않으니 자살이나 해볼까 하는 내용을 버젓이 담고 있다. 어떤 그룹 사운드의 음악은 그 가사에 있어 교육이나 직업, 책임감, 그리고 가족에 미칠 수 있는 악영향을 우려하여 22개의 국가에서 금지곡으로 지정되었다고 한다.

덧붙이자면 몇몇 컨트리 음악과 서부 음악 역시 좋지 않은 영향을 미친다. 음악에 포르노적인 요소가 들어있는 경우가 대부분이기 때문이다.

좋은 음악은 도움이 된다

부정적인 것들을 강조하는 사이 간과되고 있는 음악의 긍정적인 측면들이 있음을 부인할 수는 없다. 위에서 이야기했던 음악의 부정적이고 비도덕적인 영향에 대항하기 위해서는 선호하는 음악적 취향이 형성되기 이전에 부모들이 좋은 음악들을 많이 접할 수 있도록 신경을 써야 할 것이다.

훌륭한 음악은 사람의 성취감을 고취시키고 사회에 놀라운 기여를 하도록 영감을 불어넣어 준다. 연구 결과에 따르면 멜로디가 아름다운 배경 음악을 틀어놓으면 창의력이 향상되고 기분 전환이 될 뿐만 아니라 음악을 감상하는 즐거움도 누릴 수 있다고 한다.

TV – 가치관의 파괴자

현대 사회를 살아가기 위해서는 텔레비전을 받아들여야 한다. 문제는 그것이 좋은지 나쁜지, 도움이 되는지 해가되는지의 여부에 달려 있다. 그러나 어떻게 생각하든 텔레비전이 우리 삶의 일부가 되었음은 부인할 수가 없게 되었다. 수많은 가족들이 집에서 텔레비전을 치워버리고 싶어하지만 이미 텔레비전의 매력에 푹 빠져버렸거나 유행하는 텔레비전 방송을 보지 못해 사람들로부터 비웃음을 사지는 않을까 하는 우려로 선뜻 치우지 못하고 있을 것이다.

만일 내가 가정을 처음 꾸리는 젊은이라면 집에 텔레비전을 들이지 않을 것이다. 물론 때로는 텔레비전 프로그램이 유익하다는 것을 부인하지는 않는다. 나도 골프, 축구, 테니스 경기 같은 스포츠 프로그램 시청을 아주 좋아하는 부류에 속한다. 그러나 전체적으로 볼 때 그에 대한 대가가 너무나 크다. 아이들을 텔레비전 프로그램에 무방비

상태로 노출시키기에는 너무나 부정적인 영향이 많기 때문이다.

텔레비전의 부정적인 영향이 너무 강하다는 구체적이고 상세한 조사 결과들이 많이 나와있다. 그 중 다음과 같은 몇 가지 주요 조사 결과들이 1997년 미디어 스코프 주식회사에서 발표되었다.

- 텔레비전에서 방영되는 대부분의 폭력물들은 시청자들에게 위험하다.
- 모든 폭력물의 73% 이상에서 범죄자들이 처벌을 받지 않는다.
- 폭력물에서 폭력에 대한 부정적인 결말은 대부분 다뤄지지 않는다.
- 넷 중 하나 꼴로 폭력물에 권총이 사용된다.
- 4%에 해당하는 폭력물만이 비폭력적 주제를 강조한다.
- 케이블 채널이 가장 높은 비율의 폭력물을 방영한다(85%).

어린이 및 청소년 정신의학학회에서는 텔레비전 폭력이 어린아이들과 청소년에게 미치는 영향에 대한 다양한 연구를 통해 다음과 같은 결과를 보고하였다.

(텔레비전의 폭력적 프로그램에 노출된 아이들은)
- 폭력의 공포에 '면역' 이 된다.
- 점진적으로 폭력을 문제의 해결책으로 여기게 된다.
- 텔레비전에서 봤던 폭력적 행위들을 따라하게 된다.

스스로를 희생자나 가해자와 동일시하게 된다.

오늘날 텔레비전 프로그램이 우리 아이들에게 불건전한 영향을 미치고 있음을 보여주는 예들은 넘쳐나고 있다. 당신의 자녀가 텔레비전이나 영화 스크린 앞에 앉아 있다면 당신은 이미 그에게 오늘날 가장 효과적이고 설득력이 강한 교육매체를 제공하고 있는 셈이다.

텔레비전을 통하여 우리는 믿을 수 없는 일들을 믿을 수밖에 없게 된다. 그러다 보니 사람들은 가장 보편적으로 방송되는 텔레비전 방송들이 '의미 있는 관계'를 담고 있다고 믿게 된다.

요즈음 텔레비전으로 방송되는 프로그램들에 등장하는 성관계는 거의 십중팔구 혼전 남녀 사이에서 이루어진다. 이는 혼외 성관계가 나쁘지 않을 뿐더러 흥미진진하고 심지어는 '아름답다'는 생각을 분명하게 심어주고 있다. 이것이 바로 우리 아이들이 텔레비전 프로그램으로부터 받아들이는 교훈이다.

우리는 삶을 살아가는 한 방법으로 술을 마시는 것을 선호하게 되었다. 이를테면 텔레비전에서 수시로 술을 마시는 장면이 방송된다. 재미있는 일은 선한 사람이건 악한 사람이건 술을 마시는 비율이 같다는 점이다.

이런 방송을 보면서 은연중에 확고하게 자리 잡는 생각은 삶이 재미없다고 느껴지면 술을 마시고 싶어진다는 것이다. 또 심각한 고민이 있어도 자연스럽게 술을 마신다. 정말 강한 의욕에 넘쳐 흥분될 때나 그 흥분을 가라앉히는 데도 술을 마셔야 한다. 상황이 이렇다보니 십대들의 알코올 중독이 만연하게 되는 것은 당연하다.

TV는 심각한 희생을 강요한다

우리는 텔레비전 중독이 젊은이들의 잠재성과 생산성에 대해 얼마나 커다란 희생을 강요하는지 전혀 모르고 있는 것 같다. 나는 지금 인간의 창의력을 억누르고 절름발이 인간관계를 조장하는 마비성 중독에 관하여 이야기하고 있다. 나는 몇 년 전『의학학회 저널』에 난 다음과 같은 논평에 전적으로 동의한다.

"텔레비전 방송이 위험한 주된 이유는 특정 행위를 예방하는 것 못지 않게 새로운 행위를 생성해내기 때문이다." 텔레비전을 시청하는 전체 시간 중에서 개인적으로 긍정적인 동기와 정신적인 창의성, 그리고 타인의 삶에 실질적으로 개입하는 시간은 한 시간도 채 안 된다.

이 분야의 전문가들이 생각하는 몇 가지 다른 부정적 특성들은

❶ 대화 중 비언어적 표현의 증가

❷ 자발성, 상상력, 청소년 특유의 혁신적인 사고의 감소

❸ 격하고 비합리적이고 자신만의 형식을 지닌 음악 비트에 의존

❹ 항상 등장하는 마약장면

❺ 정신적인 상호작용과 적극적인 개입을 요구하는 활동이나 경험보다는 수동적인 경험에 대한 더욱 커다란 관심

❻ 젊은이들 사이에 문제를 해결하는 창의성이 제한되거나 결여되는 문제 등이 있다.

텔레비전을 켜는 것과 동시에 전인적이고 통찰력을 지닌 아이들로 변화되는 과정이 차단되어 버릴 수 있다. 뿐만 아니라 사려 깊고 다른 사람들을 생각할 줄 아는 사람들을 수동적인 시청자로 바꾸어버릴 수 있는 것이다.

가치관이 이상하게 꼬이고 혼란스러워진다. 그렇기 때문에 샌프란시스코에 살고 있는 아홉 살 난 어린아이가 "밖에 나가 놀기보다는 집에서 텔레비전을 더 많이 봐요. 밖에 나가봐야 늘 야구나 하고 자전거를 타고 노는 일밖에 없어 지루한 걸요."라는 말을 자연스럽게 하는 것이다.

"텔레비전에서 벗어날 수가 없었어요." 메이 엘리슨 씨가 보낸 텔레비전 중독에 관한 편지의 내용이다. 또 열한 살의 모니카 펜즈는 "숙제를 아직 다 못했어요. 친구들도 모두 잊게 돼요. 텔레비전 앞에 앉기만 하면 벗어날 수가 없었어요."라고 고백했다. 또한 열한 살의 데이비드 칸은 "저는 텔레비전 쇼만 봐요."라고 말했다. 사실 데이비드와 모니카는 텔레비전 광이다. 데이비드는 하루 열 시간을 모니카는 하루 다섯 시간을 텔레비전 앞에서 보냈던 것이다.

드 폴 대학의 심리학 프로그램 책임자로 있는 페티 레벅 씨는 아이들이 텔레비전을 자주 시청하는 이유는 학업이나 가족 혹은 사회적 문제로부터 탈출구를 찾기 위해서라고 지적한다.

텔레비전을 지나치게 많이 보는 아이들은 소외되는 경향이 있다. "그런 아이들은 텔레비전을 지켜보기만 하는 수동적인 활동으로 말미암아 독창성을 개발하지 못합니다. 문제는 이 아이들이 텔레비

전을 보는 것 외에는 아무 것도 하지 않을 때 더욱 커집니다. 텔레비전 때문에 다른 활동을 할 기회를 놓치게 되는 거죠."라고 레벡 씨는 덧붙인다.

한 어머니는 아이들이 텔레비전을 보면서 생각을 하지 않으려 한다고 불평을 한다. "학교에서 이야기를 만들어 오라는 숙제를 내주면 텔레비전에 나오는 것을 대충 써내려고 해요." 레벡 씨도 이에 동감하며 이렇게 덧붙였다. "기억해두어야 할 점은 아이들이 항상 오락거리를 필요로 하지는 않는다는 겁니다. 아이들이 가장 발전하는 시기는 오락거리로부터 완전히 떨어져 있을 때입니다. 아이들에게는 창의력이 가장 훌륭한 오락거리라 할 수 있지요."

마지막으로 한 가지만 더 얘기하면 텔레비전에서 방영되는 〈디어 헌터 The Deer Hunter〉를 시청한 후 38명이 죽었다. 이들은 모두 영화에 나오는 러시아식 룰렛 게임을 흉내내다가 죽은 것이다. 무엇을 받아들이느냐에 따라 결과가 달라진다.

2001년 1월 17일 로스엔젤레스 타임지의 기사는 텔레비전과 전자오락의 폭력성이 폭력적 행위의 발산 빈도를 점점 증가시키는 데 일조를 하고 있다고 밝히고 있다. 이 기사는 미 공중 보건국의 의무국장인 데이비드 새처의 다음과 같은 말을 인용하고 있다.

"폭력적인 매체에 얼마나 노출되느냐가 오늘날 사회문제(특히 청소년 폭력)에 중요한 영향을 미칩니다. 공중 보건적 측면에서 볼 때 오늘날의 소비형태(매체)는 그리 바람직하지 않습니다. 뿐만 아니라 많은 어린이들에게 분명히 해로운 영향을 끼치고 있습니다."

아이들에게 우리가 늘 그 자리에서 그들을 이해하고 있으며, 그들을 사랑하고 후원해주고 있음을 알려줘야 한다.

아이들은 어느 정도 텔레비전을 시청해야 하는가?

어느 정도 텔레비전을 시청해야 하는가? 의심의 여지없이 때로는 훌륭한 텔레비전 프로그램도 있다. 이런 특별 프로그램은 가족 모두를 위한 유익한 정보를 담고 있다. 이런 프로그램들을 통해서는 지리나 역사, 다른 문화나 문명에 대한 정보뿐 아니라 다른 많은 유익한 정보들을 접하고 익힐 수 있다.

어떤 프로그램은 우리에게 꼭 필요한 휴식과 오락을 제공하기도 한다. 예를 들어 〈일곱 번째 천국 Seventh Heaven〉은 긍정적이고 '전통적인' 가족의 모습을 재미있고 효과적으로 표현한다. 이 프로그램에서는 지혜로운 부모들과 견실한 가치관을 믿고 가르치는 사람들을 등장시키고 있다.

〈천사가 주는 감동 Touched by an Angel〉과 교회 예배 방송은 남녀노소를 불문하고 용기와 감동을 준다. 그러나 나는 일반적으로 텔레비전에서 방영되는 내용을 볼 때, 매체가 지닌 전반적인 장점에 대해서 상당히 회의적이다.

가정에서 텔레비전을 치워버린다면 처음 한두 주 후에 우리의 아이들은 분명히 '달라질' 것이다. 더욱 행복해지고, 더욱 많은 대화를 나누며, 생산적이고 긍정적이 될 것이다. 또한 넘치는 애정과 편안한 마음으로 도덕적 책임감을 가지고 사회에 적응을 잘하게 될 것이다.

그렇다고 갑자기 텔레비전을 치워버릴 수는 없는 노릇이다. 그렇다면 현실적인 대안은 무엇인가? 많은 해결책들 중 가장 좋은 절충안은 다음과 같다.

먼저 부모들이 자녀들과 함께 앉아서 아이들의 연령에 적합한 프로그램을 목록화하여 일주일 단위로 텔레비전 프로그램 시간표를 짠다. 다음으로 프로그램의 목록과 각각 방송시간과 날짜를 함께 적는다. 각 프로그램에 번호를 매겨 10까지 적은 카드를 아이들에게 주고 이것을 지켜야 한다는 책임감을 심어준다.

부모는 아이가 시청한 프로그램이 적힌 카드에 스티커를 붙이거나 사인을 해 아이들이 열 개의 프로그램을 모두 보았으며, 이것이 그들에게 충분한 시청 시간임을 확인시켜 준다. 이런 과정을 통하여 아이들은 자신이 시청하는 프로그램을 적절하게 선별할 수 있게 될 것이며, 자제력은 물론 책임감도 가지게 될 것이다.

또한 아이들에게 판단력과 올바른 가치관을 심어주는 데도 도움이 될 것이다. 이렇게 부모와 아이들이 함께 작성한 목록에는 크리스마스나 각종 명절 특집은 물론, 독립기념일과 같은 경축일을 위한 특별 프로그램들이 포함되어 온 가족이 함께 시청할 수도 있을 것이다.

이보다 훨씬 더 나은 접근법이 펜실베니아의 한 학교에서 시행

되고 있다. 이 학교에서는 지나치게 과민하거나 초조해하는 학생, 또는 반사회적인 행동을 하는 학생들을 줄이려는 노력의 일환으로 텔레비전 시청 시간을 엄격하게 제한하는 안내문을 내놓았다.

"장시간 텔레비전을 시청하는 초등학교 어린이들은 지나치게 과민하거나 반사회적인 행동을 하는 경향이 있습니다."라고 팬실베니아 피닉스빌의 켐버튼 농업학교 교장선생님인 헨리 블랭카드는 말한다. 유치원 학생들부터 12학년(고등학교 3학년) 학생들까지 총 320명이 재학중인 켐버튼 농업학교는 1학년 때까지는 텔레비전 시청을 하지 못하도록 요구하는 가정 통신문을 발송해왔다.

2학년 이상의 어린이들에게도 주중에는 밤에 텔레비전을 보지 못하도록 하며, 주말 역시 3~4시간 이상은 텔레비전 시청을 하지 못하도록 하고 있다. 학부모의 잡지에서 블랭카드는 이렇게 말한다.

"곧 변해 가는 아이들의 모습을 지켜보게 될 겁니다. 텔레비전을 끄고 난 후 3일만 지나도 행동이 달라질 테니 말입니다. 집중력이 몰라 보게 향상되고, 말도 잘 듣고 이웃들과의 관계도 향상될 겁니다. 아이들이 텔레비전 앞으로 다시 다가간다면 바로 주의를 주십시오."

텔레비전을 많이 시청하는 가족들의 경우 조금 나은 해결책이라면 가족들이 함께 모여서 볼 수 있는 편리한 시간대의 프로그램을 선택한다. 그것이 여의치 않으면 비디오나 DVD를 이용하여 교육적인 내용을 함께 시청할 수도 있겠다.

부모로서 우리가 선택할 수 있는 것은 아이들의 마음속에 무엇을 심어주는가 하는 것이다. *긍정적인 내용을 심어주면 긍정적인 결과를 얻*

고 부정적인 내용을 심어주면 부정적인 결과를 얻는다.

어린이 포르노

부모들이 직면하는 또 다른 중요한 문제는 어린이 포르노다. 미국 의회 연구 분과위원회가 조사한 어린이 포르노와 변태행위에 대한 보고서(1986)는 "어린이 포르노가 심각하게 만연하고 있다. 어린이 포르노를 비롯해 어린이를 대상으로 한 변태행위는 물론 어린이 학대에 이르기까지 수많은 연구 결과가 나와있으며, 어린이들과 관련된 수백 개의 성기구들도 나와있다."라고 밝히고 있다.

로스엔젤레스 경찰청의 형사 윌리엄 드워린은 "지난 10년 간 체포했던 700여명의 어린이 성범죄자들 중 절반 이상이 어린이 포르노를 소지하고 있었으며, 약 80%가 어린이 혹은 성인 포르노를 소지하고 있었다."고 밝혔다.

어린이 포르노는 어린이를 대상으로 하고 있는 성범죄에 중심적인 역할을 한다. 왜냐하면 어린이 성범죄자들이 자신들의 행위를 정당화하고, 그 희생자가 되는 어린이들을 꾀어내기 위해서 이런 어린이 포르노를 유포하기 때문이다. 또한 이들은 범죄가 드러나는 것을 막기 위하여 피해 어린이들에게 협박편지를 보내기도 한다.

『토요 논설』에서 노먼 커즌은 다음과 같이 말했다.

널리 퍼져있는 포르노의 문제는 타락성의 문제가 아니라 둔감성의 문제이며, …… 열정을 해소시키기 때문이 아니라 감정을 손상시키기 때문이다. 또한 어린이들 사이에 퍼져 있는 포르노는 원숙한 태도를 부추기는 것이 아니라 유아적 망상으로 되돌아가도록 하며, 시야를 가리고 있는 것을 제거해주는 것이 아니라 가치관을 왜곡 시켜버린다. 용감한 행위를 공공연히 주장하지만 사랑은 부정된다. 우리에게는 자유가 아닌 비인간성만이 남았다.

1984년 11월 2일자 댈러스 모닝 뉴스지에 실린 이 기사는 분명히 오래 전의 일이기는 하지만, 어린이를 대상으로 외설스러운 행위를 한 사람의 실제적인 예를 가장 잘 보여준다. 내가 이 글을 예로 드는 것은 항상 이런 일이 일어나는 것은 아니지만, 아이들을 맡기는 경우 그 사람을 잘 알아두어야 한다는 것을 상기시키기 위해서다. 다음은 리처드 T. 핀키악이 쓴 기사로 연합뉴스에 처음으로 공개한 글이다.

올해 어린이 포르노에 대한 일제 단속. 미국 조사 감시과 직원들에 의하면 대학 교수를 비롯한 공군 장교, 어린이 정신과 의사와 고등학교 상담교사에 이르기까지 외설스러운 메일을 받는 사람은 미국 19개 주에서 300~400명에 이르는 것으로 집계되었다. "사람들은 보통 어린이 포르노에 깊이 빠져 있는 사람을 사회의 어두운 그늘에 살고 있는 일종의 '부랑자들'이라고 생각합니다."라고 조사 감시과 지방사무소의 알렌 윌크는 말한다. "어쩌면 이 말이 어느 정도는 맞을지도 모르겠습니다. 하지만 사회의 요직에 있는 사람들도 이 문제에 있어서 예외는 아닙니다."

FBI의 어린이 성폭행 수사 과장인 케니스 V. 래닝은 다음과 같이 말한다. "모든 성폭행의 경우가 포르노와 관련되어 있는 것은 아니지만, 어린이를 대상으로 하는 성범죄자들은 거의 대부분 어린이 포르노를 수집합니다. 아이들에게 그것이 자연스러운 것이라는 것을 보여주기 위해서죠. 뿐만 아니라 개인적으로 성적 각성을 위해서도 포르노를 이용합니다. 어린이를 상대로 외설스러운 짓을 하는 자들은 아이들과 성관계를 갖기 위하여 속임수를 쓰거나 협박을 하는데, 이때 이용되는 것이 포르노입니다. 그리고 드물기는 하지만 아이들에게 폭력을 행사하기도 합니다. 이들이 가장 싫어하는 것은 저항을 하는 희생자입니다."

······ 어린이 대상 성범죄자들은 저항을 거의 하지 않을 것 같은 아이를 선택한다. 그래서 이들은 강하게 저항하는 아이들을 포기한다.

성범죄자들이 첫 번째로 해야하는 일은 희생자가 될 아이들을 찾는 것이다. 이들은 대부분 자신의 직위나 자원봉사 단체를 통하여 아이들에게 접근한다.

약 80%의 어린이 희생자들은 자신을 공격한 상대를 잘 알고 있다. ······ 일단 어린이를 상대로 하고 있는 변태행위자들은 아이들에게 사탕이나 장난감을 사주거나 또는 아이들을 공원이나 영화관에 데리고 가는 등의 방법으로 꾀어낸다. 아이들이 점점 더 편안하게 대하기 시작하면, '이 친절한 아저씨'는 간지럼을 태우거나 레슬링을 하는 시늉을 하는 등의 다소 '순수한' 친근감을 유도힌다. "포르노는 바로 그 다음 단계에서 이용됩니다. 아이들의 거부반응을 낮추기 위해서 이용되는 거죠." FBI의 래닝이 덧붙였다.

······래닝은 이어 다음과 같이 설명한다. "모든 아이들은 호기심을 갖게 마련입니다. 이렇게 물어볼지도 모르죠. "왜 이 아이들은 발가벗고 있어요?" 하고 말입니다. 그렇게 되면 아이가 의심하지 않는 이 성범죄자가 "뭐가 잘못됐니? 이 아이들은 아주 재미있어 하고 있단다.

너도 이 사진의 아이들만큼이나 예쁜걸. 아저씨가 사진 찍어줄까?"라고 하면서 자연스럽게 상황을 이끌어갈 겁니다."

연루된 아이들이 많을수록 가해자로부터 벗어나기가 힘들어진다고 전문가는 말한다. 그 상황을 벗어나려는 아이들이 있는 경우, 성범죄자들은 그 동안 찍은 사진을 아이들의 부모에게 보내겠다고 협박하기 시작한다.

이와 같은 성범죄자들로부터 당신의 자녀를 보호하기 위해서는 *당신의 자녀가 어디에서 무엇을 하고 있는지를 항상 알고 있어야 한다.*

만일 아주 친절하고 지나치게 배려하려는 이웃이 당신의 아이를 돌봐주겠다고 자청할 경우에는 먼저 그 사람에 대해 잘 알아보아야 한다. 또한 아이를 다른 사람에게 맡겼다 하더라도 아이들이 무슨 놀이를 하고 놀았는지를 꼼꼼하게 물어보아야 한다.

무엇보다도 중요한 것은 아이가 어렸을 때부터 신체에 대한 교육, 이를테면 엄마나 아빠의 허락 없이는 아무도 몸에 손을 대도록 해서는 안 된다는 교육을 철저히 시켜야 한다(어떤 어린이 교육 전문가는 아이들에게 비키니나 노출이 심한 수영복이 아닌 수수해 보이는 수영복을 입히고, 그 수영복으로 가려진 부분은 부모의 허락 없이는 아무도 만지게 해서는 안 된다고 교육을 시키는 것이 좋다고 한다. 또한 이렇게 해야 병원에서 진료시 발생하는 신체노출이나 접촉에 대한 혼란이 없을 것이라고 지적한다). 안전을 위한 또 다른 훌륭한 예방 조치로는 정기적으로 아이를 돌보는 사람의 집을 '갑자기 방문' 하는 것이다.

마약이 가장 큰 문제?

오늘날 미국 사회의 많은 사람들은 마약이 가장 큰 사회 문제라고 생각한다. 게다가 사람을 '불행하게' 만드는 이 마약의 비용도 가슴이 섬뜩할 정도로 천문학적이다. 이보다 더 충격적인 사실은 마약의 범람이 이 사회의 가장 커다란 문제라고 생각하는 바로 그 사람들이 이 문제에 대한 해결책은 없다고 생각한다는 것이다.

당연히 나는 이런 생각이 옳지 않다고 단언한다. 이 책을 한 페이지 한 페이지 넘기며 읽다보면 문제에 대한 해결점들이 보이리라 믿는다. 마약, 폭력, 부도덕과 같은 것들은 사실 문제가 아니다. 이런 것들은 진정으로 문제가 되는 것들이 외부로 표출된 것에 불과하다. 그러므로 우리가 해야 할 일은 이런 문제들의 근본적인 원인을 찾아내는 것이며, 그것이 문제를 해결하는 유일한 방법이다.

UCLA의 포레스트 테넌트 박사는 마약과 마약 남용, 그 취급과 예방에 대한 세계적인 전문가다. 테넌트 박사는 흡연 문제를 해결하면 마약 문제에 있어 핵심적인 부분이 함께 해결될 것이라고 단호하게 주장한다. 그의 논법은 간단 명료하며, 그 논리를 반박할 수 없을 정도로 치밀하다.

대마초를 피우는 사람들의 95%는 처음에 담배를 피우기 시작했다(대마초를 피우려면 아주 깊이 숨을 들여 마셔야 하는데 바로 담배를 피우면서 이를 익히게 되는 것이다). 헤로인이나 코카인을 하는 사람들의 95%는 대마초를 피운 경험이 있다. 물론 테넌트 박사가 담배를 피우는 모든 사람들이 결국 헤로인과 코카인 중독에 빠진다고 단정지은 것은 아니다. 다만 헤로인이나 코카인 중독자들 중 95%의 시작이 흡연이라고 했을 뿐이다.

흡연을 하지 말아야 하는 또 다른 이유는 담배를 한 가치 피울 때마다 수명이 14분 줄어든다는 사실 때문이다. 오늘날 사망자의 1/5은 흡연의 직·간접적 영향 때문이라고 해도 과언이 아니다. 세계보건기구에 따르면 전 세계 400만에 이르는 사람들이 흡연과 관련된 질병 때문에 죽어간다고 한다(36만 명이 해마다 자동차 사고, 안전하지 못한 약물사용, 혹은 오염된 식수 때문에 죽어간다면 우리 정부에서 뭔가 대책을 세워야 하지 않을까).

대마초를 피움으로 인해 야기되는 파괴적이며 너무나 명백한 피해에 대해 부모와 아이들이 놀라울 정도로 무지하다는 사실이 내게는 실로 커다란 충격으로 다가왔다. 이제 당신도 이런 문제에 대해 더 많은 정보를 알고 있어야 한다.

미국에서는 다른 종류의 마약보다 대마초에 대한 정보가 상대적으로 적다. 테넌트 박사는 대마초가 오늘날 미국에서 손쉽게 이용 가능한 가장 위험한 마약류라고 주장한다.

지난 몇 년을 지나오면서 대마의 사용은 8학년(중학교 2학년) 사이에서 두 배로 급증하고 있으며, 10학년(고등학교 1학년) 사에서는 2/3

가량 증가했다. 또 12학년(고등학교 3학년) 사이에서는 2/5나 증가하는 양상을 보여왔다.

　　이제 이런 사실을 알게 된 이상 당신은 대마초에 대한 정보를 더 많이 알아야 함은 물론 우리의 아이들을 이런 대마의 위협으로부터 보호할 수 있는 방법을 모색해야 한다. 더 많은 정보를 얻으려면 SAMHSA의 국립 홍보기관을 찾아보기 바란다. 특히 www. health.org 에서는 알코올 중독과 마약 중독에 관해 더 많은 정보를 얻을 수 있다. 더불어 도움이 될 만한 책을 두 권 정도 추천하자면, 스티븐 아터번의 『부모들을 위한 10대들이 직면한 열 가지 위험에 대한 지침서 Parents Guide to Top 10 Dangers Teens Face』와 짐 번즈의 『당신의 자녀들이 지닌 마약 내성 Drug Proof Your Kids』 정도가 있다. 전자는 10대들이 경험할 수 있는 잠재적인 문제들을 지적하면서 각 문제에 직면했을 때 나타나는 징후들을 경고하고 있고, 후자는 당신의 자녀들이 마약의 유혹을 피할 수 있도록 하며, 또 이미 마약을 사용하고 있다면 이에 대처하는 방법을 기술하고 있다.

우리를 둘러싼 부정적인 환경에서의 긍정적인 접근

1998년 8월 국립 어린이 보건 및 인간개발국(NICHD) 발행지인 투데이 이슈지에 실린 기사는 미국에서 관리 대상이 되었던 청소년에 대한 전반적인 조사 내용을 보여준다.

미국 청소년 보건에 관한 연구는 의회의 위임을 받고 연방의 기금 지원을 받고 있다. 이 연구 결과가 가장 간결하며 몇 년간 내가 이야기해 온 자료들을 모두 담고 있다. 여기서 투데이 이슈지에 나와있는 연구 결과들을 요약해 보도록 하겠다.

- 담배나 대마초, 알코올, 그리고 총기에 노출되기 쉬운 가정에서 자란 10대들은 그렇지 않은 10대들보다 자살을 시도하거나 중독 증상을 일으키고 폭력적인 행동을 보일 확률이 훨씬 높다.
- 10대들이 다섯 중 한 명 꼴로 일주일에 20시간 이상씩 노동을 한다. 노동을 하는 10대들의 경우 더 많은 감정적인 스트레스를 경험하게 되며 흡연과 각종 중독에 빠질 위험이 있으며, 이른 시기에 성적 행위를 시작할 확률이 높아진다.
- 과거에는 전체 청소년의 3.5%가 자살충동을 느낀다고 답변했으며, 25%가 흡연을 하고 있고, 75%가 한 달에 한 번 이상 술을 마시고 있다고 답변했다.
- 1/3에 이르는 청소년들이 대마초를 피우며 7~8학년(중학교 1~2학년)들의 16%와 9~12학년(중학교 3학년~고등학교 2학년)들의 48.5%가 성경험이 있다고 답변했다.

세 번째로 실시한 국내 어린이학대 및 무관심에 관한 연구(NIS-3)에 따르면, 1986년에서부터 1993년에 이르기까지 어린이학대 및 성적 학대비율 및 어른들의 무관심 하에 방치된 어린이의 수는 거의 두

배에 이르고 있다.

심적인 학대와 실제적인 무관심을 경험하거나 심적인 무관심을 경험한 어린이들의 수와 상해를 입거나 위험에 처하게 되었던 어린이의 수가 같은 기간 동안에 4배에 이르게 되었다.

한 쪽 부모의 보살핌만을 받으며 자란 아이들의 77%가 양쪽 부모의 보살핌을 받으며 자란 아이들보다 신체적인 학대를 받을 위험이 컸으며, 87%가 신체적인 무관심에 의하여 해를 입을 위험이 높은 것으로 나타났다. 전체적으로 한 쪽 부모의 보살핌만을 받으며 자란 아이들의 80%가 양쪽 부모의 보살핌을 받으며 자란 아이들보다 학대나 무관심의 해를 입을 위험이 높았다.

가족연구협의회에서 발표한 다음과 같은 정보는 위에서 살펴본 정보와 함께 검토될 때 특히 당혹스럽다. "현재의 추세라면 2015년에 이를 경우 …… 미국에서 태어나는 아이들은 두 명 중 한 명 꼴로 미혼모로부터 태어나는 결과를 초래할 것이며, 이는 유복자가 되는 주된 사유였던 이혼을 능가하는 원인으로 자리 매김하게 될 것이다."

1998년 11월 20일 캘리포니아의 상원의원인 레이 헤인즈는 10대 미혼모가 지난 20년간 2배로 증가했다고 진술했다. 1960년 이래 사생아의 출생률이 400%나 증가했으며, 1990년에만 10대 여성들의 낙태가 400,000건에 이르는 것으로 나타났다.

그렇다. 우리는 정말이지 너무나 부정적인 세상에서 살고 있다. 우리가 극복해야하는 장애가 때로는 이겨낼 수 없을 것처럼 보이기도 한다. 여기서 장애를 극복하는 것에 대하여 어떤 사람의 사색을 살펴보도록 하자.

『개별적 판매력 Personal Selling Power』의 편집자인 제라드 슈반트너는 한 철학자의 말을 이렇게 요약한다.

독수리가 빠른 속도로 쉽게 나는 데 장애가 되는 것은 공기다. 그러나 공기가 없어진다면 저 자만심에 가득 찬 독수리는 진공 속을 날게 될 것이며, 날개짓 한 번 못해보고 바로 땅으로 곤두박질 칠 것이라고 했다. 독수리가 하늘을 나는 것을 방해하는 요소가 바로 하늘을 날 수 있도록 해주는 조건이 되는 것이다.

비슷한 예로 모터보트가 극복해야 하는 장애는 프로펠러에 대해 저항을 발생시키는 물이다. 하지만 물이 없다면 보트는 전혀 움직이지 못할 것이다. **극복해야 할 장애물이 곧 성공의 조건이라는 법칙은 인간의 삶에 있어서도 마찬가지다.** 모든 장애나 어려움으로부터 완전히 자유로운 삶이라는 것은 모든 가능성과 힘을 사라지게 만들 것이다.

장애물이란 우리를 깨어나게 하여 무한한 능력의 근원이 되는 잠재 능력으로 이끈다. 노력하면 새로운 힘이 솟게 마련이며 어려움을 극복해나가게 되는 것이다. 장애를 극복하는 것이 힘이며, 좌절을 딛고 일어서는 것이 성장이고, 박탈감을 극복하는 것이 곧 욕망이 된다. 긍정적인 아이들을 키우기 위해서는 우리가 부모로서 아이들을 위하여 해 줄 수 없는 것들이 있다는 점을 이해해야만 한다. 비록 우리가 아이들을 위험으로부터 보호해주는 안식처의 역할을 한다해도 그들을 세상의 부정적인 영향으로부터 완전히 격리시킬 수는 없는 노릇이다.

아이들을 악으로부터 완전히 떼어놓을 수는 없다는 말이다.

아이들이 발목을 삐거나 손가락이 부러졌을 때, 혹은 손가락을 베이거나 병에 걸렸을 때 부모가 대신 아파줄 수 없으며, 아이들에게 닥치는 수천 가지 일들을 대신 겪어줄 수도 없는 일이다. 부모들이 아이들 대신 시험을 치러주고 입사할 시기가 되면 입사 지원서를 내 줄 수도 없는 일 아닌가.

불행한 길로 빠지게 두는 것보다는 이렇게 하나에서 열 가지를 대신 해주는 것이 훨씬 더 나을 수도 있다. 사실상 아이들을 대신해서 '아파' 줄 수 있다면, 아이들이 자랄수록 지나치게 많은 아픔을 당하지 않아도 될 것이다. 그러나 간과할 수 없는 문제는 아이들을 대신해 아파 준다면 영원히 자라지 않은 채 아이로만 남아있게 될 것이라는 점이다.

우리 아이들이 어려움에 직면하거나 다칠 경우 해야 할 일은 그저 우리가 그들을 이해하고 있으며, 늘 그들과 함께 하고 그들을 사랑하며 돌봐줄 것임을 알려주는 것이다. 어떤 상황에서든 아이들과 공감대를 형성하는 것이 중요하다.

반면 아이에게 연민의 정만을 느끼는 부모는 모든 것을 해주기 때문에 아이들을 버릇없이 키울 위험이 있다. 이런 부모들은 아이들이 원하는 건 무엇이든지 주기 때문에 더 위험하다.

연민은 다른 사람이 느끼는 것을 당신도 같이 느끼고 있음을 의미하며, 공감대는 다른 사람이 느끼는 것을 이해는 하지만 이를 같이 느끼지는 않는 것을 의미한다. 따라서 공감대를 형성하면 문제가 생겼을 때 한 걸음 물러서서 객관적으로 상황을 바라볼 수 있다. 이것이 바로 긍정적인 아이를 키우기 위해 부모가 해야하는 역할이다.

다시 말해서 당신은 문제나 장애가 발생하면 그로부터 한 걸음 물러서서 아이들에게 해결책을 제시해주어야 한다. 단언컨대 이 책은 당신이 긍정적인 자녀를 키우는 데 있어서 많은 도움이 될 것이다.

자기 평가

1. 자녀들과 나누었을지도 모를 부정적인 대화의 예를 몇 가지 들어 보라.

2. 일상적으로 하는 부정적인 내용의 혼잣말에 대한 예를 들어 보라

3. 우리가 살고 있는 이 세상이 얼마나 부정적인가를 단적으로 보여주는 몇 가지 예를 들어 보라.

4. 당신에게 가장 중요한 관계가 있는 분야는 무엇인가? 또 당신의 아이에게 있어 가장 중요한 관계가 있는 분야는 무엇인가? 이러한 부정적인 영향을 긍정적으로 바꾸기 위하여 당신은 어떤 변화를 모색할 수 있는가?

5. 당신은 텔레비전을 보는 것과 다양한 종류의 음악을 듣는 것에 대한 가족 단위의 특별한 대책이 있는가? 이번 장을 읽고 난 후에도 당신의 가족이 실행하고 있는 그 대책이 적합하다고 생각하는가?

6. 당신은 부정적인 상황에 놓인 가족을 바꿀 수 있다고 믿는가? 만일 그렇다면 가족들이 놓인 상황 속에서 당신이 실천해야 하는 단계는 무엇인가?

부정적인 세상에서
긍정적인 아이로
키우기

03

진정한 성공의 본질

Qualities of the Truly Successful

나는 누구인가

지금까지 당신의 앞길을 가로막을 뿐만 아니라 긍정적인 아이를 키우는 데 방해가 되고 있는 장애들을 확인하였다. 이제 그 해결책을 살펴보도록 하자. 당신이 어떤 사람인지를 내가 알지 못하듯이 당신이 성공에 대해 어떤 정의를 내리고 있는지도 알지 못한다. 하지만 내가 성공에 관하여 이야기할 때는 균형잡힌 성공을 말하고 있는 것이다.

내 관점에서 볼 때 건강을 해치면서 수백만 달러를 벌어들였다면 이것은 성공이 아니다. 많은 사람들이 그렇듯이 건강을 해치면서 벌어들인 수백만 달러는 수백만 달러 이상의 값을 치른 것이니 말이다. 또 내가 일하고 있는 분야에서 최고가 되고, 내가 하고 있는 일이 세계 최고가 되었다해도 내 아이들이 "아빠, 우리를 위한 시간을 조금만 내주셨으면 좋겠어요. 아빠가 다른 사람들에게 기꺼이 해주시는 충고를 저희에게도 조금만 나눠주신다면 제 삶이 엉망이 되지는 않겠죠." 라고 말한다면 가슴이 미어질 것이다.

성공을 하는 데 따를지도 모르는 이와 같은 위험은 누구에게나 도사리고 있다. 나이나 성별, 지위 고하를 막론하고 가족과의 관계가 안정적이고 그 안에서 사랑을 꽃 피울 수 있다면, 당신이 일하고 있는 분야에서 더욱 생산적이고 활동적으로 일을 할 수 있을 것이다. 내가 이 책을 쓰고 있는 이유도 바로 여기에 있다.

많은 사람들이 성공을 위해서라며 가족이나 친구들과의 관계를 소홀히 하는 경우가 많다. 이런 태도를 개선한다면 하고 있는 일을 더욱 효율적으로 할 수 있을 뿐 아니라 긍정적인 자녀를 키울 수 있는 소양을 더욱 발전시킬 수 있을 것이다.

성공을 위해 필요한 것

모든 사람들이 가지고 싶어하지만 다른 것에 비하여 부족한 것은 무엇인가? 전 세계를 돌아다니며 강연을 하면서 나는 늘 청중들에게 주변에서 가장 성공했다고 생각되는 사람의 자질을 확인해 보라고 한다.

아주 재미있는 것은 그 곳이 어디건, 모여있는 청중들이 치과의사이건 세일즈맨이건 교육자이건 심지어는 목사이건 간에 그 대답이 비슷하다는 것이다.

사람들이 생각하는 성공한 사람들의 자질은 다음과 같다.

관심	**정직***	자부심
좋은 경청자	긍정적인 정신	**믿음***
계획성	**자세***	박식함
인격	**신뢰***	**유머감각***
훌륭한 발견자	상상력	친밀함
끈기*	활동성	**사랑스러움***
약속*	**성실***	사려 깊음
근면*	**책임감***	목표 관리
매력	**열정***	헌신적인 애정
인정	지성	지혜

가끔은 목록에 변화가 생기기도 하지만 특별 표시가 되어 있는 12가지 항목은 거의 만장일치를 본 성공한 사람들의 자질들이다.

일에 대한 자세 혹은 기술?

다음으로 청중들에게 위의 목록을 일에 대한 자세와 기술적인 면의 두 가지 부류로 구분해 보도록 한다. 당신도 위의 목록에 각각 표시를 해보기 바란다. 자질을 나타내는 단어 옆에 자세에 해당되는 것은 'A'로 기술에 해당되는 것은 'S'로 표기해 보자.

　만일 당신의 대답이 전형적인 청중들과 비슷한 일관성을 유지하고 있다면 29개의 자질 중 24~26개는 자세적인 측면으로 분류해 놓았을 것이다. 그리고 한두 개는 자세와 기술의 두 가지를 표시해 놓았을 것이며, '계획성'과 '좋은 경청자'와 같은 경우에 있어서는 기술적인 측면으로 분류해 놓았을 것이다. '상상력'이나 '지혜'와 같은 항목은 어쩌면 천부적 기술이라 여겨질 수도 있다.

자, 이제 당신이 무엇을 하고 무엇을 계획하고 있는지의 여부와 상관없이 삶을 살아가는 데 있어 자세가 중요하다고 생각하는가?

질문 당신은 위에 열거한 성공한 사람들이 지니고 있는 자질들에 대하여 배운적이 있는가?

내 경험상 전 세계를 돌아다니며 만난 청중들 중 1~2%에 해당하는 사람들만이 이러한 자질들을 개발하는 방법에 대한 강좌를 들은 적이 있다고 했다.

누구의 책임인가

이번에는 이런 질문을 던져보자. "교육에 있어 그 적정 시기를 놓치고 있다고 생각하는가?" 교육자들을 제외하고는 모든 청중들이 이 질문에 열광적으로 '그렇다'고 대답한다.

그러면서 사람들은 이제 이렇게 힘든 처지에 놓인 것에 대한 비난의 화살을 교육자들에게 돌리며 위안을 삼기까지 한다. "맞아요. 교육자들이 문제죠. 형편없이 일을 했다니까요. 그러니 당연히 교육자들이 이런 문제에 대한 책임을 져야죠." 하면서 말이다. 여기까지는 교육자들을 제외한 모든 사람들의 기분이 그래도 괜찮은 편이다. 하지만 나는 청중들에게 이렇게 경고한다.

"사실이 아닐 수도 있는 비난의 화살을 다른 사람에게 돌려 손가락질할 때, 나머지 세 개의 손가락은 바로 자기 자신을 향해 있음을 잊어서는 안 된다"고 말이다.

다음으로 나는 청중들에게 묻는다. 아이들이 학교에서 보내는 시간이 일년 중 며칠이며, 하루 중 몇 시간이나 되는가? 그 답은 하루 6시간씩 1년에 180일이다. 그렇다면 일년 중 아이들이 학교에서 보내는 시간은 1,080시간에 지나지 않는다. 일년 365일, 8,760시간 동안 학교에서 보내는 시간인 1,080시간을 빼고 나면 7,680시간을 고스란히 집에서 보낸다는 계산이 나온다.

다음으로 나는 "위에서 목록화한 자질들을 가르치는 데 있어 일정 부분 부모의 책임을 인정하는가?"라는 질문을 던졌다. 이 질문에 대해 모든 사람들이 열정적이기는 하지만 약간은 민망한 듯이 부모들 역시 책임이 있음을 인정한다. 당신도 똑같은 생각을 하고 있으리라 믿는다.

다음으로 나는 청중들에게 "여러분들은 이러한 자질들을 집에서도 가르치고 학교에서 훈련시킨다면 그 효과가 커진다고 생각하십니까?"라고 물었고 모든 사람들이 이에 동의했다.

마지막으로 "이러한 자질들을 아이들에게 가르치기 전에 부모들이 먼저 지니고 있다면 도움이 되지 않겠습니까?"라는 질문을 던졌고, 모든 사람들이 당연하다는 듯이 이 논리에 적극적으로 동의하였다.

이제 여러분이 해야 할 일은 바로 위에 정리한 목록으로 돌아가서 자신이 지니고 있는 자질과 익힐 수 있는 자질을 표시하는 것이다.

성공의 본질은 학습이 가능하다

목록을 살펴보면 알겠지만 목록에 있는 모든 자질들은 배우고 익힐 수 있는 것들이다. 배우고 익힐 수 있는 것이라면 이것들은 기술이다. 이 말은 곧 성공을 위하여 필요한 모든 자질을 획득할 수 있음을 의미한다.

더 나아가서 이러한 자질을 획득하고 이용한다면 반드시 성공하게 될 것임을 의미한다. 뿐만 아니라 이러한 자질을 익혀서 성공한다면, 종국에는 당신의 자녀들 역시 성공적으로 키울 수 있을 것이다.

게다가 앞에서 살펴본 소위 성공한 사람들이 지니고 있는 자질들 중 몇 가지는 당신도 이미 지니고 있지 않은가. 이 말은 곧 당신이 지니고 있는 자질들을 더욱 개발하여 이용할 수 있음을 의미한다. 다음의 이야기를 통하여 이를 설명하도록 하겠다.

가치관의 차이와 변화

1900년대 초반, 텍사스의 버몬트 외곽에 살고 있는 한 농부는 하루하루를 힘겹게 살아가고 있었다. 넓은 땅을 소유하고 있기는 했지만 불경기에 가뭄까지 휩쓸고 지나간 터였다. 가족을 부양해야 했던 이 농부는 소유하고 있던 땅의 일부를 팔았다. 어느 날 한 석유회사에서 이 농부가 소유한 땅에서 석유가 나는 것 같다며 석유개발에 따른 사용료를 지급하겠다고 했다.

이 농부는 더 이상 잃을 것도 없는 데다가 큰 이익을 볼 수도 있을 것 같아서 이 석유회사의 석유개발 계획에 동의하였다. 당시 석유를 끌어올리는 유정탑(油井塔)은 나무로 만들어져 있었는데 많은 양의 석유가 발견되면 솟아 오르는 폭발적인 힘으로 인하여 유정탑이 파괴되기 일쑤였다. 유정탑이 심하게 망가지면 망가질수록 석유의 양은 많은 것이고 그 만큼 땅값은 금값이 되는 것이었다.

농부의 땅에 설치한 유정탑은 흔적도 없이 사라졌다. 솟구쳐 오르는 석유는 미처 그 양을 통제할 수 있는 장비를 설치하기도 전에 수백만 통이 흘러나왔으며, 마침내 역사상 가장 유명한 유정이 탄생하게 되었다.

두말할 나위 없이 그 농부는 순식간에 백만장자가 되었다. 아니 백만장자였었다고 해야 하나? 따지고 보면 이 농부는 그 땅을 소유하기 시작하면서부터 백만장자나 다름없었으니 말이다. 하지만 석유를 발견하고 그것을 땅 위로 끌어올려 시장에 내다 팔아 화폐로 바꾸기까지 이 석유를 품고 있는 땅은 무용지물이나 다름없었다.

사람도 마찬가지다. 스스로가 지닌 능력과 가치를 찾아낼 때까지는 그 능력을 시장에 내놓아 현금화할 수 없는 것이다. 또한 우리가 우리 자녀들이 지닌 가치와 능력을 알아내기까지는 그들의 잠재성을 깨닫고 개발하도록 도와주는 데 특이할만한 흥미를 가지지 못할 것이다.

 정직은 거래할만한 상품이다.

인생에 있어 당신의 권리를 명확히 하라

몇 년 전, 나는 사위인 차드 위트메이어와 세미나를 하기 위하여 새크라멘토로 향했다. 우리를 맞으러 공항으로 나온 세미나 주최측 사람들이 캘리포니아의 오번까지 친절히 안내해 주었다.

오번으로 가는 차안에서 그들은 수터즈 밀(Sutter's Mill)이 우리가 연설할 장소로부터 30분 거리에 있다고 알려주었다. 수터즈 밀은 제임스 W. 마셜이 1848년 수터즈 크리크(Sutter's Creek)에서 황금을 발견했던 곳이다. 이 발견을 기점으로 미국에서는 1849년의 골드러시가 시작됐다. 다시 말해서 미국 전역에서 사람들이 캘리포니아의 황금들판으로 노다지를 캐러 몰려들었던 것이다.

1880년대 말, 버림받은 금광줄기가 오번에서 2시간도 채 안 되는 곳에 있다는 것을 대부분의 사람들은 알지 못했다. 이것을 찾아낸 것은 여기저기를 떠돌아다니던 한 광부였다.

그런데 이 떠돌이 광부가 황금을 발견함으로써 수많은 사람들이 캘리포니아로 이주하여 부자가 되는 계기를 만들었던 바로 제임스 마셜이다. 그러나 두 번이나 황금을 발견했던 운 좋은 사내는 무일푼으로 버려진 채 죽음을 맞았다. 이유는 간단하다. 그는 두 번이나 황금을 발견했지만 한 번도 자신의 권리를 분명히 하지 않았기 때문이다.

긍정적인 자세를 지닌 아이로 키우기 위해서는 부모가 성공에 필수적인 자질들을 확인하고, 아이들에게 성공할 잠재력이 있음을 확인시켜주어야 한다. 더불어 삶을 살아가면서 그들이 자신의 권리를 분명히 하는 방법을 알려주어야 한다.

이는 아주 중요한 것으로 반드시 갖추어야 할 성공의 조건이다. 이제 인생에서 성공을 하기 위하여 당신과 당신의 자녀들이 반드시 발전시켜야 하는 자질들 몇 가지를 더 살펴보도록 하자.

성공을 위한 기반

통념상 경력이란 학교 졸업 후 직업을 가지면서 시작된다고 생각하고 있다. 그러나 그렇지 않다. 태아가 어머니의 자궁에 자리를 잡으면서부터 시작되어 학교에 입학하는 날 이전까지 꾸준히 쌓이는 것도 경력이다. 이 세상에 태어나기 전부터 우리는 앞으로 겪게 될 미래의 삶에 결정적인 역할을 하게 될 수많은 요소들의 영향을 받기 때문이다.

태아는 태어나기 4개월 전부터 외부 영향을 민감하게 받아들인다는 연구 기록이 있다. 태어나면서부터 우리가 받아들이는 것과 우리를 둘러싸고 있는 환경은 우리의 미래에 엄청나게 커다란 영향을 미친다.

몇 년 전 캐나다의 캘거리를 방문했던 나는 캘거리 타워 꼭대기에서 저녁식사를 할 기회를 가지게 되었다. 이 타워의 높이는 191미터로 축구장 두 개의 양끝을 가로지르는 길이보다 그 높이가 더 높다. 이 얼마나 높은 건축물인가! 엘리베이터를 타고 꼭대기로 올라가는 동안 안내자가 타워의 높이와 그 밖의 다른 중요한 기록들에 대하여 소개해 주었다.

이 구조물의 무게는 12,000톤이나 되는데, 이 중 7,000톤의 무게는 땅 밑에서 구조물을 받치고 있다는 것이다. 그처럼 깊고 견고한 기초를 가지고 있으니 그 높은 곳까지 사람들이 올라갈 수 있는 것이 아니겠는가.

훌륭한 기술자라면 구조물을 위해 준비된 기반의 크기를 살펴서 완성될 구조물 높이의 한계를 계산해 낼 것이다. 곧 기반의 크기가 구조물의 크기를 결정한다. 그러므로 기반이 깊고 넓으면 구조물이 더욱 크고 높아질 수 있는 것이다.

말과 같이 행동하라

아이들에게 있어 견고한 기반은 견고한 도덕적 기초와 깊은 관련이 있다. 자녀들에게 정직함을 가르치기는 하지만 이를 실천하지 못하는 부모들은 실제로 커다란 문제에 부딪히게 된다.

예를 들어 아이들에게 항상 정직해야 한다고 귀가 따갑도록 훈시를 하는 부모가 전화벨이 울리자 전화를 받은 아이에게 "엄마 집에 안 계신다고 하렴." 하고 외친다. 이런 상황으로부터 아이들이 받아들이는 교훈이라는 것은 뻔하다. 아이들이 *부모를 위하여 거짓말하는 것을 배운다면 반드시 부모에게 거짓말하는 것을 배우게 된다.*

다른 예로 부모들은 아이들에게 준법의 중요성에 대하여 항상 설교를 하지만 속도 측정장치를 피해갈 수 있는 네비게이션을 자동차에 부착하고는 속도를 위반한다. 이때 역시 아이들이 받아들이는 교훈은 '법률을 위반한다해도 잡히지만 말아라. 이 엄마 아빠처럼 영리하게 살아야한다.' 인 것이다.

또 아이들에게는 좋은 시민이 되어야 한다고 가르치면서 부모들은 수입을 속여 세금을 내지 않으려 한다. 그렇다면 아이들은 '세금에 대해서는 반드시 정직할 필요는 없구나. 정부는 어찌됐든 돈을 낭비할 테니' 라고 생각할 것이다.

정직하지 못한 행동을 하는 부모들은 자녀에게 역시 부정직함을 교육시키고 있는 것이다.

도덕적 가치관은 상품성이 있다

가정이 훌륭한 도덕적 가치를 위한 기초를 쌓는 장소이기는 하지만 교육기관에서도 이 과정을 계속해서 이어주어야 한다. 프랭클린 딜라노 루즈벨트는 "사람을 도덕적 행위가 아니라 생각대로 교육시키는 것은 곧 사회에 위협이 되는 인물을 교육시키는 것이다."라고 단언했다.

또 존스 홉킨즈 대학의 전 총장 스티븐 뮬러는 가치관의 상호작용을 이렇게 요약하고 있다. "어떤 가치관을 회복하는 데 실패했다는 것은 대학이 고도로 숙련된 야만인을 배출하고 있음을 의미한다."

더 나아가 정직은 판매 가능한 상품이다. 몇 년 전, 매사추세츠 주의 보스턴에 있는 포럼 주식회사에서는 5종의 다른 업종에서 11개의 서로 다른 회사에 다니고 있는 341명의 세일즈맨을 대상으로 최고의 영업력을 가진 사람들과 평균적인 영업력을 가진 사람들 사이의 차이가 무엇인지를 조사했다(이들 중 173명은 최고의 세일즈맨이었으며, 168명은 평균 수준의 세일즈맨이었다).

연구가 종료되자 이 두 그룹을 차별화 시키는 것은 기술이나 지식혹은 능력이 아님이 확실해졌다. 포럼 주식회사는 연구 결과 최고와 평범함을 가르는 자질이 다름 아닌 정직이라는 것을 알게 되었다.

최고의 세일즈맨으로 평가받고 있는 사람들은 그 영업력에 있어 다른 사람들보다 뛰어났는데, 이는 사람들에게 신뢰를 주었기 때문이었다. 따라서 고객들이 이들로부터 물건을 구매하게 되었던 것이다.

훌륭한 부모가 되는 것 역시 신뢰와 깊은 연관성이 있다. 만일 부모들이 가르치는 것을 부모 스스로 믿고 있음을 아이들이 알게 되고, 부모가 가르치는 것이 그들이 살아가는 모습과 일치한다는 것을 알게 된다면 부모가 하는 말에 긍정적으로 반응하게 될 것이다.

위선은 이제 오늘날 우리 아이들에게는 전혀 통하지 않는다.

"내가 하는 대로 하지 말고 내가 말하는 대로 하라."고 말한다면 아이를 망치게 될 것이다.

책임 받아들이기

2명 이상이 모인 가정에서는 항상 책임감에 대한 논의와 충돌이 있게 마련이다. 도덕적 가치와 책임감을 가르치는 가장 좋은 기회들 중 하나는 가정의 일상사에서 찾아볼 수 있다.

가정에서 일어나는 여러 가지 일들 중 일상적으로 해결해야 할 일이 약 4천 가지는 될 것이다(약간 과장을 한다면 말이다). 그러나 불행히도 수많은 가정에서 이런 일들에 대해 모두들 '내 일은 아니야' 라는 독단적인 결정을 내리고 있다.

다음의 짧은 이야기가 이런 상황을 잘 보여준다. 이 이야기는 '모두' 와 '누군가' 그리고 '아무나' 와 '아무도 안' 이라는 이름을 가진 4명이 함께 살고 있는 가정에 대한 이야기다.

이 집안에 처리해야 할 중요한 일이 생겼다. '모두'는 '누군가'가 그 일을 할 것이라고 생각했다. 그 일을 '아무나'가 했을 수도 있었지만 '아무도 안'이 했다. '누군가'가 이 일에 대해 화를 냈다. 왜냐하면 그것은 '모두'의 일이었기 때문이다. '모두'는 '아무나'가 그 일을 할 수 있었기에 '누군가'가 했을 것이라고 생각했다. 하지만 '모두'가 '누군가'가 그 일을 할 것으로 생각했다는 것을 '아무도 안'이 깨달았던 것이다.

결과는 이렇다! '누구나'가 할 수 있었던 일을 '아무도 안'이 했던 것이다(역주: 누구나 할 수 있었던 일을 아무도 안 했던 것이다).

누구나 할 수 있고 모두가 해야 한다

가정 환경은 자녀를 키우는 데 있어 아주 중요하다. 집안이 잘 정돈되어 있고 질서정연하다면 더없이 좋다. 가정의 분위기가 편안하고 주인의식을 느끼게 해준다면 기분이 좋을 것이다. 가정의 분위기는 함께 살고 있는 모든 사람들에게 영향을 주기 때문에 좋은 분위기를 위해 일정 부분 모두에게 요구되는 책임이 따르게 마련이다.

예를 들어 거실 바닥에 종이 조각이 떨어져 있다면 이것을 치우는 것은 특정한 누군가의 일이 아니라 가족 일원 모두의 책임이다. 이것을 먼저 보는 사람이 당연히 치워야 하는 것이다. 누군가 조금만 수

고해 준다면 모두가 편안한 분위기를 누릴 수 있을 것이다.

내가 이런 예를 제시하는 이유는 인간의 본성이란 그리 쉽게 변하는 것이 아니기 때문이다. 마찬가지로 일하는 습관이나 자세, 책임감이나 협동정신은 집에서 익힌 대로 개인의 책임감이 발현되는 사회로 이어지기 때문이다.

인격은 확실한 보호수단이자 자산이다

J. P. 모건에게 은행 담보물로 가장 좋은 것이 무엇인지를 묻자, 그는 주저하지 않고 '인격'이라고 대답했다. 또 윌리엄 레이크는 "경험으로부터 얻은 가장 중요한 교훈 중 하나는 지식이나 재산보다 인격에 의해 성공이 좌우된다는 것이다."라고 논평했다.

40년 전에 댈러스 카우보이사가 조직되었을 당시, 경영자들은 범상치 않은 사업 접근법을 시도했다. 이들은 성공한 축구팀을 찾아가 성공 비결을 알아내는 대신 제너럴 모터스사의 임원들의 사무실로 갔다.

이들은 IBM과 제록스, 그리고 다른 거대 기업들을 찾아가 임원들에게 회사 대표들로부터 원하는 것이 무엇인지를 물었다. 예외 없이 가장 훌륭하고 성공적인 사람들은 개인적인 완결성을 위하여 인격을 추구한다고 대답하였다.

성공의 기반으로 인격을 갖추었다면 우리가 선택할 수 있는 성공에 이르는 길은 무한하다 할 수 있다. 따라서 우리의 아이들이 이런 중요한 자질을 갖출 수 있도록 도와주는 것은 당연하지 않을까?

좋은 이름은 보호할 가치가 있다

우리가 살아가는 데 있어 성(姓)은 매우 중요하다. 몇 년 전에 우리 가족은 집안 모임에 참석하기 위하여 미시시피 주의 야주 시에 있는 고향을 방문했다.

다른 친척들은 집에서 직접 준비한 물건들을 가지고 왔지만 우리 식구들의 경우는 보통 젝슨까지 비행기를 타고 와서 차를 빌려서 야주 시까지 가야 했기 때문에 집에서 무언가를 준비해 가기는 사실상 불가능했다. 이러한 이유로 우리는 친척들과 함께 나눌 물건들을 야주 시에 있는 한 상점에 들러 구입해야 했다. 우리는 얇게 저민 햄과 터키(turkey), 그리고 다른 물품들을 골랐다.

카운터에서 아내는 물건 값을 치르기 위해 수표에 이서를 한 후, "제 신분증이 필요하시겠죠?" 하고 물었다. 그러자 점원은 수표의 서명을 보더니, "괜찮습니다. 야주 시에서는 이름만으로도 신원확인이 되니까요." 하는 것이 아닌가.

그때 아내와 내 기분이 어땠는지 상상할 수 있으리라. 우리 가족이, 우리 집안이 얼마나 자랑스러웠겠는가.

다음은 이름의 중요성에 대해 어머니께서 들려 주신 예들이다.

신용도

우리가 아이들과 함께 진지하게 이야기를 나눠야하는 가장 중요한 점들 중 하나는 자신의 이름을 보호하는 것의 중요성이다. 우리가 각자 지니고 있는 이름은 우리가 누구인지, 무엇을 하는지, 무엇을 대표하고 있는지를 보여준다. 우리는 아이들에게 그들이 하는 말은 그들의 뼈이며 종이에 서명을 하는 것은 값을 매길 수 없이 소중한 일임을 알려주어야 한다.

학교에서 아이들이 시험지에 이름을 써넣는 것은 부정행위 없이 자신의 노력에 따라 시험을 치렀음을 보이는 것이나 다름없다. 자녀들에게 좋은 이름의 가치를 가르침으로써 그들이 생산적이고 성공적인 내일을 위한 토대를 성실히 쌓아가고 있음을 가르치게 될 것이다.

사회적이고 비즈니스적인 이미지

우리의 아이들은 그들의 사회적이고 비즈니스적인 이미지와 결부되어있는 자신들의 이름이 지닌 소중한 가치를 배워야 한다. 다른 사람들과 섞여 있다보면 우리는 스스로의 이미지를 세련되게 만들기도 하고 그 이미지를 더럽히기도 한다.

한 개인이 삶을 시작하면서부터 이름은 삶에 대한 이야기로 채워지기를 기다리는 수많은 빈칸 투성이의 책이 된다. 이는 곧 이름이

한 인간의 전체 이미지를 만들어내기도 하고 그 이미지를 무너뜨리기도 한다는 말이다. 물려받은 좋은 이름을 보호하는 것은 긍정적인 미래를 여는 가장 중요한 열쇠 중 하나이다.

"대부호보다는 좋은 이름을 가진 자가 선택될지어다"(잠언 22:1)

황금 찾기

한 때 앤드류 카네기는 미국에서 최고의 갑부로 꼽혔다. 그는 스코틀랜드 출신으로 어려서 미국으로 건너왔다. 수많은 임시직을 전전하다 마침내 미국에서 가장 큰 강철 제조업체의 주인이 되었다. 그 당시에는 백만장자가 드물었으나 그는 43명의 백만장자를 직원으로 거느리고 있었다. 그 때의 백만 달러는 오늘날의 2천만 달러와 같은 가치를 지니고 있는 상당한 금액이었다.

한 신문 취재기자가 카네기에게 어떻게 백만장자를 43명이나 고용했는지를 물었다. 이에 카네기는 이들을 처음 고용했을 때는 백만장자가 아니었으며, 자신에게 고용되어 함께 일을 하면서 백만장자가 되었다고 대답했다.

기자의 다음 질문은 "이 사람들을 이처럼 가치 있는 인재로 만든 비결은 무엇이며, 어떻게 하여 그 많은 돈을 지급했습니까?" 였다. 이 질문에 대한 카네기의 대답은 인간이 계발되는 것은 금광이 개발되는 것과 같은 이치라는 것이었다. "금을 캘 때 1온스의 금을 얻기 위해서는 몇 톤의 폐석을 함께 나르기 마련이다. 하지만 아무도 폐석을 찾으러 광산으로 들어가지는 않는다. 다만 황금을 찾으러 들어갈 뿐이다."

이것이 바로 긍정적이고 성공적인 아이들을 키우는 방법이다. 잘못이나 흠, 그리고 비난거리를 찾지 마라. 폐석이 아닌 황금을 찾아라. 나쁜 것이 아닌 좋은 것을 찾으라는 말이다.

인생에 있어 긍정적인 면을 찾아라. 다른 모든 일들과 마찬가지로 우리 아이들에게서 훌륭한 자질을 찾으려 들면 들수록 더욱 훌륭한 자질을 찾아내게 될 것이다.

장점을 찾아 칭찬하라

자녀에게서 좋은 점을 찾는다면 그것이 무엇인지 알려주고 이에 대해 칭찬해 주라. 이를 자주 실천하라.

세상의 모든 부모들은 자녀를 사랑한다. 하지만 불행히도 이를 자녀에게 직접 말하는 부모는 드물다. 이는 불행한 일이 아닐 수 없다. 왜냐하면 칭찬만큼 효과적으로 자신감을 불어넣어 줄 수 있는 방법이 없기 때문이다.

칭찬은 아주 효과가 뛰어나기 때문에 세계적으로 명망 있는 스즈키 바이올린 교습소에서는 2~4세의 어린이들에게 바이올린을 가르치기 전에 항상 인사하는 법을 먼저 가르친다. 이는 연주 전과 후에 아이들이 인사를 하면 관객들이 어김없이 박수갈채를 보내준다는 것을 교사들이 잘 알고 있기 때문이다.

"칭찬과 격려가 담긴 박수갈채야말로 아이들이 스스로에 대해서는 물론 연주에 대해서도 긍정적으로 느끼도록 만드는 최고의 동기부여라고 생각합니다."라고 한 선생님이 설명한다.

그러나 이런 사실에도 불구하고 국립 학부모 - 교사협의회가 실시한 연구에 따르면 미국의 일반학교에서 아이들은 긍정적인 측면보다 부정적인 측면을 18배나 더 많이 지적 받는 것으로 나타났다.

또한 위스콘신 연구에 따르면 학교에 처음 입학할 당시에는 80%의 아이들이 스스로에 대해 긍정적으로 생각하지만, 6학년에 되었을 때는 10%의 학생들만이 스스로에 대해 좋은 이미지를 가지고 있는 것으로 나타났다.

칭찬은 큰 격려가 된다. 하지만 진정한 격려는 단순히 등을 토닥여 주거나 뒤에서 응원을 해주는 것 이상의 효과를 낸다. 부모나 교사와 같이 권위 있는 사람들로부터 듣는 긍정적인 반응, 즉 칭찬이 아이들에게 큰 힘이 되는 것이다.

고등학교의 교장인 프랭크 레이날디는 아이들이 잘하는 것을 계속해서 상기시켜주는 것이 반드시 필요하다고 지적한다. 아이들이 좋은 일을 할 때마다 이를 인정해주고 그때그때 직접 이야기 해 주어야 한다. 격려와 칭찬은 구체적이어야 한다.

다시 말해서 "오늘 아침은 참 단정해 보이는구나."가 아니라 "바지와 셔츠를 잘 맞춰 입었구나. 정말 보기 좋다."라고 가능한 구체적으로 말해주어야 한다.

　　또한 훌륭한 격려자가 되기 위해서는 먼저 훌륭한 경청자가 되어야 한다. 아이들이 우리에게서 듣고 싶어하는 말이 무엇인지를 먼저 들어야 하기 때문이다.

모든 사람들과 모든 상황에서 좋은 점을 찾는 것은 익히기 위하여 노력을 요하는 기술이다. 하지만 우리는 자녀들을 사랑하기에 그 노력을 기울여야 한다. 부모로서 우리는 자녀들이 지닌 장점들을 찾아내는 연습을 해야 할 것이다.

성공의 기반으로 인격을 갖추었다면, 우리가 선택할 수 있는 성공에 이르는 길은 무한하다.

장점을 찾는 일이 주는 기쁨

가족 연구소가 1984년 실시한 한 연구에서는 60명의 학생들을 20명씩 세 개의 집단으로 나누어 5일 동안 매일 수학 시험을 치르게 했다. 한 집단은 매 시험 결과에 대해 칭찬을 해주었고, 다른 한 집단의 학생들에게는 시험 결과에 대해 꾸지람을 했으며, 마지막 한 집단에 대해서는 무관심으로 일관했다.

연구 결과 칭찬을 받은 집단에 속한 학생들의 점수는 대단히 많이 향상되었으며, 꾸지람을 가했던 집단에 속한 학생들의 점수도 약간은 향상되었다. 그러나 무관심 속에 방치되었던 집단에 속한 학생들의 점수는 거의 오르지 않았다.

연구 결과에서 보듯이 아이들의 성과물에 대한 긍정적인 관심이 가장 효과적임을 알 수 있다.

찰스 슈와브는 "비난 받기보다는 칭찬을 받으면 더 많은 노력을 기울이며 또한 열심히 일하지 않는 사람을 본 적이 없다."고 말했다. 이와 같은 맥락에서 칭찬과 격려의 분위기 속에서 자라난 아이들은 지속적인 꾸지람을 들으며 자라난 아이들보다 더욱 행복하고 생산적일 뿐 아니라 유순한 성격의 소유자가 될 것이다.

목표 달성하기

완전한 성공은 우리에게 있어서나 아이들에게 있어 성취 가능한 목표다. 그 성공의 질과 양은 상당부분 우리 자신에게 달려있다.

성공한 사람들이 지닌 핵심적인 자질을 확인하는 것이 성공을 위한 첫 단계라 하겠다. 그런 다음 해야할 일은 이러한 자질들을 우리가 살아가면서 내면화하고 변화시키며 더욱 발전시키는 것이다. 새롭고 긍정적인 정보가 내면화될수록 더욱 성공적인 결과가 수행됨을 명심하도록 해야한다.

이제부터 내가 알아낸 아주 소중하고 특별한 비밀 정보를 공개하도록 하겠다. 어떤 것을 내면화하는 데 있어 하루 중 가장 중요한 시기는 이른 아침과 늦은 밤 시간이다.

어떤 심리학자들은 생각과 자세에 관한 한 하루 중 처음으로 마주치는 가장 뛰어난 어떤 것이, 그 다음으로 마주하는 다섯 가지보다 더 강한 영향을 미친다고 평가했다.

따라서 매일 하루를 시작하는 시점에서 의도적으로 긍정적인 것을 내면화하는 것은 아주 중요하다. 아침에 일어나 혹은 출근길에 당신은 재미있는 이야기책을 읽거나 하나님의 말씀을 담은 성경을 읽을 수도 있으며, 활기찬 음악을 들을 수도 있다.

어떤 것을 내면화하는 데 있어 두 번째로 중요한 시기는 늦은 밤 시간이다. 나는 수년동안 잠자리에 들기 전 긍정적인 내용을 담고 있는 책을 읽어왔다. 그렇게 함으로써 나의 잠재의식이 잠을 자고 있는 동안 이런 내용들이 활발하게 움직여서 상상력을 유발시키고 진정한 마음의 양식을 제공하여 긍정적인 방향으로 나아가도록 하는 것이다.

당신에게도 내가 이용하고 있는 이 접근 방식을 강력하게 추천하는 바이다. 나는 테네시 주의 멤피스에 살고 있는 랜디 플랫 가족이 우리 회사에서 나오는 동기유발을 위한 강연 테이프를 경청하면서 그들의 삶에 일어난 몇 가지 변화를 예로 들면서 이 장을 마무리 할까한다.

그들은 어느 날 아침, 11살 난 아들 제이슨이 "정말 좋은 아침이네요. 좋은 일이 있을 것 같은 날이에요." 라고 중얼거리는 소리를 듣고 잠에서 깨어났다고 한다(그 녹음 테이프에서 나는 '알람' 시계가 아닌 '기회' 시계를 강조했다).

"오늘은 올 'A'를 받을 것 같아요. 매일 올 'A'를 받을 수도 있을 것 같아요. 정말 기분이 최고예요. 난 할 수 있어요. 정말 최고의 날이에요!"

"랜디와 저는 웃음을 터뜨렸답니다. 지그 지글러 씨가 우리 아이에게 큰 영향을 미친 거죠. 우리는 침대에 나란히 누워 제이슨이 녹음 테이프에서 들은 내용을 계속해서 다시 되뇌이는 걸 들었답니다. 제이슨의 성적표에는 A학점이 늘었고 담임 선생님으로부터 우리 아이의 자세가 스스로에게 얼마나 긍정적으로 변했는가 하는 내용을 담은 편지를 받았지요.

그 아이는 학교 성적의 전체 평점 A를 받으면 전자 기타를 얻을 수 있다는 목표를 세웠어요. 게다가 아르바이트를 해서 저축도 한다니까요. 그 아이는 목표를 달성했고 우리는 새 전자 기타를 사주었답니다."

제이슨은 성공의 자질을 익히고 있었다. 그리고 스스로 동기부여를 하고 그것을 실제 삶에 응용했던 것이다. 다음 장에서는 동기부여의 중요한 개념과 이 동기부여와 짝을 이루는 것, 즉 긍정적인 사고에 대해 조금 더 자세하게 살펴보도록 하겠다.

 완전한 성공은 도달할 수 있는 목표다.

자기 평가

1. '성공'이라는 단어를 적어 보라. 이 책의 57페이지에 나와있는 여러 가지 자질들 중 성공적인 사람에게서 가장 분명히 드러난다고 생각되는 항목들을 표시해 보라.

2. 자녀에게 동기부여를 하는 데 있어 그들을 위해 우리가 설정해 둔 모범이 얼마나 중요한가?

3. 당신의 자녀가 가지고 있는 좋은 점을 찾아내고 칭찬해 주어 그가 스스로에 대해 지니고 있는 생각을 긍정적으로 바꾸게 할 수 있다면, 당신이 찾아낼 수 있는 자녀의 좋은 점에는 어떤 것이 있는가? 두 가지만 적어 보라.

4. 삶에 대한 긍정적인 자세가 학습될 수 있다는 데 동의하는가? 자녀들이 긍정적인 시각을 가지도록 격려하기 위하여 당신이 구체적으로 할 수 있는 일은 무엇인가?

5. 당신의 자녀가 가지고 있는 특별한 자질 하나를 들어 보라. 이 자질을 키워 줄 수 있는 방법에는 어떤 것이 있는가?

부정적인 세상에서
긍정적인 아이로
키우기

04

동기부여와 긍정적 사고

Motivation and Positive Thinking

동기부여가 된 사람

동기부여에 대해 생각할 때면 텍사스 서부에서 일어났던 한 사건이 떠오른다. 텍사스의 한 대부호는 결혼 적령기가 된 딸을 사교계에 소개하기 위하여 파티를 열기로 결정했다. 이 부자는 파티에 자신의 농장으로부터 100마일 이내에 살고 있는 젊은이들을 모두 초대했다.

그가 소유한 목장은 20만 에이커에 이르는데 이 땅에서는 석유가 날 뿐 아니라 수천 마리의 소 떼들이 풀을 뜯고 있었다. 또 가족이 살고 있는 집은 국제 경기장 규모의 수영장이 있는 호화로운 대저택이었다.

날이 어두워지자 이 농장의 주인은 파티에 초대된 젊은이들을 물뱀과 악어 떼가 우글거리는 수영장 주변으로 불러들였다. 그는 젊은이들을 향해 말하기를 가장 먼저 수영장에 뛰어들어 건너편까지 헤엄쳐 갈 수 있는 사람에게 현금 백만 달러와 1만 에이커의 땅, 그리고 자신의 딸과의 결혼 중 한 가지를 선택할 수 있는 기회를 주겠노라고 선포하였다. 이 부자는 자신의 딸을 가리키며 자신과 자신의 아내가 죽고나면 이 모든 재산이 자신의 딸과 사위에게 돌아갈 것임을 다시 상기시키기까지 했다.

이 말이 떨어지기가 무섭게 수영장의 한쪽 끝에서 물 튀기는 소리가 요란하게 들리더니 한 젊은이가 맹렬한 기세로 다른 끝으로 헤엄을 쳤다. 이 젊은이는 어지간해서는 깨지지 않을 신기록을 수립하면서 그 커다란 수영장을 가로질러왔다.

물을 뚝뚝 떨구면서 젊은이가 모습을 드러내자 대부호는 그에게 급히 다가가 물었다.

"젊은이, 이제 선택하게. 현금 백만 달러를 원하나?"

"아닙니다." 젊은이가 대답했다.

"그렇다면 내 땅 1만 에이커를 받겠는가?"

"그것도 싫습니다."

"그렇다면 내 딸과 결혼하고 싶은 게로구먼."

"아닙니다." 젊은이가 짧게 대답했다.

"그렇다면 대체 자네가 원하는 게 뭔가?" 텍사스의 대부호가 초조하게 물었다.

그러자 이 젊은이는 마침내 이렇게 대답했다.

"저를 수영장 안으로 밀어 넣은 사람의 이름을 알고 싶습니다."

두말할 필요 없이 이 젊은이는 가능한 한 빨리 수영장에서 빠져 나와야 겠다는 동기부여가 되었을 것이다. 당신이 하고 있는 일이 무엇이건 간에 그 일에 최선을 다하기 위해서는 동기부여가 필수적이다. 특히 긍정적인 아이들을 키우기 위한 동기부여는 아주 중요하다고 할 수 있다.

부정적인 부류의 사람들

다른 어떤 주제보다 동기부여와 긍정적인 사고에 대해 더 많은 혼란이 야기되고 있는 것 같다. 몇 년 전 하버드 대학에서 실시한 연구에 의하면 사람들이 직업을 구하여 그 직업에서 성공하는 이유의 85%가 그들의 자세 때문이라고 한다.

자녀가 인생에 대한 준비를 하도록 돕고 싶은 부모라면 삶의 한 방식으로써 좋은 자세를 기를 수 있도록 가르쳐야 할 것이다. 동기부여와 긍정적인 사고는 특정한 환경과 사건에 직면하여 당신이 마음대로 이용할 수 있는 것이 아니다. 동기부여와 긍정적인 사고는 당신과 당신의 가족에게 믿을 수 없을 정도로 유익한 사고방식이자 행동방식인 것이다.

물론 모든 사람들이 같은 방식으로 생각하는 것은 아니다. 몇 년 전 나는 국내 뉴스 프로그램에 출연했던 적이 있다. 나를 인터뷰했던 기자는 내가 소위 '전형적인 매체적 인물'이라고 부르는 부류의 사람이었다.

이런 부류에 속하는 사람의 특징은 아주 회의적이며 다른 사람들의 따뜻한 인정에 기생하는 박테리아를 연상케 한다는 것이다. 또한 아주 냉소적이어서 마을에 회의주의자 클럽이라도 발족시키려는 사람처럼 보인다.

아무튼 당시 방송녹화 상황은 기억에 남는다. 우리는 카메라 기자들이 인터뷰 녹화를 위하여 카메라를 설치하고 있는 동안에 도착했다. 카메라 기자들이 카메라 설치를 마치고 카메라에 불이 들어오자 기자는 내 손에 마이크를 쥐어주더니 다음과 같이 서두를 꺼냈다.

"지글러 씨는 세계 곳곳을 다니며 긍정적인 사고와 최고가 되는 것에 관하여 강연을 하고 계십니다. 아주 긍정적이며 낙관적인 분이시죠. 긍정적인 생각만 가지면 무엇이건 할 수 있다고 믿고 계시는 분입니다. 지글러 씨, 긍정적인 생각을 가지고 있다면 당신이 무하메드 알리를 쓰러뜨릴 수 있다고 생각하십니까(당시 무하메드 알리는 헤비급에서 세계 챔피언이었다)?"

설령 내가 2년 동안 프로권투를 하면서 아주 훌륭한 성적을 거두었다 해도 이건 분명히 터무니없는 말이다.
나는 다음과 같이 대답했다. "아니오, 긍정적인 생각을 가진다고 해서 무하메드 알리를 쓰러뜨릴 수 있다고 생각하지는 않습니다. 마찬가지로 NEL 미식축구 팀의 쿼터백으로 뛰거나, NBA 농구팀에서 1진 선수로 뛸 수 있다고 생각하지도 않습니다. 또 긍정적인 생각만으로 내가 강의실에서 화학이나 핵물리학 강의를 할 수는 없는 노릇이지요. 긍정적인 생각만 가지고 학생들이 공부도 하지 않고 정보도 수집하지 않는다면 아는 것이 없으니 질문에 아무런 답도 하지 못할 겁니다."

 긍정적인 사고가 '무엇이나' 할 수 있도록 하는 것은 아니다.

긍정적인 사고와 부정적인 사고의 역할

그렇다. 긍정적인 사고를 지니고 있다고 해서 무엇이나 할 수 있는 것은 아니다. 다만 부정적인 생각을 하고 있는 것보다는 모든 일을 더 잘할 수 있다는 것이다. 긍정적인 사고를 지니고 있으면 당신의 능력이나 경험, 그리고 교육이나 훈련을 받는 데 있어 더욱 큰 효과를 보게 될 것이다.

바로 이것이 내가 말하는 긍정적인 사고의 중요성이다. 한 학생이 시험을 끝내고 교실을 나온다. 그의 친구 한 명이 다가서며 시험이 어땠는지 물어온다. 그러자 그가 이렇게 대답한다. "아휴, 정말 모르겠어. 시험준비를 정말 철저히 했거든. 저 공식이라면 내 이름 쓰듯이 줄줄 썼었는데 …… 어젯밤에 수도 없이 외웠거든. 그런데 오늘 시험을 보는 동안에는 아무 것도 생각이 안 나는 거야. 왜 그랬는지 모르겠어!"

학생 때 당신도 아마 이런 경험이 있을 것이다. 왜 전날 철저하게 공부했던 내용이 시험을 보는 동안에는 캄캄하게 생각이 나지 않았던 것일까? 그 이유는 간단하다.

당신의 기억을 더듬어보자. 당신은 시험을 보러 들어가면서 자신도 모르게 지금까지 공부했던 것을 '잊으라'고 스스로에게 조심스럽게 지시를 했을 것이다. 아마 같은 반 친구들과 "오늘은 내가 공부한 모든 것을 다 기억해냈으면 좋겠어." 혹은 "이번에는 지난번처럼 시험을 망치지 말아야지. 밤새서 공부했거든. 학기 내내 열심히 공부하면 뭐하겠어 시험만 보면 망치니. 정말 긴장된다. 전부 다 잊어버리면 어쩌지."와 같은 대화를 하면서 끊임없이 자기 암시를 했을 것이다. 이렇게 마음속으로 잊어버리도록 스스로에게 지시했으니 그 지시를 따를 수밖에 더 있겠는가.

그러나 긍정적인 생각을 한다면 당신 스스로를 고무시킬 뿐 아니라 공부했던 것을 기억해내고 스스로의 능력을 발휘하는 방법을 터득하게 될 것이다. 긍정적인 정신자세를 지니고 철저한 준비가 되어 있다면 시험 날 편안한 마음으로 교실에 들어갈 수 있을 것이다. 마음속으로는 이렇게 말하면서 말이다.
"이번 시험 대비를 잘 해서 정말 다행이야. 내가 공부한 책에서 나오는 문제들이라면 문제없어. 시험을 잘 볼 수 있을 거야." 긍정적인 사고와 준비가 발휘하는 힘은 놀라울 정도로 크다.

동기부여는 무엇인가?

동기부여에 관한 문제는 호기심을 자아내기도 하지만 자주 오해를 불러일으키기도 한다. *동기부여의 정의는 '행위를 하도록 자극하는 것, 자극이나 동기를 부여하는 것'이다.* 동기부여라는 단어 자체는 명사다.

내가 가지고 있는 1828년에 나온 노아 웹스터판 『영어사전』에는 '동기부여'나 '동기를 부여하다'라는 단어는 수록되어 있지 않다. 그러므로 이 단어들은 아주 중요하기는 하지만 생성된 지는 얼마 되지 않은 것이다.

내가 인터뷰를 할 때마다 자주 받는 질문은 동기부여가 어떤 것이며, 동기부여가 아닌 것은 무엇인가 하는 것이다. 질문은 이러하다. "지글러 씨, 동기부여를 위한 교육을 받은 사람들은 그 교육의 실효를 본다고들 합니다. 그렇지만 1주일이 지나면 모두 그 이전 상태로 돌아가 버린다고 하더군요. 그렇다면 동기부여는 지속적인 것이 아닌가요? 이에 대해 어떻게 생각하십니까?"

이 질문에 대한 내 대답은 이렇다. "물론 동기부여가 지속적이지는 않지요. 그렇다고 해서 단발적인 것은 아닙니다. 꾸준히 규칙적으로 노력을 해야 하는 것이지요."

한 번 식사를 했다고 해서 지속적으로 배가 부른 것은 아니다. 하지만 매일 규칙적으로 식사를 한다면 건강한 삶을 유지할 수 있지 않은가. 당신이 동기부여 학습에 참여해서 책 한 권을 읽고, 한 번의 연설을 듣고 나서는 남은 여생 동안 내내 그 효과가 지속될 것이라고 생각하는 것은 터무니없는 생각이다.

　　동기부여는 당신이 어떤 행동을 하도록 자극을 가하고 자신의 인생에 대하여 조금 더 낙관적인 관점을 가지도록 하며, 희망과 소양을 길러줄 뿐 아니라 당신이 목표를 달성할 수 있도록 격려를 해주기도 한다.

모든 동기부여는 자기 동기부여라고 말하는 사람들이 있다. 이 말은 마치 사람들 간에 혹은 다른 상황들로부터 서로 영향을 주고받을 수 없을 것이라는 말처럼 들린다. 내 경험에 따르면 고무적인 음악을 듣거나 훌륭한 설교, 혹은 애국심을 불러일으키는 연설을 듣고 나면 자신에 대해 더 좋은 느낌을 가지게 된다.

 동기부여란 꾸준히 규칙적으로 하는 것이다.

동기부여는 규칙적이고 지속적이어야 한다

긍정적인 아이를 키우기 위해서 당신이 반드시 이해해야 할 것이 있다. 스스로에게는 물론 아이들에게도 지속적인 동기부여를 해주기 위해서는 규칙적으로 동기부여를 받아야 한다는 점이다.

확고한 기반에서 긍정적인 사고를 지닌다면 당신은 자연히 인생에 있어 매일 발생하는 문제에 대해 긍정적인 접근을 하게 될 것이다. 예를 들면 아이들이 학교를 마치고 집으로 돌아오면 긍정적인 자세로 그들을 맞이하라.

"오늘 하루 어땠니?"라거나 "학교에서 무슨 일이 있었지?"라고 묻기보다, "오늘 어떤 재미있는 일을 했니?", "가장 재미있게 배운 것이 뭐니?", "누구랑 재미있게 놀았니?", "선생님께서 무슨 말씀을 하셨을 때 가장 기분이 좋았니?", "다른 사람에게 좋은 말을 해주었니?"라고 물어보는 것은 어떤가(대화를 이끌어내는 이 방법은 직장에서 돌아온 부부 관계를 향상시키는 데도 도움이 된다)!

이와 같이 긍정적 사고방식을 길러주는 질문들은 아이들이 학교에서 막 돌아왔을 때 특히 중요하다. 학교에서의 긍정적인 경험을 아이들에게 서서히 인식시켜줄 수만 있다면, 아이들이 학교에서 겪은 경험이 더욱 즐겁고 긍정적이 될 가능성이 커질 것이다.

그리고 나중에 아이들과 함께 둘러앉아 조용히 이야기를 나눌 수 있는 시간이 되면, 그 날 학교에서 일어난 모든 일들에 관하여 물어본다. 이로써 당신이 장미빛 안경을 쓰고 당면한 문제를 무시하는 것이 아님을 확신하게 될 것이다.

오히려 당신과 아이들이 전체적인 시야를 가지고 그 날 있었던 일들을 되새기게 될 것이다. 이런 과정은 아이들이 마음껏 상상의 나래를 펼쳐 간단하고 작은 일들을 부풀리려 하기 때문에 중요하다.

부모들은 아이들이 학교에서 돌아와서 처음으로 하는 이야기들이 실제로 일어났던 일이 아님을 알고 여러 번 놀라게 된다. 그도 당연한 것이 아이들은 어떤 사건이 일어난 순간 자신의 관점에서 본 사건을 묘사하기 때문이다.

불행히도 아이들에게서 전달받은 정보는 엄마나 아빠가 '아이의 권익을 보호하기 위하여' 학교를 찾은 후에야 밝혀져서 아이가 이야기한 사건이 '사실은 그렇지 않음'을 알게 된다. 결국은 아이에게서 들었던 커다란 사건이 들었던 것만큼 나쁘지 않거나 이미 해결이 되어 있는 경우가 많다.

급여를 올리면서 일하는 방법

우리의 자세는 집이나 학교 또는 직장 등 모든 부분의 삶에 있어 아주 중요한 측면이다. 나는 어린 시절 미시시피 주의 야주 시에 있는 한 식료품점에서 점원으로 일을 했다. 그때 나는 길 건너 상점에서 일을 하고 있던 한 소년을 알게 되었다.

당시는 경기침체기였기 때문에 대부분의 상점들은 예산 때문에 극히 제한된 상품들만을 들여놓고 이를 아주 소중히 여겼다. 일단 기본 상품들이 확보되면 상점 주인들은 그 다음 주에 팔릴 품목들을 정확하게 예측하려 심혈을 기울였고, 이 예측에 따라 물건을 주문했다. 상황이 이러했기 때문에 상점마다 부족분이 생기기 마련이었다. 그래서 주변의 상점들은 서로 물건을 빌려주곤 했다.

길 건너 상점의 점원 이름은 찰리 스콧이었다. 나는 찰리가 셀 수도 없이 죽을 힘을 다해 내가 일하는 상점으로 뛰어와 주인아저씨를 부르던 생각이 난다.

그는 항상 "앤더슨 씨, 토마토 캔 6개만 빌려주세요." 하고 소리치며 달려왔다. 그러면 앤더슨 씨는 "그래, 가져가거라, 찰리. 어디 있는지 알지?" 하고 대답해 주었다. 찰리는 바로 선반으로 가서 필요한 물건들을 챙겨서 카운터로 와서 물건을 보여주며 급하게 자기 이름을 휘갈겨 쓰고 뛰어나가곤 했다.

어느 날 그런 일이 뜸해지자 나는 앤더슨 씨에게 찰리 스콧이 가는 곳마다 급히 뛰어 다니는 이유를 물었다. 그는 찰리 스콧이 급여를 올리기 위하여 열심히 일하고 있으며, 언젠가는 급여를 올려 받게 될 것이라고 대답해주었다. 그래서 나는 어떻게 찰리가 급여를 올려 받게 될지를 아느냐고 다시 물었다. 그러자 앤더슨 씨는 저 아이를 고용한 사람이 올려주지 않으면 자기가 올려주겠다는 것이 아닌가!

1979년 나는 미시시피 주립대학에서 연설을 하면서 찰리 스콧의 예를 들어 모든 일에서 대가를 받는 것보다 더 많은 노력을 기울이는 것이 왜 중요한지를 설명했다.

세미나가 끝나자 붉은 머리의 키가 큰 신사가 내게로 다가와 찰리 스콧을 보지 못한 지가 얼마나 되느냐고 물었다. 나는 찰리가 2차 세계대전 중인 1942년에서 1943년 사이에 야주 시를 떠났다고 대답했다.

그러자 그 신사는 "찰리라는 사람을 다시 만난다면 못 알아보시겠죠?" 하고 묻는 것이었다. 그래서 나는 무심히 "아니오, 그렇지는 않을 겁니다."라고 대답했다. 그러자 그 신사는 "아니오, 못 알아보실 겁니다. 제가 찰리 스콧인걸요." 하고 대답하는 것이 아닌가.

그 친구의 말에 따르면 찰리 스콧은 살아오면서 내내 어린 시절 배운 생활 자세대로 살아왔다고 한다. 그는 열심히 일했고, 아주 예의 바르며 정직해 결국 대성하게 되었다는 것이다. 사실 그는 50대 초반에 남은 여생을 풍부하고 편안하게 보낼 수 있는 부자가 되어 은퇴하였다.

 받는 것 보다 더 많은 일을 할 때, 결국
하는 일 보다 더 많은 보답을 받는다.

자신이 일하는 분야에서 최고가 되는 법

자녀들에게 처음부터 최선을 다하는 법을 가르친다면 직업을 한 가지 이상 요구하지는 않을 것이다. 자신이 다니는 회사가 문을 닫지만 않는다면 말이다.

일찍이 직장에 대하여 자녀들에게 알려줄 때는 우리 스스로 하고 있는 일에 가능한 한 최선을 다해야 하며, 항상 웃는 얼굴을 보일 수 있는 마음으로 자신이 아니면 그 일을 할 수 없다는 마음가짐으로 일하는 모습을 보여주라고 한다. 새로운 일을 배우거나 추가적인 책임을 떠맡게 되면 곧 상사의 주목을 받게 마련이다.

이는 보편적인 법칙이다. 받는 것 보다 더 많은 일을 한다면 결국 자신이 한 일에 대한 대가를 받게 될 것이다. 자신이 맡은 일 외의 책임을 받아들일 때, 이는 본질적으로 항해하는 선박과 같은 이치에 놓이게 된다.

항해하고 있는 선박에서 끌어올린 돛이 많아질수록 배는 더 빨라지고 더 멀리까지 나갈 수 있을 것이다. 우리 삶에서 더 멀리 더 빨리 나아가기를 원한다면 더 많은 돛을 끌어올려야 한다. 스스로 그 일을 해야 하는 것이다.

자녀에게 가르쳐 주어야 하는 것들 중 하나는 하루 중 일터에서 보내는 8시간 동안의 경쟁이 실로 치열하다는 것이다. 이에 못지 않게 우리 자녀들이 알아두어야 하는 사실은 그 치열한 경쟁에도 불구하고 한 시간만 더 열심히 일한다면, 경쟁자들의 90%가 나가떨어질 것이라는 점이다.

이 점에 있어서 우리는 더 나은 생산성과 승진이라는 문을 활짝 열어놓고 있다. 이 두 가지 문으로 들어가기 위해서는 우리 스스로 성취해야 할 것들이 있다.

옛 격언에 이런 말이 있다. "당신의 미래를 마음껏 펼치는 유일한 방법은 당신의 현재를 마음껏 펼치는 것이다." 이 말은 사실이다. 우리는 자녀들에게 그들의 의지가 작용하고 스스로에 대한 믿음이 있는 만큼 멀리 나아갈 수 있으며, 올바른 정신과 도덕적 태도가 그들의 길을 밝혀줄 것이라는 격려와 희망을 주어야 한다.

자기 평가

1. 동기부여는 긍정적인 자세를 지닌 아이들을 키우기 위하여 반드시 필요하다. 당신에게 동기를 부여해주는 것은 어떤 것들인가?

2. 당신에게 실패를 가져다준 부정적인 생각에는 어떤 것들이 있는지 예를 들어 보라.

3. 찰리 스콧의 이야기는 그의 열정에 초점을 맞춘 것이다. 열정이 어떻게 그의 성공에 기여를 했는가?

4. 보상을 해주는 것이 사람들에게 동기를 부여하는데 있어 필수적이라고 생각하는가?

05

긍정적인 자세를 지닌
아이로 만들기 위한 실천 단계

Positive Steps to Developing
Positive Kids

이쯤 되면 당신은 아마 '이 세상에서 자녀를 긍정적인 아이로 키우기 위해서는 아인슈타인 못지 않은 천재성과 심리학자에 버금가는 통찰력, 그리고 3종 경기 선수를 따라잡을 만한 지구력은 물론 찰리 채플린도 울릴 수 있는 유머감각과 골리앗에 맞선 다윗을 능가하는 용기를 지녀야한다.' 는 결론을 내렸을지도 모르겠다.

그랬다면 사과를 해야겠다. 내가 하려했던 말은 단지 긍정적인 아이로 키우는 것은 쉽지만은 않다는 것이다. 하지만 애정이 넘치고 헌신적인 부모가 몇 가지의 지침을 따른다면 목표를 성취할 수 있으며 무한한 기쁨을 누릴 수 있을 것이다.

이번 장에서는 긍정적인 자녀를 키우기 위한 명쾌한 몇 가지 제안들을 소개하면서 당신에게 큰 용기를 주려한다. 자, 그럼 5장을 본격적으로 시작해 보도록 하자.

교육은 바로 지금 시작하라

당신은 자녀 교육을 언제부터 시작하는가? 긍정적인 아이를 키우기 위한 실질적인 단계들을 밟기 시작하는 시기는 언제인가? 당신도 알고 있겠지만 빠를수록 좋다.

그러나 이미 이런 단계들을 시작할 시기를 놓쳤다고 해서 주저할 필요는 없다. 옳은 일을 실행하는 데 있어 너무 늦은 법은 없다. 그러니 더 이상 머뭇거리지 말고 하루라도 빨리 실행하라. 바로 지금이 그 때이다.

1982년 5월 15일 댈러스 타임즈 헤럴드지의 한 기사에서는 어린이 교육 전문가들인 수세딕 부부가 어느 부모든지 자녀를 똑똑하고 훌륭하게 양육할 수 있음을 지적했는데, 환경과 음향학, 그리고 호기심을 그 주요 요소로 꼽고 있다.

피츠버그에 있는 톨레이트 학술원의 원장인 케롤 테일러 박사는 10살과 14살 난 두 딸을 두었다. 이 두 아이들은 마을에 있는 한 대학에 입학하여 의학부 예과 과정의 일부 과정을 수강하고 있다.

테일러 박사는 음향학을 가르치는 것이 아이들의 발달에 필수적이라고 말한다. 일단 아이들이 음향학을 통달하게 되면 대학 교재를 포함하여 무엇이든 읽을 수 있게 된다.

조셉 수세딕은 태아가 자궁에서 자라고 있을 때부터 이야기를 해 줄 수 있다고 믿었다. 따라서 부모에 대해 완전한 신뢰를 가지고 태어날 아이에 대한 기대에 부풀어 있는 어머니를 위한 조용하고 차분한 분위기의 필요성을 강조했다.

"아이는 완전한 신뢰를 지니고 있을 때에만 무언가를 배울 수 있습니다. 아이들이 기꺼이 배우고 싶어할 때에만 사랑과 온화함으로 가르쳐야 합니다."라고 그는 말한다.

딸들이 태어나자 수세딕 부부는 플래시 카드, 음향학과 모음 소리, 그리고 낱말 카드 등을 포함한 학습게임을 고안해냈다. "5~6세 때는 '노력 없는 학습'이 이루어집니다. 아이들이 학습 게임에 긍정적으로 반응을 하더군요."라고 조셉이 지적했다.

스스로 '아이들 같은 성향을 지니고 있다'고 자칭하는 수세딕 부부는 학습과 더불어 부모들이 가능한 아이들과 많은 시간을 보내야 한다고 강조했다. "아이들이 의문을 가지고 있을 때에는 이를 피하지 마십시오."

테일러 박사는 수세딕 부부의 자녀 양육법과 조기언어 기술개발의 필요성에 동의한다. "부모와 교사는 아이들에게 단지 말을 하는 것이 아니라 서로 상호작용을 해야 합니다. 아무리 바쁘더라도 아이들에게 '나중에 이야기하자'며 아이들과 이야기하는 것을 피해서는 안 됩니다."라고 테일러 박사는 말한다.

테일러 박사와 수세딕 부부는 모두 음향법을 훈련시킴으로써 언어 능력을 가르치고 아이의 환경을 구성할 수 있다고 지적했다. 말을 적정한 음절로 끊어 읽음으로써 아이들은 결국 단어와 그 뜻을 분석하는 법을 배운다는 것이다.

"일단 아이가 이러한 모든 기술을 습득하고 나면 단순한 사실과 원리를 암기하는 능력은 저절로 따르게 됩니다. 그 다음에 사실과 원리를 다른 학습 영역에 적용시킬 수 있게 될 겁니다." 뿐만 아니라 아이들은 분석적이고 논리적으로 생각할 수 있게 되어 기술적인 정보를 흡수하는 능력이 증대될 것이다.

탁월한 결과

앞의 방법이 아주 논리적이고 꽤 훌륭한 방법인 것 같다. 하지만 이 방법이 효과가 있을까? 수세딕 부부의 이야기를 더 들어보도록 하자. 수전 수세딕은 12살이 되던 해에 무스킹엄 대학의 3학년생이 되었으며, 스테이시 수세딕은 10살이 되던 해에 고등학교에 입학했다. 또 스테파니 수세딕은 8살에 8학년(중학교 2학년)이, 조안나 수세딕은 6살에 어엿한 4학년이 되었다.

이 아이들의 지능지수는 모두 150이 넘는다. 특히 수전의 경우 스텐포드에서 실시한 비넷 지능지수 기록은 200을 초과하기도 했다. 이 기록은 미국 전체 인구의 1%를 차지하는 지능지수 기록이다.

부모들은 모두 평균적인 지능지수를 가지고 있는데 어떻게 이런 결과가 나온 것일까? 이는 자궁 속 태아와 부모들의 대화가 가져온 가장 큰 효과라 할 수 있다. 수세딕 씨는 이 방법이 '하나님께서 어머니의 자궁에 있는 예레미야와 욥에게 말씀을 하셨던 방법'과 같은 것이라고 설명한다.

수세딕 부인은 태아가 5개월이 되면 청각이 발달하며 눈을 움직일 수 있다고 지적한다. 이 때의 태아는 이미 평생 동안 사용할 것 보다 더 많은 기억용 뇌 세포를 지니게 된다고 한다. 그래서 아이가 태어나기 전 계속해서 이야기를 해주면, 아이가 태어날 때 그것을 순간적으로 기억해낸다는 것이다.

　　수세딕 부인은 수세딕 씨가 일터로 나가 있는 동안 새로 태어난 아이에게 노래를 불러주었으며, 부드럽고 아름다운 음악에 맞추어 함께 춤을 추었다. 또 장난감을 가지고 함께 놀아주면서 아기가 속한 작은 세계에 대한 설명을 해주기 시작했다. 수세딕 부부는 감정으로 책을 읽는 법을 가르쳐주었고, 놀람과 슬픔, 기쁨을 표현하는 법, 그리고 이야기의 빈곳을 채워서 완성된 형태의 이야기를 만드는 법을 가르쳐주었다.

　　'항상 싸움만 하는' 뽀빠이나 '항상 총을 쏴대는' 벅스 버니 같은 만화를 비롯하여 헨젤과 그레텔 같은 어두운 이야기들은 피했다. 그들이 시청한 텔레비전 방송은 〈세사미 스트리트 Sesame Street〉와 〈일렉트릭 컴퍼니 Electric Company〉를 포함하고는 있지만 결혼 문제나 폭력, 성, 스릴러 등과 관련된 내용의 방송 분은 시청 목록에서 제외되었다.

　　"지능은 유전적으로 타고나는 것인가 혹은 환경에 의하여 결정되는가?"라는 질문에 대한 대답으로 수세딕 부인은 환경이 유전적인 영향보다 훨씬 더 중요하다고 대답하고 있다. 그녀는 자신의 아이들이 뛰어나게 똑똑한 것은 전적으로 조기교육의 덕이라고 믿고 있다.

그녀는 또한 아이들에게 쏟아 부은 자신의 사랑이 아이들의 두뇌 계발에 있어 가장 중요한 요소라고 지적한다. 그러나 수세딕 부인은 신체적·정신적 장애가 가르치고 배우는 데 있어 가장 커다란 장애들 중 하나라고 부모들에게 경고한다.

"만일 당신의 목적이 아이들의 행복이 아닌 단순히 아이들을 천재로 키우는 것에 있다면 차라리 아이들에게 이런 교육을 시키지 마십시오." 수세딕 부부가 실시한 자녀교육은 아주 흥미진진한 방법이 아닐 수 없다. 하지만 수세딕 부인의 이 마지막 말은 모두 명심해야 할 것이다. 여기서 우리가 얻을 수 있는 추가적인 정보는 아이들의 관찰 능력과 학습 능력이 놀라울 정도로 훌륭하다는 것이다.

비록 아이들이 아주 어린 나이에 학습을 시작한다 해도 조기 교육은 학교의 교실이 아닌 가정에서 이루어져야 한다. 발달심리학자 레이몬드 무어 씨는 그의 저서 『학교는 기다릴 수 있다 School Can Wait』에서 6살보다는 8살부터 학교 교육을 시작하는 것이 더 좋다는 점을 지적한다.

그는 특히 사내아이들은 8살 이후에 학교에 보내는 것이 좋다고 적고 있는데, 그 이유는 5~7세의 여아들에 비하여 같은 나이의 남아들의 활동량이 4배 정도 크며, 학습 능력은 3배 정도 낮기 때문이라고 한다. "8세 이전에 아이들을 집 밖에서 교육시킬 필요는 없으며, 그럴 경우 오히려 감성적으로나 행동적으로, 또는 학업 능력적으로나 사회적으로 위험에 노출될 수가 있다."고 무어 씨는 지적한다.

그는 사랑을 가지고 아이들을 잘 돌보는 부모들이야말로 가장 훌륭한 교사라고 믿는다. 조기 교육은 학교보다는 가정에서 받아야 한다는 무어 씨의 이러한 주장은 각 학교의 교사들 및 교육행정 관리자들의 80%에 의해 지지를 받았다.

아이들을 위한 전체 교육과정에는 부모와 학교, 교회와 우리의 동료, 교관, 사장, 단체와 다른 모든 요소들이 함께 하는 '평생교육' 전반이 포함된다. 초등학교 6학년 때까지 자녀들이 부모와 가정에서 보내는 시간은 대략 90,000시간이나 학교에서 보내는 시간은 총 5,000시간에 지나지 않는다. 이제 삶을 살아가는 데 있어 주요 영역에서 부모의 역할이 왜 그렇게 중요하게 강조되었는지 이해할 수 있을 것이다.

 올바른 일을 하는 데 있어 너무 늦은 법은 없다.

규정의 시기

이제 몇 가지 주요 영역들을 살펴보도록 하자.

　　『시대의 징후 Signs of the Times』(1984, 4)에서 작가 존 드레스커는 아이들이 자라면서 실질적으로 세 가지 다른 시기를 거치게 된다고 지적한다. 그 첫 시기는 규정의 시기로 1세에서 7세까지를 일컫는다. 그는 이 시기에 대하여 다음과 같이 예를 들어 분명히 설명하고 있다.

"1학년 여자아이가 집에 돌아와 어머니와 그 날 학교에서 있었던 활동들에 대하여 이야기를 나누고 있다. '오늘 학교에 우리 선생님 대신에 다른 선생님이 오셨어요. 우리더러 아무거나 하고 싶은 걸 하라고 하셨는데, 그 선생님은 정말 싫어요.'"

이러한 아이의 불평은 1~7세까지의 아이들의 요구와 반응을 모두 보여주고 있다. 이 시기의 아이는 자신이 무엇을 해야 하는지를 알고 싶어한다.

분명하고 명확한 규칙이 없는 아이는 다루기 힘들어지게 된다. 이런 아이는 불행해지며 정서 불안을 겪게 될 뿐 아니라 자신이 사랑을 받지 못하고 있다는 생각을 하게 된다. 게다가 자신의 한계와 통제력을 시험하기 위하여 - 때로는 아주 신경질적인 방식으로 - 심술궂은 행동을 하기도 한다.

1~7세 시기 동안이 아이들의 도덕성을 함양하는 데 있어 황금기라 할 수 있다. 이 시기의 아이들은 자신이 생각하고 해야할 일을 실행하기에 앞서 자신이 해야 할 일을 확인하고 싶어한다.

이러한 학습은 태어나면서부터 그에게 가장 가까운 사람에 의하여 받아야 한다. 양심과 도덕심을 기르는 데 있어 최우선적인 요소라 할 수 있는 올바른 복종심을 가르치기에 이보다 더 좋은 시기는 없을 것이다.

이 시기 동안의 아이들은 이성보다는 발견과 감정이 지배하는 세계에 살고 있다고 해도 과언이 아니다. 신체적인 접촉, 감정적 기복, 음성의 변화, 그리고 전반적인 가족의 분위기는 아주 이른 시기부터 감지된다. 아이는 이성으로부터 아무런 도움을 받지 못하므로 부모에게 전적으로 의존하게 된다. 그렇기 때문에 따라야 할 규칙이 필요하며 아이들에게 이성에 따라 행동하도록 요구할 경우 혼란이 생기는 것이다.

일찍 통제하라!
그러지 않으면 영원히 통제할 수 없다

폴 터너는 그의 저서 『저항하기 혹은 항복하기 To Resist or Surrender』에서 이렇게 쓰고 있다.

"많은 부모들은 아이들이 저지르는 사소한 모든 실수에 대해 이러쿵저러쿵 논란을 하고 싶어하지 않는다. 그러면서도 심각한 문제에 있어서는 부모로서의 그들의 권위를 내세워 해결하려 한다. 그렇지만 그 때는 이미 되돌릴 수 없는 지경에 이르러 있음을 자각해야 한다. 계속해서 양보하다보면 부모로서의 권위를 모두 잃기 때문이다."

대부분의 부모들은 어린 자녀들이 떼를 쓰면 그저 양보를 하고 만다. 그러나 바로 그 시기에 아이들에게는 단호한 손길이 필요하다. 부모들은 자녀의 재롱과 익살을 웃어넘기다가 나중에 자녀들이 사춘기에 접어들면서부터 규칙을 만들어 적용하려 한다. 안타까운 일이지만 사춘기야말로 자녀들이 스스로 경험을 쌓기 위하여 더 많은 자유가 필요한 시기다.

만일 부모들이 자녀가 어렸을 때 적절한 통제를 해준다면 이후에는 관대해 질 수 있을 것이다. 왜냐하면 아이들이 이미 발달된 통제력을 지니게 될 것이기 때문이다.

어린 시절 통제와 제재가 부족한 경우에는 자라면서 낭패를 보게 될 뿐만 아니라 삶을 살아가면서 어떠한 통제에 대해서도 반항을 하고 부정적인 반응을 보이게 될 것이다.

어린 자녀들에게는 직설적인 명령을 하는 것이 최선의 방법이다. 부정적인 대답이 거의 나오지 않도록 통제하되 사랑을 지닌 일관된 자세가 기반이 되어야 한다.

아이의 인생의 방향을 결정하는 데 있어 유아기에서 아동기를 거치는 시기보다 어머니의 역할이 더 중요한 시기는 없다. 그리고 이 시기만큼 어머니 자신의 목적, 신념과 개성, 그리고 목표가 더 중요한 시기도 없다.

사랑과 끈기, 일관성, 그리고 분명한 기대와 확신 같은 특질과 더불어 어머니의 강한 방향감과 정서적 안정성이야말로 아이들의 도덕성 발달에 많은 영향을 줄 것이다.

특히 어머니는 아이들과 가장 가까운 존재이기 때문에 아이들의 도덕성의 잣대가 된다. 물론 이 시기 동안 아버지의 역할 역시 중요하다. 특히 아버지는 아내의 옆에 든든히 서서 아내와 아이 모두를 사랑과 따뜻한 마음으로 후원해주고 있다는 믿음을 주어야 한다.

모방의 시기

모방의 시기는 8세에서 12세까지의 기간을 말한다. 이 시기는 존 벨가이가 지적하듯이 "부모들이 자녀들에게 좋은 가르침을 주고 동시에 나쁜 본보기를 보인다면, 이는 마치 한 손에는 식량을 쥐어주고 다른 한 손에는 독약을 쥐어주는 것과 같다." 이 시기 동안에는 역할 모델이 가장 중요하다. 규칙이 중요하기는 하지만 본보기는 아주 커다란 자극이 된다.

아가페 운동모임의 지도자인 레리 폴란드와 그의 아내 도나 린은 『전세계적인 도전 Worldwide Challenge』(1981, 10)이라는 제목의 논설에서 다음과 같이 썼다.

> 어린이는 11세가 될 때까지는 학습을 위하여 구체적인 본보기를 필요로 한다. 그 나이까지는 추상적인 사고가 충분히 발달되지 못하기 때문이다. 우리 자신의 성격이 지닌 강점과 약점은 우리 아이들의 삶을 통하여 반추된다. 종종 우리가 우리 아이들에게서 참을 수 없어 하는 면들은 우리 스스로 지니고 있는 최악의 약점들이다. 성급하거나 저속한 아버지는 이런 성격들을 그의 아들에게 넘겨주며, 독설을 내뱉으며 부도덕한 어머니는 건방지고 부도덕한 딸을 낳게 마련이다. 아무리 수많은 바른 생활 교재에 입각한 훈련을 시키더라도 부모들이 보여주는 본보기를 완전히 무마시킬 수는 없다.

"아이들이 보고, 아이들이 따라한다." 나와 아내가 가정을 꾸리기 시작할 때 어머님께서 하신 말씀이다. "아이들은 네가 하는 말보다 무슨 행동을 하는지에 더 관심을 기울인단다."

누가복음 6장 39절부터 40절에는 이에 대해 분명하고 훌륭하지만 무시무시한 다음과 같은 예가 나와있다. "소경이 소경을 인도할 수 있느냐 둘이 다 구덩이에 빠지지 아니하겠느냐? 제자가 그 선생보다 높지 못하나 무릇 온전케 된 자는 그 선생과 같으리라"

부모의 본보기가 좋지 않으면 무시무시한 일이 되지만 부모가 보이는 본보기가 훌륭하다면 아주 유익한 일이 될 것이다. 우리는 자녀들에게 우리가 하는 말이나 행동을 가르치는 것이 아니라 우리의 모습 그대로를 가르치게 될 것이다. 옛말에 "아주 큰 소리로 말하면 그 소리는 아무도 들을 수 없다."는 말이 그른 말은 아니다.

『부모 Parents』라는 잡지에 실린 기사에서 모방기 동안 아이들은 이후에 결정적인 역할을 하게 될 기본적인 기질을 형성하게 된다. 다시 말해서 이 시기에 형성되는 기질에 따라 어떤 사람에게 끌리게 될지, 어떤 삶을 살아가고 싶어할지, 어떤 소비 형태를 편안하게 여길지, 사람들을 얼마나 존중할지, 그리고 누구를 자신의 가장 중요한 본보기로 삼을 것인지가 결정된다 해도 과언이 아니다.

이 시기는 또한 믿음과 가치에 있어 시금석이 형성되는 시기이기도 하다. 그리하여 흔히들 질풍노도의 시기라 하는 불확실성과 유혹이 난무하는 청소년기에 아이들은 바로 모방기에 형성된 믿음과 가치에 의지하게 된다.

삶과 타인에 대한 아이들의 자세는 이 시기에 부모들이 상점에서 점원과 주고받는 대화나 이웃과 나누는 전화 대화, 그리고 친구들과 모인 자리에서의 부모들의 행동에 따라 형성된다. 가족이 모이는 자리는 타인에 대한 자세 뿐만 아니라 세상과 지역사회가 얼마나 필요한 것인지에 대한 부모의 언급이 이루어지기 때문이다.

이 시기에 있어 독서는 아주 중요하다. 좋은 책과 잡지는 가치관을 결정하는 데 도움이 될 것이다. 서로 다른 상황에서의 선행이나 용감한 행동, 그리고 정직함에 관한 이야기를 읽어주는 것이 모방기에 있는 아이들에게 아주 중요하다. 아이들이 이야기 속의 행동을 따라하려는 경향을 보이기 때문이다.

몇 년 전 시행된 한 연구에 따르면 성직자가 된 사람들의 절반 이상이 11세까지 형성된 소명의식에 의하여 장래를 결정했다고 한다. 그러니 그 어느 시기보다 이 시기 동안에는 자녀들의 장래에 해가 되는 행동을 부모들이 본보기로 보여서는 안 될 것이다.

말로 가르치는 것보다는 모순 없는 삶을 몸소 살아가는 모습을 보여주는 것이 이 시기의 아이들에게 가장 훌륭한 교육이 된다. 그러므로 이 시기에 아이들의 교육을 담당하는 어른들은 진실로 모방의 가치가 있는 사람이 되어야 할 것이다.

 **규칙이 중요하나 본보기는 커다란 자극
이 된다.**

감화의 시기

다음 시기는 감화의 시기로 13세 이상의 나이에 해당한다. 10대를 보내는 동안 아이들은 한두 가지의 큰 사상에 감화를 받는다. 그 대상은 반드시 영웅이어야 한다. 만일 영웅적 인물이 나타나지 않을 경우 영웅을 찾아 나서게 되는데, 아이가 찾은 영웅이 정의의 편에 서 있는 영웅이 아니라면 옳지 않은 영웅으로부터 감화를 받게 될 것이다.

만일 십대에 들어선 아이들이 마음속에 어떤 목표를 품고 있다면 이 시기 동안에는 상당한 안정성과 자질이 갖추어지게 된다. 물론 규칙과 통제는 여전히 중요하다. 그러나 이제 청소년이 된 아이들에게는 내적인 통제가 더욱 효과적이다. 부모들이 종일 아이들의 옆을 지킬 수 없기 때문이다. 10대의 아이들은 과거의 모든 경험들을 내재화할 필요가 있다.

아이들이 청소년이 되면 부모들의 신념을 정확하게 알게 된다. 그러나 아이들이 그 신념의 뒤에 숨어 있는 이유들을 항상 이해하는 것은 아니다. 그러므로 당신은 당신의 신념에 대한 이유를 아이들과 함께 이야기하는 시간을 가질 필요가 있다. 도덕적 규범과 신념은 대화에 의하여 더욱 강화된다.

청소년기에 접어든 아이들은 삶의 중요한 측면들에 대해서 친구들과는 물론 부모님과 대화를 나눌 필요가 있으며, 스스로도 이런 문제들을 깊이 생각해 보아야 한다. 특히 정보를 나누는 대화는 아이들의 사고에 깊은 영향을 줄 수 있다.

청소년기의 아이들은 무엇보다도 사랑과 신임을 얻고 싶어하며 부모의 든든한 후원을 얻고 싶어한다. 인정과 사랑을 얻으면 10대 아이들은 모든 일에 있어 긍정적인 변화를 보일 것이다.

나는 『리더스 다이제스트』 1985년 1월 호에 실린 글들 중 하나를 읽고 놀라움을 금치 못했다. 아주 훌륭한 글이라 잡지사 측에 허락을 구해 여기에 원문을 그대로 옮겨 보았다.

슈퍼스타 기르는 법

부모들의 기운을 북돋워주는 새로운 연구 결과가 나왔다. 올바른 조건만 주어진다면 자녀를 더 훌륭하고 더 나은 삶을 영위할 수 있도록 똑똑하게 키울 수 있다는 소식이다.

– 클레어 사프란

무엇이 아인슈타인과 같은 천재를 만드는가? 반 클라이번 같은 세계적인 피아니스트가 되기 위해서는 어떤 특별한 능력이 필요한가? 크리스 에버트 로이드와 같은 천재적인 테니스 선수를 만드는 비법은 무엇인가? 훌륭한 재능은 항상 신비감을 불러일으킨다. 이러한 재능은 어디에서 비롯되는가?

저명한 교육 연구가인 벤자민 블룸과 시카고 대학의 연구 조교 팀은 5년에 걸친 120명의 슈퍼스타들에 대한 연구를 완성했다. 연구 대상이었던 소위 슈퍼스타들은 올림픽 수영선수, 테니스 선수, 피아니스트, 조각가, 세계적인 수학자와 과학자들을 아우르는 각 영역에서 최고의 권위자들이자 최고로 뛰어난 사람들이었다.

놀랍게도 이 교육 탐구가들은 이런 슈퍼스타들이 그들의 재능을 타고 난 것이 아니라, 그런 방식으로 교육받으며 자라왔음을 알게 되었다. 그들의 재능은 각기 달랐으나 그들의 어린 시절의 경험들은 놀랍게도 비슷한 경향을 보이고 있었다.

만일 블룸이 옳다면(많은 교육 관계자들이 그렇게 믿고 있다) 잠재적인 재능은 우리가 생각하는 것 보다 훨씬 평범한 것이다. 사실 블룸은 올바른 조건만 갖추어준다면 대다수의 아이들이 어떤 것이든 거의 가리지 않고 배울 수 있다고 생각한다. "인간의 잠재력은 지능 검사나 적성 검사로 측정할 수 있는 것 보다 훨씬 더 크다."고 블룸은 주장한다.

'올바른 조건'에 관하여 더 많은 것을 알아내기 위해 블룸과 그의 연구팀은 각 영역에서 최고가 된 사람들을 살펴보았다. 연구팀은 그들의 새로운 저서 『젊은이들에게서 재능 계발하기 Developing Talent in Young People』에서 설명하듯이 비교적 **어린 시절을 생생하게 기억**하고 있으며, 선생님이나 부모가 아직 생존해 있어 어린 시절의 이야기를 해 줄 수 있는 35세 미만의 비교적 젊은 연령대의 개인을 선별하였다.

인터뷰 내용을 비교 분석하면서 나타난 놀라운 발견은 반복해서 나타나는 유사성이다. 또 다른 놀라운 점은 가정의 영향이 슈퍼스타를 만드는 과정에 있어 얼마나 강한가 하는 것이다.

그러나 이 연구에서 자녀를 이렇게 키우고자 하는 확실한 계획을 가지고 있었던 부모는 없었다. "대단한 재능을 키워주려고 계획하고 있다면 지나치게 강요를 하게되기 때문에 실제로는 그 계획이 실패할 확률이 높다."고 블룸은 경고한다. 연구 대상자들의 부모들은 각 단계에서 그때그때 아이들에게 좋다고 생각되는 것들을 행했을 뿐이다. 다음을 살펴보자.

한 어머니는 남편과 테니스를 치는 동안 차 좌석에 놓는 아기 침대를 테니스 코트장 옆에 두었다고 말한다. "우리 딸아이가 제일 처음으로 들은 소리는 아마 테니스 공 튀는 소리였을 거예요."

또 다른 어머니는 미술관을 가족과 함께 찾았던 기억을 더듬는다. 예술을 사랑하는 사람들의 아들은 자라서 유명한 조각가가 되었다. 거의 모든 경우에 있어서 이런 식이다. 아이는 부모들이 즐기는 것과 같은 활동을 시도했다. "집안에 음악이 넘친다고 해서 아이가 음악가로 자라는 것은 아닙니다. 하지만 음악이 없는 집안에서는 아이도 음악을 하려하지 않을 겁니다."라고 블룸은 지적한다.

연구를 시작하면서 블룸은 아주 어릴 때부터 그 재능이 분명히 드러나는 사람들, 즉 어린이 신동을 만나기를 기대했었다. 그러나 연구 결과 대부분의 아이들은 몇 년간의 힘겨운 노력 끝에서야 부여받은 재능이 확인되었다.

피아니스트들은 천부적인 리듬감과 음악에 대한 반응을 보여주었다. 하지만 이들 중 절반도 안 되는 사람들만이 완전한 음감을 가지고 있던 것으로 나타났다. 몇몇 비범한 수학자들은 학습의 어려움을 겪었다. 또한 올림픽 대표 수영선수들도 어린 시절 그 재능을 보이기는 했지만 신동으로 여겨질 만큼 특별난 재능은 아니었다.

신체적이고 정신적인 기본적 요구들을 넘어서 이 아이들이 가졌던 것은 주의와 깊은 관심을 가지고 있는 부모들이었다. 따라서 아주 어린 시절 보이는 삼재석 새능을 재빨리 알이치고 이를 길러줄 수 있었던 것이다. 예를 들어 5살 짜리 여자아이가 피아노를 쿵쾅거리며 치고 있을 때, "정말 잘 하는구나."라고 한 마디를 던져주는 어머니가 있었다. 이 어머니가 이런 말을 했을 때는 자신도 음악을 너무 좋아 하니 자신의 딸도 역시 음악을 할 수 있으면 좋겠다는 의미를 담고 있었던 것이다.

이와 같이 사소하고 평범한 방법으로 아주 놀라운 성과가 이루어지기 시작한다. 부모가 칭찬해주는 행동과 무시하는 행동에 대해 아이들은 즉각적인 반응을 보인다. 한 조각가의 어머니는 딸아이가 만든 모든 작품을 하나하나 모아두었다(영어 작문은 하나도 모아두지 않은 반면 말이다). 그리고 한 수학자의 부모는 아이가 혼자 방에서 수학 문제를 풀고 있는 것에 대해 칭찬을 많이 해주었다고 한다. 아마 스포츠를 좋아하는 활동적인 부모였다면 이런 현상에 대해 걱정을 했을 것이다.

한 수영 선수는 어린 시절 아버지가 목수였던 것을 기억해냈다. 그의 아버지는 만들던 작품이 제대로 되지 않으면 그것을 부숴 버리고는 처음부터 다시 만들기 시작했다는 것이다.

이 소년은 그때의 일을 절대로 잊지 않고 있었다. 10년 후 그는 수많은 트로피와 올림픽 메달이 가득한 방에 앉아 기자에게 이렇게 말했다. "아버지께서는 항상 뭐든지 할 가치가 있는 것은 열심히 할 가치가 있다고 가르쳐주셨습니다."

거의 모든 슈퍼스타들이 이와 같은 개인적 이야기를 들려주었다. 비록 이들 대부분은 어린 나이에 성공했지만, 그렇다고 해서 이 성공이 하루아침에 이루어진 것은 아니다. 그들 모두는 적어도 10년의 피나는 노력 끝에 정상에 선 사람들로 다음의 세 단계를 모두 거쳤다.

첫 단계는 선택한 분야에 '완전히 빠져' 그 일에서 재미와 기쁨을 누릴 수 있어야 한다. 다음 단계는 정교화의 단계로 각 분야의 기술을 익히며 능력을 키운다. 그리고 마지막 세 번째 단계에서 개인적인 스타일을 발전시켜 각 분야에서 '자신만의 독창성'을 기르는 것이다.

블룸의 교육 연구팀이 실시한 이번 연구에서 부모들의 역할은 아이들이 적합하고 올바른 경험을 하도록 돕는 것이었다. 우선 부모들은 아이들이 보인 첫 재능의 조짐을 독려하기 위하여 아이들에게 교육의 기회를 제공했다.

이 때 부모들이 찾은 교사는 무조건 최고의 피아니스트나 최고의 테니스 코치가 아닌 '아이들에게 적합한' 사람으로, 따뜻한 마음으로 아이들과 친근하게 지내고 아이들이 해낸 일에 대해 많은 칭찬을 해 주었다.

처음 한동안은 부모와 함께 아이들의 더 나은 성장을 위하여 필요한 일들을 함께 상의하여 결정하는 교사상이 요구된다. 그 다음으로는 교사의 역할이 더 많이 요구되었는데, 한 곡의 음악을 연주하거나 특정 수영법을 익히는 데 있어 올바른 방법을 배우고 익히도록 지도해야 한다. 마지막으로 요구되는 교사상은 각 분야에서 최고의 권위자이자, 최선의 역할 모델이 될 수 있는 사람이어야 한다.

이런 과정의 각 단계에서 부모들은 필요한 교육과 자재들을 위한 비용과 에너지, 그리고 시간을 확보하는 노력을 보여주었다. 많은 경우에 있어 부모들의 검소한 생활을 바탕으로 이 모든 준비가 이루어진 것이었다.

음악에 재능을 보이기 시작한 아이의 아버지는 필요한 새 차를 사는 대신에 아이에게 그랜드 피아노를 사주었으며, 테니스 치는 것을 아주 좋아하는 부부는 주말을 아이와 함께 주니어 테니스 경기를 보면서 보냈다. 이와 같이 부모의 희생이 따르는 일이기는 하지만 한 어머니는 "우리는 모두 아이들과 함께 즐길 수 있었습니다. 그게 가족 아니겠어요."라고 말한다.

대부분의 아이들처럼 재능을 나타내기 시작한 어린 스타들도 충분한 연습을 필요로 했다. 하지만 연습 시간을 부모들이 함께 하는 경우가 많았다. 그래서 이 미래의 스타들이 좌절하게 되면 부모들이 옆에서 끊임없이 격려해 주었던 것이다.

한 수영선수는 어린 시절 다른 연령대의 어린이들과 함께 경기를 하면서 매번 패배를 경험했고, 급기야는 수영을 그만두고 싶은 마음이 생겼다고 한다. 이때 그의 아버지는 "한 번만 더 이길 때까지 기다려보렴. 지고 있다고 해서 간단히 그만둬서는 안 된다."며 격려를 해주었고, 일단 경기에서 이기자 수영을 그만 두고 싶은 생각이 사라졌다고 한다.

부모들은 아이들이 승리를 거두었을 때 더욱 격려를 해주었으며 패배를 했을 때에는 따뜻한 위로를 건네주었다. 만일 아이들이 열심히 노력했거나 이전 보다 더 나은 성적을 거두었다면 그 역시 승리와 같은 것이다. 또 설령 패배를 했다 하더라도 이 경험으로부터 앞으로 그 분야에서 활동을 하는 데 있어 필요한 교훈을 얻을 수 있는 것이다.

그렇지만 일정 기간이 지난 후에는 이 모든 것이 아이들에게 달려있다. 어떤 부모들은 자신의 다른 자녀들이 더 많은 재능을 타고 난 것 같았으나, 열심히 노력하려는 의지가 없었던 것 같다고 회고한다. 이와는 대조적으로 슈퍼스타들은 자신들의 분야를 선택한 후에는 학교 활동이나 '놀러 나가는' 시간보다는 연습시간을 더 많이 가졌다는 것이다.

그들이 10대가 되면서부터는 일주일에 평균 25시간을 그들의 재능을 살리기 위한 연습에 투자했다고 한다. 이것은 학교 활동이나 평범한 아이들이 텔레비전을 보면서 보내는 시간을 포함한 다른 활동에 보내는 시간보다 훨씬 더 많은 시간이다.

부모들은 이런 아이들의 재능을 함께 즐기며 그들과 함께 시간을 보냈지만 이 아이들을 통해 자신들의 삶을 살았던 것은 아니다. 부모들은 아이의 재능을 그저 그 아이의 재능으로 받아들였을 뿐이다.

블룸에 따르면 거의 모든 아이들에게는 숨은 재능이 있으며 부모는 그것을 찾아내고 가꾸어 활짝 꽃피우도록 도울 수 있다. 그리고 그 재능이 비록 최고의 스타가 될 만큼 뛰어나지 않다 하더라도 아이들이 음악이나 스포츠 혹은 지적 추구에 흥미를 가지게 된다면 인생을 더욱 의미 있게 보낼 수 있게 될 것이다.

이렇게 쏟아 붇는 에너지와 시간이 가치가 있는가? 그렇다. 어린 시절의 학습은 성인이 되어 직관으로 자리잡게 된다. 최고가 되기 위하여 배웠던 기술을 완전히 익히게 되면 아이들은 무엇을 하며 살아가든 자신이 하고 있는 일에 최선을 다하게 될 것이다.

부모인 당신도 이를 부인할 수 없으리라. 아이가 태어나기 전이건 또는 어른이 되는 과정에 있건 아이의 성공을 좌우하는 것은 무엇을 받아들이도록 하는가에 있다. 어떤 형태로든 긍정적인 것을 아이들에게 주입시키면 긍정적인 결과를 얻게 될 것이다.

이제 당신의 자녀에게 있는 긍정적인 자질들을 길러줄 수 있는 더 나은 방법들을 모색해보도록 하자.

상상력을 개발하라

자녀의 창의적인 상상력을 개발하도록 돕고 자녀와 함께 노력함으로써 많은 것을 성취할 수 있다. 방법은 간단하다. 아이에게 책을 많이 읽어주는 것이다. '백설공주와 일곱 난쟁이' 와 같은 이야기를 읽어주면 아이는 이야기에 몰두하게 된다. 일곱 난쟁이들을 각각 소개하면서 아이에게 각 난쟁이들이 말하는 것처럼 목소리를 바꾸며 말을 하도록 시켜 보라.

그렇게 함으로써 아이들은 '백설공주와 일곱 난쟁이' 이야기 속의 척척이, 잠보, 투덜이 등의 난쟁이들이나 다른 등장인물들처럼 이야기해보는 과정을 통하여 이야기에 점점 깊이 빠져들게 된다.

이 과정을 통하여 많은 성과를 거둘 수 있는데, 그 첫 번째 성과는 부모와 아이를 더욱 가깝게 한다는 것이다. 둘째, 이런 활동들이 아이의 상상력과 창의력을 자극하여 지루함을 덜 느끼게 한다. 셋째, 일상적으로 말하는 목소리를 유지하는 것보다는 다른 목소리를 내어 무엇인가를 할 수 있다는 것을 가르친다. 훌륭한 성우나 배우의 자질이 싹트고 있는지 누가 알겠는가!

물론 아이들과 대화를 나누고 그들의 창의력을 길러주는 다른 방법들도 있다. 블록 쌓기 장난감이나 찰흙을 주고 상상력을 이용하여 무언가를 만들도록 시켜 보라. 또 아이가 놀 수 있는 마당이 있는 집이라면 모래성을 쌓을 수 있도록 공간과 재료를 준비해주고 무엇이든 만들고 싶은 것을 만들 수 있도록 해 보라. 아이가 조금 더 자라 집짓기 세트와 같은 재료를 준비해준다면 아이는 상상력을 발휘하여 훌륭한 구조물을 만들어 낼 수 있을 것이다.

아이들이 정말 흥미를 보이는 대상은 전통적으로 크리스마스날 선물 상자에서 선물을 꺼내고 난 다음에 나타난다. 아이들이 가지고 노는 것은 상자 속에 들어있던 장난감이 아닌 바로 그 장난감을 포장했던 상자이기 때문이다. 아이들은 상자로 모든 종류의 물건들을 만들어낸다. 아마 거의 모든 사내아이들은 그 상자로 요새를 만들고 여자아이들은 인형 집을 만들며 놀 것이다. 여러분들도 이런 경험을 가지고 있으리라.

유머감각이 도움이 된다 - 시도해 보라

낙천성을 유지하면서 긍정적인 아이를 키우기 위해서는 가끔 마주치게 될 실망이나 장애, 또는 여러 가지 문제들을 극복하기 위한 유머감각이 필수적이다.

이따금 우리는 중고 자동차 판매소에 찾아가 "당신이 내게 이 차를 판 사람 맞습니까?"라고 물어보는 사내와 같은 심정일지도 모른다. 그러면 그 판매원은 아주 조심스럽게 "네, 그렇습니다만 무슨 일이시죠?"라고 대답할 것이다. 다시 그 중고차를 끌고 온 사내는 "이 차에 대해 다시 한 번 말씀해 주시지 않겠습니까? 가끔 아주 실망스러워요."라고 기진맥진하여 말을 이을 것이다. 자, 이것이 자녀를 둔 부모가 겪는 심정이다. 모든 일이 생각한대로 이루어지지 않는다. 그래서 격려가 필요한 것이다.

유머감각은 아주 큰 격려가 된다. 유머감각이 삶을 살아가는 데 있어 훌륭한 동기부여 도구의 하나임은 이미 입증된 바 있다. 산디에이고 주의 가족협회에서 주관한 연구에서는 학생들이 시험에서 더 좋은 성적을 거두도록 도와주는 데 유머감각이 일조를 한다는 결과가 나왔다. 4개의 대학생 집단을 대상으로 심각한 강의와 유머가 가미된 수업을 듣도록 했다. 수업 직후의 퀴즈에서는 모든 집단의 학생들이 동등하게 좋은 성적을 거두었지만, 6주 후에 다시 시험을 치렀을 때는 유머가 가미된 수업을 들은 학생 집단의 점수가 월등히 높았다.
앞에서 이미 성공한 사람들의 긍정적인 자질들에 대해 논의했듯이(이 주제에 대해서는 3장에서 다루었다) 유머감각은 모든 사람들이 지적한 항목에 해당한다. 오늘날 우리 사회에는 심각함으로 가득 차 있는 것 같다. 너무 많은 사람들이 타이타닉호의 선장이나 막대 사탕을 다 먹어 치운 어린 아이 같은 얼굴을 하고 다닌다. 당신의 자녀가 유머감각을 키우도록 돕기를 바란다.

애정이 넘치는 환경을 창조하라

자녀들의 긍정적인 자질을 개발하는 데 있어 또 다른 중요한 단계는 스스로 행복하다는 생각과 인정을 받고 있다는 생각을 많이 할 수 있는 환경을 만들어 주는 것이다. 이를 위해서는 자녀들이 사랑스럽고 긍정적인 방법으로 하루를 시작하고 끝내도록 도와주어야 한다.

먼저 자녀를 깨우는 방법부터 바꿔야 한다. "이제 일어날 시간이다! 다시 말하게 하지 마라."라고 소리치며 아이를 깨운다면 그 아이는 그 날 하루에 대해 즐겁고 행복한 일을 기대하지 못할 것이다.

우리 딸 수전이 나의 셋째 손녀 엘리자베스를 깨우는 방법을 적극 추천하고 싶다. 수전은 우선 잠들어 있는 엘리자베스의 침대 곁으로 가서 잠시 동안 아이의 얼굴을 들여다본다. 그러다가 손으로 아이의 이마를 부드럽게 쓸어주며 키스를 해주는 것이다. 그러면 엘리자베스가 잠에서 깨어나기 시작하며 기지개를 켜고 마침내 눈을 뜬다. 이렇게 잠에서 깨어 하루를 시작하는 엘리자베스의 눈에 들어온 그 날 하루는 아름답고 희망차기 그지없을 것이다.

그렇게 깨어난 엘리자베스에게 수전은 부드럽게 아침 인사를 건넨다. 엘리자베스에게는 이렇게 아침에 일어나는 일이 싫은 일이 아닌 즐거운 경험이 되고 있다.

물론 대부분의 부모들이 처음에는 수전이 엘리자베스를 깨우듯이 아기에게 사랑스런 키스와 인사말을 건네며 아침을 맞이하겠지만, 불행히도 해를 거듭하면서 이런 경향들이 서서히 바뀌어가고 있을 것이다. 아이들은 텔레비전 광고가 나가는 사이에 잠자리에 들고 부모들이 "이제 그만 일어나라! 오늘 또 늦겠다!"라고 소리치며 문을 여닫는 소리에 잠이 깬다. 그 뿐인가? 급하게 빵 한 조각을 아침으로 먹고는 차에 올라타 하루를 시작하는 것이다.

제안 부드럽게 아이의 방문을 노크 하고 들어가 침대 옆에 앉아 아이의 머리를 쓰다듬어 주라. 그리고는 이마에 부드러운 키스를 해주며 아름다운 새 날이 밝아왔음을 알려 주라. 하루 동안 흥미진진하고 재미있는 새로운 것들을 많이 배워와서 저녁 시간에 함께 이야기하자고 말해 주라. 아이들이 잠자리에 들기 30분쯤 전에 양치질을 했는지, 숙제는 모두 끝냈는지, 고양이를 밖으로 내보내고 자전거를 들여놓았는지를 함께 확인해준다.

잠자리에 들 때는 텔레비전을 끄고 아이를 침대로 데리고 가서 이불을 덮어주며 잠시 동안 가벼운 대화를 나눈다. 아이들에게 있어 사랑은 곧 '시간'이다. 아이들이 그 어느 때보다도 마음을 열고 대화를 하고 싶어하는 시간이 잠자기 전 시간임을 기억하라. 10분에서 15

분 정도의 짧은 대화는 아이와 당신 사이의 유대관계를 강하게 해주는
데 아주 중요한 전환점이 될 수 있다.

아이에게 당신의 사랑이 얼마나 큰지를 알게 해주라. 또 당신이
텔레비전을 보는 10분보다 아이와 대화하는 시간을 더욱 중요하게 여
기고 있다는 사실을 알도록 해주어야 한다.

아이가 자라게 되면 신중한 부모들은 이런 과정에 변화를 줄 것이다.
즉 아이를 깨우러 방에 들어서기 전에 부드럽게 노크를 한다. 이렇게
함으로써 아이가 이미 깨어 있을 경우, 부모들이 갑자기 방으로 들어와
당황하는 일이 없을 것이다. 이런 예의는 어머니가 아들을 깨울 때나
아버지가 딸을 깨울 때 반드시 필요하다.

여기 승리자가 있다

마지막으로 제안하고 싶은 것은 온화한 말로 아이들을 지지해 주라는
것이다. 한 순간 아주 짧은 참된 말 한마디가 인생에 있어 얼마나 중요
한 영향을 미치게 될지 모르는 일이다.

최근 여행에서 나는 아주 잘 생긴 꼬마아이를 만났다. 그 아이
는 뭐가 만족스러운지 마치 '승리자' 라도 된 것처럼 함박웃음을 띠고
있었다. 서부 해안에서 열린 세미나들 중 한 세미나에 부모와 함께 참
석한 아이는 청중들과 자연스럽게 어울려 편안해 보였다.

내가 잠시 짬을 냈을 때 그 부모가 아이를 소개해 주었다. 나는

허리를 구부리고 그의 눈을 들여다보며 질문을 던졌는데 의외로 짧고 흥미진진한 대화가 되었다. 내가 먼저 물었다.

"애야, 내가 무엇을 할 수 있는지 아니?"

"아뇨." 꼬마 아이의 대답이었다.

"나에게는 아주 특별한 재능이 있단다. 대부분의 사람들이 할 수 없는 특별한 것을 할 수 있단다. 그게 뭔지 아니?" 내가 물었다.

아이는 의아하다는 듯 고개를 갸우뚱거리더니 바로 깊은 관심을 보이며 대답했다. "아니오."

"나는 성공할 사람을 척 보면 아는데 한 번도 틀린 적이 없단다."

"정말이세요?"

"그럼, 성공한 사람들을 여러 번 봐왔지. 이제 보니 너도 반드시 대성하겠구나."

이 모든 대화가 오간 시간은 채 일 분도 되지 않는다. 그러나 꼬마와 부모의 얼굴에는 기쁨의 빛이 가득 서렸다. 며칠 후 나는 그 아이의 어머니로부터 편지 한 통을 받았다. 그 편지에는 내가 그때 그 아이에게 했던 방법을 다른 아이들을 만날 때마다 사용하라는 진심 어린 충고가 있었다(당신도 이미 눈치 챘겠지만, 나는 모든 아이들이 성공의 운을 타고났다고 믿는다. 그러나 불행히도 이런 아이들이 환경 탓에 성공을 하지 못하는 것일 뿐이다).

내가 만났던 그 아이는 유아기에 심하게 학대를 받아서 신체적·정신적 상처는 말 할 것도 없고 두 살이 되기 전에 뼈가 몇 개 부러

지는 등 깊은 상처를 입었었다. 그 아이가 나를 만나게 된 그 시기까지는 그를 입양한 양부모의 사랑과 노력이 놀라운 결실을 거둔 후였던 것이다.

그 아이의 양어머니는 내가 그 아이와 나눈 짧은 대화를 통해 아이가 성공을 향해 한 걸음 더 가까이 다가서게 되었다고 생각하고 있었던 것이다. 그녀는 나와 아이와의 짧은 만남이 아이에게 커다란 힘이 되었다고 말했다.

당신의 자녀를 긍정적인 성공자로 키우기 위해서는 아이에게 확신을 심어주어야 한다.

자신이 얼마나 특별한 존재인지 알려 주라

아이에게 자신이 얼마나 특별한 존재인지 알려주는 것은 아주 중요한 일이다. 댈러스의 활동적인 사업가인 리차드 그린은 아이들에게 아주 효과적이고 독특한 접근법을 시도해 왔다.

그의 두 자녀들은 모두 입양이며, 그는 아이들에게 두 번의 생일을 챙겨준다. 한 번은 태어난 날이며, 또 한 번은 입양한 날이다. 이로써 크리드와 브루크는 자신을 아주 특별한 존재로 여기고 있으며, 입양 사실이 결점이 아닌 긍정적인 요인으로 작용하게 되었다.

이제 6세인 크리드와 3세인 브루크는 또 다른 몇 가지 특별 대우를 받고 있다. 크리드가 4살이 되던 해에 그린은 일주일 중 하루 밤을 크리드의 밤으로 정했다. 크리드가 그 주에 '선행' 을 했으면 크리드는 자신의 밤을 누릴 권리를 갖게 되는데, 그가 원하는 것이 무엇든 한 가지를 이룰 수 있었다.

한 번은 크리드가 할인점에 가서 물고기를 보고 싶어했다. 금요일 밤, 그린은 크리드를 데리고 할인점으로 가서 수족관 바로 앞 의자에 앉혀주었다. 꼬박 한 시간 동안을 그린은 수족관을 헤엄치며 노니는 물고기들을 보며 즐거워하는 크리드와 함께 했다.

중요한 것은 물고기를 보며 즐거워한 것은 크리드 뿐만이 아니라는 점이다. 그의 부모도 아이 옆에서 아이에 대한 사랑과 독특함에 대해 이야기하며 행복한 시간을 보냈다. 아마 크리드는 서로 다른 물고기와 수족관 내의 식물, 그리고 바위들을 지켜보면서 신이 자연에 내린 신비와 아름다움을 만끽했을 것이다. 물론 이렇게 한 가족이 행복해 하는 시간에 들인 비용은 할인점까지 왕복할 때 들었던 기름 값 이상은 들지 않았다.

아주 특별한 경우에 그린 씨는 자신이 일하는 회사에 크리드를 데리고 간다. 단정한 정장과 윤이 나는 구두로 말끔하게 차려 입혀서 말이다. 그는 크리드에게 회사의 이모저모를 보여주며 직원들에게 소개를 시키기도 한다.

그러면서 각 직원들에게 정중하게 인사를 하며 악수하는 법을 가르친다. 이를 통하여 부자간의 중요한 관계를 형성할 뿐만 아니라, 크리드에게 정장을 입혀주는 과정은 아이의 자기 이미지 형성에 또 다른 상승 효과를 가져오게 한다.

또한 아버지인 그린 씨의 지휘 하에 있는 사업장을 돌아봄으로써 크리드는 마음속에 경영자가 되고자 하는 목표가 생길 것이다. 이런 과정에도 역시 비용은 발생하지 않는다. 그럼에도 리차드 그린 씨는 '승리자'를 키우고 있다.

마지막으로 사우스 케롤라이나의 찰스턴에 살고 있는 제리와 조 베이컨의 예를 들면서 이번 장을 마무리 지으려 한다. 몇 년 전 그들은 아름다운 딸, 베스와 아주 재미있는 상황에 직면하게 되었다.

베스는 미인대회라도 나갈만한 미모에 열정과 동기부여와 예의를 갖추고 있을 뿐 아니라 믿음직스럽고 쾌활하며, 사랑스럽고 사교성이 풍부 - 정말 나무랄 곳이 없는 아이로 - 하며 아침에 일어나 잠자리에 들 때까지 쾌활함으로 일관하는 아이였다.

몇 년 전 제리와 조는 베스에게 크리스마스 선물로 라디오 알람 시계를 사 주었다. 그런데 그들도 알지 못하는 사이에 라디오의 채널이 락음악에 맞춰져 있었던 것이다. 매일 아침, 베스가 깨어나면 라디오에서는 5분 동안 전날 있었던 뉴스가 흘러 나왔고 바로 락음악 방송이 시작되었다.

변화는 서서히, 그리고 눈에 띄지 않을 정도로 약하게 2~3개월에 걸쳐 나타났다. 베스는 점차 화를 잘 내고 매사에 투덜거리게 되었다. 전과 같이 많이 웃지도 않고 불평만 많이 늘었다. 이제 더 이상 베스는 예전의 사랑스럽고 상냥한 아이가 아니었다. 아주 다른 아이가 되어있었던 것이다.

마침내 조와 제리가 이런 변화를 알아채고 무슨 문제가 있었는지 그 원인을 곰곰이 생각해보게 되었다. 결국 그들의 생각이 크리스마스 때 선물한 라디오 알람시계에 미쳤고, 그들은 베스의 방에서 그 시계를 치워버렸다(물론 베스가 이 일에 대해서 소동을 부리기는 했지만, 현명한 부모인 내 친구들은 그럼에도 불구하고 베스의 성격 변화를 가져온 알람시계를 치우는 것이 더 중요하다는 것을 알고 있었다).

매일 아침 조와 제리는 번갈아서 아침마다 베스를 안아주고 키스를 해주며 상쾌한 아침이 왔음을 알려주었다. 결과가 어떠했을 지는 여러분도 잘 알고 있으리라. 몇 주가 지나자 베스는 다시 전과 같이 행복하고 사랑스러운 열정적인 소녀가 되어있었다. 투입하는 내용을 바꾸면 결과도 변한다.

 한 순간, 아주 짧은 참된 말 한마디가 인생에 있어 얼마나 중요한 영향을 미치게 될지 모르는 일이다.

생활 속에서 배우는 아이

비난을 받으며 생활하는 아이는

비난하는 법을 배우고

적의에 찬 생활을 하는 아이는

폭력을 배운다.

비웃음을 받으며 생활하는 아이는

부끄러워하며

수치심으로 생활하는 아이는

죄의식을 느끼게 된다.

격려를 받으며 생활하는 아이는

자신감을 배우며

칭찬을 받으며 생활하는 아이는

감사하는 법을 배운다.

공명정대함으로 생활하는 아이는

정의를 배우며

보호를 받으며 생활하는 아이는

믿음을 배운다.

인정을 받으며 생활하는 아이는

스스로를 사랑하는 법을 배우고

존중과 우정을 느끼며 생활하는 아이는

세상을 사랑하는 법을 배운다.

도로시 로 놀트

자기 평가

1. 아이들에게 교육과정을 시작하기에 너무 이르다고 생각되는 시기는 언제인가?

2. 어린아이가 따라야 할 규칙들이 있다. 마음속에 규칙 없이 살아가는 아이의 모습을 상상해 보라.

3. 당신의 자녀를 위하여 한계를 설정하는 데 있어 일관성을 유지하는 것이 중요한 이유는 무엇인가?

4. 자녀들을 집에서 교육시킨 사람이나 현재 집에서 교육시키고 있는 사람을 알고 있는가? 그렇다면 그 사람의 경험담을 들어보았는가? 이들로부터 본받아야 할 점이 있는가?

5. 앞에서 언급했듯이 아이들의 영유아기는 아주 중요하다. 이 시기에 통제해야 할 점 두 가지는 무엇인가?

6. 가 연령대별 주요 성격은 무엇인가?

7. 당신은 정성스럽게 자녀들의 잠자리를 봐주고 사랑을 담은 마음으로 자녀들을 깨우는가?

부정적인 세상에서
긍정적인 아이로
키우기

06

3차원적인 아이

The Tridimensional Child

책임감이 있는 부모라면 자녀 교육의 의무를 부인하지는 않을 것이다. 만일 아이가 교육을 받지 못하는 환경에서 자라게 된다면 이는 치명적인 장애가 될 것이다. 물론 대부분의 부모들은 이에 동의할 것이며 자녀들이 충분히 교육받을 수 있는 기회를 누리도록 노력할 것이다. 미국 전역에는 의무교육제가 실시되고 있다.

사람은 누구나 육체적인 욕구가 만족되어야 한다. 그럼에도 불구하고 미국의 많은 부모들이 아이들을 굶기거나 방에 가두는 등의 방법으로 벌을 준다. 그러나 책임감이 있고 자녀를 사랑하는 부모라면 아이에게 이처럼 혹독하고 비인간적인 처우는 하지 않을 것이다.

종교의 자유

아이들에게 영적 가치에 대하여 가르치는 것이 신체적이고 정신적인 영역에서의 욕구만큼 측정이 용이한 것은 아니지만 필수불가결한 영역이다. 진정으로 긍정적인 아이를 키우기 위해서는 아이들의 종교적인 욕구를 무시할 수는 없을 것이다.

어떤 부모들은 자녀에게 자신의 '종교적인 가치'를 그대로 전하지는 않겠다는 자세를 고수한다. 그래서 아이들을 교회에 데리고 나오지도 않을뿐더러, 성경 공부를 시키는 일에도 소홀한 경우가 많다. 그들은 보통 아이들이 스스로 종교를 선택할 수 있는 나이까지 자라기를 기다리고 있노라고 한다. 무슨 이유에서든 이런 부모들의 자세는 핑계에 지나지 않으며 올바른 종교적인 가치를 심어주는 최악의 방법이다.

만약 6~8세가 된 아이들이 스스로 식사량과 취침시간을 선택하거나 마음대로 옷을 사 입는다면 부모들이 가만히 있겠는가? 나는 아이들이 '충분히 자랄 때까지' 영적이고 도덕적인 교육을 시키지 않고 내버려두겠다는 부모들을 도무지 이해할 수가 없다.

아이가 스스로 종교를 선택할 수 있는 나이가 됐을 쯤이면 이미 부모로부터 직·간접적으로 영향을 받았을 것이다. 논리적인 부모라면 신에 대한 믿음과 종교는 자신의 삶의 일부가 아니므로 중요한 일이 아니라고 자신 있고 분명하게 말할 지도 모르겠다.

어린아이들은 부모가 하는 일이 모두 옳다고 여기기 때문에 아이에게 신적인 이미지로 각인된다. 많은 심리학자들은 부모가(특히 아버지가) 자녀를 학대하는 경우에는 아이의 삶을 특히 종교적인 측면에서 어렵게 만들 것이라는 데 동의하였다.

아이는 아마 자신의 아버지가 이토록 생각 없고 난폭하며, 자신을 사랑하지 않는 데 하늘에 계신 하나님 역시 이와 다르지 않을 것이라고 자신의 논리대로 판단을 할 것이다.

 믿음은 신의 능력에 대한 당신의 감응이다.

영혼의 깊이가 성공을 결정한다

헌법 법률가 윌리엄 볼은 학교에서 신을 받아들였을 때 비로소 기본적인 사고의 패턴을 수립할 수 있었다고 단언한다. 학교에서 신의 존재 여부가 중요한 이유는 아이들이 학교 울타리 내에서 상당히 많은 시간을 보내기 때문이라고 그는 덧붙인다.

아이들은 학교가 교육을 받는 곳이라고 알고 있다. 만일 종교가 존재하지 않고 교육과정에서 제외된다면 아이들은 어쩔 수 없이 종교를 무의미한 것으로 치부해버리게 될 것이다. 종교는 도덕적이고 지적인 학습 환경의 일부는 아니나 아주 중요한 가르침을 준다. 아이들의 교육과정에서 종교를 완전히 삭제해 버린다면, 아이들은 종교를 필요 없는 것으로 여기게 될 것이다.

이것이 바로 내가 학교에서도 기도하는 사람이 필요하다고 믿는 이유다. 물론 이미 몇몇 학교에서는 종교를 다시 받아들이고 있다. 얼마 전 나는 한 교장실에서 "핵폭탄의 공격과 화재, 그리고 지진과 같은 사건들이 신앙인들에 대한 반대를 일시적으로 부추겼다."고 말하며 학교에 종교를 다시 들이려는 작은 움직임이 일고 있는 것을 보았다.

고대 중국, 이집트와 그리스, 그리고 로마의 시민들은 모두 인간이 3차원적인 존재임을 인식하고 있었다. 그러나 그 중 인간의 종교적인 측면이 가장 중요함에도 불구하고 가장 많이 무시되어 왔다. 나는 아이들이 무엇이 되건 그 이면에서 통제하는 요소가 종교적인 조건이라고 믿는다.

인간의 영혼으로부터 자세가 우러나오며, 그의 기질이 아닌 자세는 그의 인생에서 성공여부를 결정한다. 마지막으로 정리를 하자면 영혼의 깊이가 우리의 성공여부를 결정할 것이라는 것이다.

균형을 위하여

우리는 삶의 모든 측면에서 적당한 균형을 지녀야 한다. 우리는 무엇에나 열중할 수 있다. 하지만 요즈음의 문제는 우리가 믿음이나 종교와 관련된 일에는 주의를 기울이지 않는다는 것이다.

우리의 생활은 종교와 거리가 멀다. 미시간 대학의 사회연구 기관의 조사에 따르면 국내에서 한 달에 한 번 종교 관련 행사에 참여하는 성인은 1981년 60%에서 1998년 55%로 감소했다고 한다.

우리는 정신적 - 지적 영역 및 신체적 - 관능적 영역에서의 만족을 분명하게 추구하고 있는 사회속에서 종교적인 균형을 놓치고 있다. 균형이 깨진 중요한 무언가가 있다는 말이다.

정신적, 육체적, 종교적으로 '균형을 갖추는' 방법이 있다. 정신적으로 치밀함을 갖추고 싶은 사람은 세미나에 참석하거나 자신이 노력하고 있는 분야의 기사들을 읽어야 한다. 또 신체적인 부분을 보완하고 싶은 사람은 규칙적인 운동을 하며, 매일 자신의 잠재적인 의지대로 살기를 원하는 사람은 종교적인 측면의 회복을 추구해야 한다.

이번 장에서는 우선 긍정적인 아이를 키우기 위해 필요한 신체적 측면과 종교적인 측면에 중점을 두어 살펴보고자 한다. 신체적인 측면에 대한 이야기부터 시작해 보도록 하자.

정신적 · 사회적 성장에 중요한 신체적 건강

캔자스 시티 타임즈지에 가베 머킨 박사가 기고한 기사는 우리의 신체적인 조건의 중요성을 강조한다. 머킨 박사는 이 기사에서 12살 난 제이미를 예로 들고 있다. 제이미는 영특한 아이였지만 지난 해 학교 성적은 그리 좋지 못했다.

그는 약간 비만 증세를 보이고 있었으며 근육의 긴장상태도 기준치를 밑돌고 있었다. 제이미는 침착하지 못했으며 오랜 시간을 가만히 앉아있지 못했다. 그의 활동 영역은 텔레비전을 보거나 영화를 보러 가는 일이 고작이었으며 운동은 전혀 하지 않았다. 여름 동안 머킨 박사는 제이미로 하여금 스스로 선택한 운동 프로그램에 참여하도록 하였다.

어린아이들은 활동량이 많을 것이라는 일반적인 견해에도 불구하고 제이미와 같은 아이들은 충분한 운동을 하지 않는다고 머킨 박사는 지적한다. "일단 비만 증상을 보이는 아이들은 학업 성취도도 낮을 확률이 높습니다. 그래서 저는 제이미에게 운동을 조금 더 해보라고 권했지요. 결과는 아주 좋았습니다. 제이미는 생각했던 것 보다 훨씬 더 잘 했고, 이제는 학교의 청소년 미식축구 팀에서 활동 중입니다."

머킨 박사의 몇 가지 연구 결과에 의하면 학습능력 부진을 보이는 많은 학생들의 특성은 건강 상태 부진이라고 한다. 시라쿠스 대학에서 낙제점을 받은 학생들의 83%는 건강검진에서 최소한의 합격점도 받지 못했다. 또한 웨스트 포인트에 있는 미 육군사관학교를 졸업하지 못한 학생들의 대부분도 학급에서 건강 상태가 가장 좋지 않았다고 한다.

퍼듀 대학의 체육 교육 교수인 A. H. 이슈마일 박사가 실시한 연구에서는 "신체적으로 건강한 사람들이 더욱 왕성한 지적 활동을 할 뿐만 아니라 정서적으로도 안정적이며 스스로에 대한 자부심을 가지고 편안하게 생활한다."는 결과를 보여주고 있다.

"건강한 신체를 유지하려는 활동 그 자체가 이와 같은 개인적 특질들을 강화시켜 준다."고 퍼듀 대학의 한 연구원은 단언한다. "운동은 신체를 건강하게 유지해 줄뿐만 아니라 학습능력을 지속적으로 강화해 주며, 예리한 정보 선별력 강화에도 기여를 합니다. 반항적이고 정서 불안증세를 보이며 초조해 하고 공격적인 사람은 장기간에 걸친 건강 증진 프로그램을 통해 성격을 바꿀 수 있습니다. 결국 건강 증진 프로그램을 통해서 더 건강해지고 정서적으로 안정을 되찾을 뿐 아니라 자신감을 가지게 될 것입니다."라고 이슈마일 박사는 덧붙인다.

정신적인 민첩함을 갖추기 위한 운동과 식이요법

"지속적인 운동으로 건강을 유지하는 사람들이 문제 해결능력에 있어더욱 체계적이며 언어능력과 수리능력 또한 뛰어나다."고 이슈마일 박사는 퍼듀 대학을 비롯한 많은 대학에서의 연구 결과를 인용한다.

그는 25세부터 65세에 이르는 연령대의 60명의 남성들을 대상으로 실시한 자신의 연구에서 각각 4개월에 이르는 건강 증진 프로그램의 실시 전과 후의 심리 상태를 체크하였다. "프로그램 실시 전에 감정적 안정도가 낮았던 사람들은 프로그램 실시 후에 그 안정 정도가 급격하게 향상되었다."고 이슈마일 박사는 말한다.

신체적인 건강 증진과 학문적 성취 사이의 연결 관계는 운동을 하는 젊은이들이 스스로 기분이 나아진다고 느낀다는 사실에서 확인 된다. 이론적으로 자신감은 학습자의 학습습관으로 이어진다.

장담컨대 운동을 열심히 하면 정신적으로는 물론 심리적으로도 혜택을 받는다. 케네스 쿠퍼 박사는 우리가 운동을 하면 몰핀보다 200 배 더 강한 엔돌핀을 함유하고 있는 뇌하수체의 뇌분비선을 활성화시 키게 된다고 설명한다. 결국 에너지 수준이 더 높아지게 되며 창의력 이 최고조에 이르게 된다. 이렇게 증대된 에너지 수준은 정신적인 민 첩함을 더하게 되며 학업 성취에 도움을 주게 된다.

아이들의 생활에 있어서 가장 비판적인 영역 중 하나는 외모에 관한 것이다. 이는 아이들의 식생활과 밀접한 관련이 있다. 얼굴에 주 근깨가 있거나 머리카락이 붉다는 사실보다 키가 크고 작은가의 문제 는 사실 통제가 불가능한 영역이다. 또한 왼손잡이냐 오른손잡이냐 하 는 부분들도 통제가 불가능한 영역이다. 이런 것과 비교한다면 식생활 을 통제하고 운동을 하는 것 등은 우리의 외모를 위하여 실행할 수 있 는 일반적인 통제방법이라 할 수 있다.

이상적으로 생각할 때 아이들에게 사탕이나 탄산 음료 혹은 요 즈음 시중에 널리 퍼져있는 피자나 햄버거 같은 칼로리가 높은 인스턴 트 식품들을 먹여서는 절대 안 된다. 그러나 현실적으로 이런 이상향 을 따르기란 거의 불가능하다. 수많은 달콤한 식품들의 범람과 유혹적 인 광고, 또 이런 식품들을 접할 수 있는 수많은 기회들 덕분에 우리 아 이들에게 이런 식품들을 먹지 못하도록 할 수가 없는 상황이다.

그러나 긍정적인 아이들을 키우고 싶은 부모라면 집에서 이용하는 소비 품목에서라도 위에서 열거된 해로운 식품들을 제외시키려는 노력이 반드시 필요하다.

예를 들어 일반적인 미국 청소년 1인당 탄산음료의 평균 소비량은 일 년에 836캔이다. 다시 말해서 한 명이 하루에 2캔 이상의 탄산음료를 마신다는 말이다. 우습고 황당한 일이 아닐 수 없다! 최근 미국 심리학회에서 실시한 연구에 따르면 설탕 섭취량을 줄이면 심각한 비행 청소년들의 나쁜 행실이 80%는 감소할 것이라는 결과가 나왔다.

비만아동 다루기

우량아가 태어났을 경우 아기의 체중을 조절하는 구체적인 방법을 의사에게 물어야 한다. 체중 관리는 일찍 시작하는 것이 효과적이다.

나는 아기의 우유병에 칼로리는 전혀 없고 설탕 농도만 높은 탄산음료를 채워주는 부모를 본 적이 있다. 바쁜 엄마의 입장에서 일시적으로는 아이가 잘 먹는 달콤한 음료를 먹이는 것이 쉬울지 모른다. 그러나 아이에게 미칠 파괴적인 영향을 생각해 보라. 나중에 비만증세를 보이는 아이의 치료를 위해 들이게 될 시간과 후회의 눈물을 생각해 보았는가?

섭취하는 설탕의 양을 줄이는 것만으로도 수많은 아이들을 괴롭혀 왔던 체중 문제를 극적으로 해결할 수 있다. 오늘날 우리 사회의 가장 슬픈 모습들 중 하나는 많은 어린이들이 비만증상을 보인다는 이유로, 또 다른 아이들만큼 활동을 할 수 없다는 이유로 어린이 운동 프로그램 등에서 배제되고 있다는 것이다.

비만 여부는 아이들이 어린 시절부터 가지게 되는 습관에 따라 결정된다. 다시 말해서 섭취하는 음식의 양을 비롯해서 음식을 먹는 환경이나 조리 형태 등이 중요한 역할을 하게 된다. 자녀들의 균형 잡힌 체중을 유지하기 위하여 지켜야 할 수많은 규칙들이 있지만 여기서는 몇 가지 간단한 항목들만을 살펴보도록 하자.

1. 식사시간은 인간적인 대화가 오갈 수 있도록 하루 중 가장 편안한 시간으로 만들라

가족 구성원간에 일어나는 심각한 문제는 다른 시간에 이야기하도록 한다. 텔레비전을 보거나 잡지나 신문, 또는 책을 읽으면서 식사를 하는 것은 아주 나쁜 습관이다. 식사를 하는 동안 주의를 집중시켜야 하는 것은 함께 식사를 하는 사람들과 음식 자체일 뿐이다. 밖에서 기분전환을 하면서 함께 식사를 할 경우 자신이 먹고 있다는 것을 의식하지 못한 채 제공되는 음식을 모두 먹게 된다. 결국 적정량을 초과하여 식사를 하게되는 것이다.

2. 인스턴트 식품 섭취를 제한하라

어린아이들에게 있어 가장 위험한 시기는 아이들 스스로 먹을 음식을 선택할 수 있을만한 나이가 되었을 때이다. 이때 아이들은 대부분 달콤한 음식이나 인스턴트 식품에 주의를 기울이게 마련이다. 이렇게 아이들이 좋지 않은 식습관에 길들여지기 전에 부모들이 발빠르게 개입을 해야 한다.

아이들이 저항하거나 아무 것도 먹지 않는다 하더라도 걱정할 필요가 없다. 다음 식사시간이나 늦어도 다음날이 되면 아이들은 영양이 풍부한 음식의 진정한 맛을 알게 될 것이며 절대로 굶어 죽지는 않을 것이다.

이런 이야기를 하다보니 형제인 저지 지글러가 들려준 재미있는 일화가 떠오른다. 저지의 아이들이 개에게 먹이를 주는 것에 관하여 나눈 이야기라고 한다. 두 아이 중 하나가 최상의 사료만 먹어서 돈이 많이 든다고 투덜대는 소리를 듣고, 다른 한 아이가 자신은 개에게 순무의 어린잎을 먹이로 주고 있다고 했다. 그러자 투덜대던 첫 번째 아이가 자신의 개는 순무 이파리 따위는 먹지 않을 거라고 말했다. 이에 대한 다른 아이의 대답은 이러했다고 한다. "내 개도 처음 3주 동안은 안 먹으려 했지."

당신의 아이도 마찬가지다. 처음에는 인스턴트 식품이나 달콤한 과자나 사탕류 외에는 다른 음식을 먹으려 들지 않을 것이다. 적어도 그렇게 보인다. 그러나 하루나 이틀만 지나면 달라질 것이다. 중요한 것은 부모인 당신이 아이가 '하루종일 아무 것도 먹지 못하는' 것이 안쓰럽다는 이유로 과자와 탄산음료를 권하지 말아야 한다는 것이다.

3. 건강을 위한 아침식사를 준비하라

다수의 미국인들이 설탕 함유량이 많고 내실이 적은 시리얼로 아침식사를 대신하고 있다. 생과일이나 곡류만을 갈아만든 시리얼, 혹은 밀이나 호밀 토스트에 칼로리가 낮은 잼과 우유 한 잔을 마신다면 훌륭한 아침식사가 될 것이다. 또한 아이들이 식사를 하는 속도에 따라 먹는 양이 현저히 차이가 나므로 서둘러 식사를 하지 않아도 되도록 30분 정도 일찍 준비를 하는 것도 중요하다.

다양한 연구에서도 밝혀졌듯이 좋은 아침식사를 하고 있는 아이들의 학업 성취도가 높다. 뿐만 아니라 아침을 거르고 하루를 시작하는 아이들의 경우 간식으로 소금기가 많은 스낵을 먹기 때문에 체중이 늘어나는 것은 물론 고혈압과 같은 성인병의 위험도 있다.

영양을 골고루 갖춘 아침식사를 하게 되면 아이가 학교에 가기 전 부모와 함께 하는 시간을 가질 수 있게 되는데 이는 아주 중요하다. 하루를 시작하면서 부모가 그 날의 목표 설정에 대한 충고를 해줄 수 있을 뿐 아니라 충분한 격려도 해 줄 수 있기 때문이다.

이와 같은 맥락에서 부모들이 인내심을 가지고 무비판적으로 사랑하는 마음을 가지는 것이 아주 중요하다. 아이들은 자신이 보호받고 또 인정받고 있다는 기분을 가지고 집을 나설 수 있어야 한다. 이는 학교에서 긍정적인 자세로 생활을 하는 데 도움이 될 것이다.

아이들이 학교에서 돌아올 시간 즈음에 당신이 신경을 써야 하는 것은 흐트러진 침실을 정리한다던가, 아이의 잘못된 식습관을 조금 더 효과적인 방법으로 바로잡는 것 등과 같은 외적인 부분들이다.

두 번째로 중요한 식사는 저녁이다. 대부분의 가정에서는 저녁 식탁이 가장 푸짐하다. 그러나 저녁식사는 가장 가볍게 해야 한다. 흔히 아침은 백만장자처럼 먹고, 점심은 예산에 맞춰며, 저녁은 실직자처럼 하라고 한다. 저녁식사는 가능한 오후 6시 이전에 마쳐야 한다.

4. 상식적인 원칙을 이용하라

다양한 음식을 먹이거나 과식하도록 하며 누가 봐도 비만으로 보이는 4세 미만의 어린이에게 심한 운동을 시키는 것은 현명하지 못한 방법임을 깨달아야 한다. 부모는 빵이나 달콤한 케익 등을 즐겨먹으면서 아이에게는 저칼로리의 음식을 주는 것은 바람직하지 못하다.

가족 구성원 중 한 명이라도 비만증상을 보이거나 몸이 좋지 않아 특별한 식이요법을 실시해야 하는 경우 다른 구성원들이 모두 협력하여 식습관 계획에 동참하여 도움을 주어야 한다. 다시 말해서 잔소리를 하거나 비판 하는 것은 좋지 않은 방법이라는 것이다. 사랑이 담긴 격려와 단호한 원칙을 세워 지켜나가는 것이 잘못된 식습관을 바로잡는 올바른 접근법이라 하겠다.

대부분의 사람들은 백화점이나 대형 할인점에 가면 출구와 가까운 곳에 주차를 하기 위하여 주차장을 10분이 넘게 돌아다닌다. 그러나 날씨가 허용하는 한 출구와 적당히 떨어진 곳에 주차를 하고 걸어보라. 활기차게 걷는 것은 가족 모두가 할 수 있는 가장 좋은 활동이다. 가족간의 유대를 돈독히 할뿐만 아니라 칼로리를 소모시켜 체중관리를 하는 데도 아주 효과적이다. 또 2~3층 정도 건물은 아이들과 함께 계단으로 다니는 것 역시 좋은 운동이다. 이는 당신의 건강에도 아주 좋은 영향을 미칠 것이다.

5. 인내심을 가져라

무엇보다 상식을 적용시켜야 하는 부분이 있다. 만일 당신의 자녀가 과식과 운동 부족으로 심한 비만증상을 보이고 있다해도 하루아침에 180도로 아이의 식습관과 운동 습관을 바꿀 수는 없는 노릇이다. 그럼에도 불구하고 이를 강요한다면 아이의 반항심만 불러일으킬 뿐이다.

여기 아주 간단하고 효과적인 방법이 있다. 바로 당신의 부엌에서 케익, 쿠키, 아이스크림, 전분이 많이 들어 있는 음식과 높은 칼로리의 음식들을 점차적으로 몰아내는 것이다. 그리고 조금 더 현실적이고 과학적으로 요리를 하는 것이다. 소스와 기름기를 줄이는 것부터 시작하라. 지나친 소스와 기름은 상당한 칼로리의 차이를 가져온다.

버터와 치즈를 없은 흰 빵을 순수한 밀 빵과 칼로리가 낮은 잼으로 바꾸기만 해도 100 칼로리 이상은 줄일 수 있다. 물론 영양적인 측면에서뿐만 아니라 콜레스테롤의 극적인 감소에 있어서도 당신의 자녀에게 더 나은 영향을 미칠 것이다.

6. 좋은 본보기를 보여 주라

부모인 당신이 보이는 본보기는 아이의 체중 관리와 식습관에 있어 커다란 영향을 미친다. 로스엔젤레스타임즈지 조합에 글을 기고하는 로버트 던햄은 이렇게 말한다.

"부모가 과식을 일상화 할 때 아이들 역시 과식을 자연스럽게 받아들입니다. 접시를 깨끗이 비우는 통통한 얼굴의 비만아 이미지가 사회에 깊이 뿌리 박혀있습니다. '그저 통통한 아기이며 조금 더 자란 것뿐인 걸요.' 라고 말할지 모르겠지만 문제는 그리 간단하지 않습니다. 선천적으로 타고났다는 비만아도 결국 살펴보면 잘못된 식습관에 의해 비건강식을 지나치게 많이 먹은 결과입니다."

비만아가 친구들로부터 따돌림을 당한다는 것은 잘 알려진 사실이다. 유치원 시절 붙어버린 '뚱보' 라는 별명은 초등학교에서 고등학교에 걸쳐 늘 따라다니게 된다. 비만아가 놀림을 받는 것은 단지 그들이 지나치게 체중이 많이 나간다는 이유 때문이다.

체중이 많이 나가면 활동량이 적어지고 다른 아이들만큼 열심히 오랫동안 뛰어놀 수 없다. 따라서 친구를 사귈 수 없다. 결국 이런 비만아들은 친구들로부터 따돌림을 당한 채 혼자 집으로 돌아와서는 먹는 것으로 스트레스를 풀게 되는 악순환이 계속 된다.

7. 건강간식을 장려하라

아이들이 살을 뺀다고 해서 급격하게 체중을 줄일 필요는 없다. 2~3년 정도 체중이 약간 초과되는 경우에는 나중에 키가 자라면서 자연스럽게 정상으로 돌아올 수 있다. 그러나 체중 조절에 있어 가장 커다란 적은 간식이다. 이는 식사시간에 과식을 하는 것보다 더욱 커다란 문제로 대두되고 있다.

아이들이 정말로 간식을 좋아한다면 텔레비전 앞이 아니라 식탁에서 먹도록 지도하라. 또는 젤리가 가득 든 도넛이나 초콜릿 우유, 아이스크림 등을 간식으로 준비하는 대신 신선한 과일이나 땅콩, 요거

트나 당근과 셀러리 혹은 신선한 주스를 준비해 주도록 한다. 적어도 일주일에 한 번 정도는 체중 확인을 하도록 하며, 식습관에 있어서는 부모가 보이는 본보기가 아이들에게 가장 중요함을 기억하도록 하자.

 희망은 사람에게 자신감을 심어주는 힘 이다!

주위의 도움과 운동

체중 감량은 협력적인 노력이 필요하다. 어머니는 식사량을 조절해줌으로써, 혹은 디저트를 조금만 내어줌으로써 부분적으로 아이의 식생활을 통제할 수 있다.

　기억해 두어야 할 것은 아이의 체중이 조금만 줄거나 심지어는 거의 그대로 있다 해도 그것이 체중조절의 자연스러운 진행 과정이라는 점이다. 그러나 아이의 체중이 일주일에 0.5~1 킬로그램씩 줄어든다면 거꾸로 정상적인 성장에 악영향을 미칠 수 있다. 절제가 핵심이다. 전문가들에 따르면 지나친 비만 증상을 보이는 어린이가 일주일에 감량할 수 있는 최대 수치는 0.5 킬로그램이다.

　9살 난 아이들이 체중 문제에서 벗어날 수 있으리라는 기대는 하지 마라. 이런 문제는 어릴수록 해결이 용이하다. 만일 17세가 되어서도 체중 관리가 되지 않았다면 아무리 오랜 시간 노력을 한다해도 정상 체중으로 되돌아오기란 거의 불가능하다고 보아야 한다. 우량아로 태어난 아기들은 보통 비만 아동으로, 또 더 나아가 심장병, 고혈압, 당뇨병의 위험이 있는 어른으로 성장하게 된다.

인기 있는 에어로빅 전문가인 켄 쿠퍼 박사는 지속적인 체중 감량을 유지하기 위해서는 식습관과 운동 프로그램을 병행해야 한다고 말한다. 식이요법은 대부분 음식량을 점점 더 줄이면서 체중은 점점 더 쉽게 늘어나게 하는 부작용이 일어나기 쉽다.

체중 관리 프로그램의 책임자인 마틴 카탄 씨는 우리의 신체가 칼로리 제한에 민감하게 반응해 생존에 위협이 닥치면 에너지를 저장해두기 위하여 신진 대사량을 줄인다고 한다. 하루에 2,000칼로리를 섭취하면서 1,400칼로리만을 소모시킨다면, 나머지 열량은 그대로 체중에 더해진다. 그러므로 운동과 올바른 식습관만이 지속적인 체중 감량을 위한 열쇠라고 충고한다.

하루 45분씩만 활기차게 걷는다면 200칼로리의 열량을 소모시킬 수 있다고 한다. 하루 200칼로리의 열량만 여분으로 소모한다면 일년 안에 9~13 킬로그램의 감량 효과를 볼 수 있을 것이다.

종교교육은 조기에

심리학자이자 작가인 제임스 도브슨 박사는 아이들이 약 5세 즈음이 되면 부모의 종교적인 지도를 받아들이기 시작한다는 의견을 내놓았다. 자녀에게 있어 바로 그 시점에 부모인 당신이 중요한 역할 모델이 되는 것이다.

종교적으로 균형이 깨어진 이 세상에서 당신의 자녀가 가장 필요로 하는 것은 분명하고 지속적이며 확실하게 단련된 신에 대한 믿음을 보여주는 본보기다. 아이가 좋은 종교적인 본보기를 보고 이를 인식하는 시기는 이르면 이를수록 좋다.

인간의 내적인 종교적 자질은 그 자신은 물론 사회에 커다란 기여를 한다. 미국은 종교적 기초에 의하여 세워진 나라다. 1830년대 알렉시스 드 토크빌이 미국을 여행한 후 다음과 같은 소견을 피력하였다. 여기에 그 내용을 요약하도록 하겠다.

미국을 여행하면서 많은 것을 보고 느꼈다. 넓게 펼쳐진 평원과 미국인들 마음속의 풍요를 보았다. 이 나라의 산업력을 보았으며 아름다운 강과 시내, 호수와 거대한 산맥들을 보았다. 우거진 숲과 축복 받은 아름다운 기후를 알아보았다.

그러나 이들 중 그 어떤 것에서도 나는 미국의 위대함의 원인을 알아내지 못했다. 내가 교회로 걸어 들어갔을 때, 그때서야 비로소 미국이 위대한 이유를 알게 되었다.

미국이 선하기 때문에 미국의 위대함이 존재하는 것이다. 미국의 선함이 유지되는 한 미국의 위대함도 계속 될 것이다. 이 말은 곧, 미국의 선함이 그 종말을 고하게 되면 미국의 위대함 역시 그 끝을 맞이하게 될 것이라는 말이다.

『선구자 Pathfinders』라는 책에서 게일 쉐이는 자기 자신에 대해서나 자신의 삶에 대해 강한 만족감을 가지고 있는 사람들의 특성을 결정하는 연구에 대해 적고 있다. 그녀가 발견한 사실 한 가지는 모든 조사 대상 집단에서 가장 만족스러운 삶을 영위하고 있는 사람들이 가장 종교적인 사람들이기도 하다는 것이었다.

게일의 또 다른 연구 결과는 종교의 귀의가 삶을 형성하는 데 있어 기여하는 강력한 역할을 보여주었다. 높은 만족감을 지닌 사람들 사이에서의 결과는 아주 결정적이었다. 한 사람이 보여주는 커다란 행복은 그 사람이 자기 자신에 대한 목표가 아닌 외부에 대한 목표를 가지고 있을 때 더 커지는 것 같다. 나라를 좀먹고 있는 '최고가 되는 길을 찾는' 현대의 이기적인 철학과는 대조가 된다.

펜실베니아 주에 위치한 이스턴 대학의 주목받는 사회학과 교수인 안소니 토니 캠폴로 박사는 인디애나폴리스에서의 연설에서 한 사람의 개인적인 과거가 미치는 영향에 대해 오늘날 심리학에서의 편견에 관한 내용을 많이 다루었다. 그러나 그의 오랜 상담경험과 사람들의 삶에서 그가 직접 보아온 변화들에 기반하여 캠폴로 박사는 다른 결론을 이끌어낸다. 그는 다음과 같이 진술했다.

당신이 무엇에 헌신을 하느냐에 따라 당신의 현재 모습을 완전히 다른 사람으로 바꿀 수 있습니다. 반복해서 말하자면 당신의 과거가 아니라 당신의 미래가 당신을 규정합니다. 왜냐하면 당신이 과거에 무엇을 했건 또 무슨 일이 일어났건 간에 당신이 무엇에 헌신을 하느냐에 따라 당신의 현재 모습이 결정되기 때문입니다. 그렇다면 이제 당신께 묻겠습니다. 무엇에 헌신하시렵니까? 당신이 향하는 곳은 어디입니까? 무엇이 되시겠습니까? 아직 결정을 내리지 못한 사람이 있다면 그는 정체성도 개성도 없으며 방향성도 없는 사람이라고 해도 틀림이 없습니다.

나는 아직도 "오늘날 우리 젊은이들의 문제가 정체성의 위기에 놓여 있다."고 말하는 사람들을 만난다. 그들이 정체성의 위기를 맞이하게 된 이유가 무엇이라 생각하는가? 그들은 자기 자신을 헌신할 대상이 없다. 단순히 교회나 성지를 찾는다고 해서 창조주와의 관계를 맺을 수 있다고 말하는 것은 아니다.

당신의 잠재력은 물론 긍정적인 자세를 지닌 아이들을 키우는 데 있어 필수적이라 할 수 있는 당신의 삶과 종교적인 행적은 당신이 무엇에 헌신을 하는가, 또 그 믿음에 얼마나 규칙적으로 참여하는가에 따라 강화되고 길러지는 것이다.

내가 말하는 믿음이라는 것은 인간과 인간의 '잠재성'에 있어 가장 필수적인 측면에 관한 것이다. 당신과 당신의 아이를 비롯한 우리 모두의 미래는 이 나라가 건립되고 지탱되고 있는 토대인 종교적인 원칙에 달려있다.

영원한 것들

사도 바울은 종교적인 삶의 기본에 대하여 이야기했다. 바울은 위대한 하나님의 계시 중 하나인 "그런 즉 믿음, 소망, 사랑 이 세 가지는 항상 있을 것인데 그 중에 제일은 사랑이라" (고린도전서 13:13)는 말씀을 옮겨 적었다. '항상 있을 것'이라고 적었는데 이 말은 곧 영원할 것이며, 지속될 것이며 인내한다는 말이다.

값을 매길 수 없이 귀중한 보석이 될 수 있는 이유는 인내와 영원한 속성을 지니고 있기 때문이다. 따라서 믿음과 소망과 사랑이라는 영혼의 보석이 값을 매길 수 없이 아주 귀중한 이유는 그들이 지닌 인내라는 속성 때문이다. 믿음, 소망, 사랑의 세 가지 요소는 성공을 이룰 수 있는 토대를 제공하는 인내와 영원성, 그리고 강인한 힘을 인간의 삶에 불어넣어 준다.

세 가지 소중한 자질들은 자세를 말한다. '믿음'은 진실과 신뢰, 그리고 충심의 자질을 말하며, '소망'은 참된 기대, 확신, 영감과 열정의 자질을 일컫는 말이다. 또 '사랑'은 영속적이며 귀중한 가치를 지닌 영혼의 자세로 누구나 갖추고 싶어하는 핵심적인 내면의 정수인 헌신과 희생, 그리고 정직의 견실한 황금 과실을 품고 있다.

믿음 : 인생의 한결같은 원칙

믿음은 인생에 있어 한결같은 원칙으로 우리의 삶에 의미를 부여하며 삶을 규정하고 삶의 방향을 제시해 준다. 믿음은 사람을 한결같이 만들뿐 아니라 영혼과 삶의 합일을 추구하여 목표를 향해 흔들림 없이 나아가도록 해준다. 믿음은 삶을 살만한 것, 살고 싶은 것으로 만든다. 믿음은 내일을 향하여 나아가며 그 미래를 믿는 인간이 지닌 능력이다.

　　나는 더 이상 갈 곳이 없는 막다른 골목에 들어섰음을 인식하면서도 열정적으로 일하는 사람들을 봐왔다. 이런 사람들은 자신의 생각과 꿈, 그리고 포부를 펼칠 힘을 이끌어내는 믿음이 결여된 채로 우주 비행선에 타고 있는 우주 비행사로 발사 준비를 하고 있다.

　　자녀에게 있어 당신의 믿음은 살아있는 교훈이다. 아이들은 당신을 본보기로 삼을 것임을 명심하라. 당신의 삶 자체가 아이들에게 미치는 영향력은 부모로서 당신의 가르침보다 더 크다는 점을 잊지 말아야 할 것이다. 내일 또다시 고난과 시험, 그리고 어려움이 닥칠 것이다. 그러나 믿음을 가지고 그 해결책을 찾고자 한다면 하늘과 땅에 계시는 아버지께서 그 해결책을 미리 준비해 놓으실 것이다.

믿음은 우리의 첫 발걸음이자 우리에게 확신을 심어주는 한결같은 원칙이다. 믿음은 우리의 삶을 규정할 뿐만 아니라 목표를 설정해준다. 그러나 믿음은 또한 가능성에 대한 신념을 심어주기도 한다. 믿음은 신뢰 가능성에 대한 희망이다. 믿음은 신의 능력에 대한 당신의 답변인 것이다.

소망 : 위대한 동기부여

소망은 믿음의 열매다. 불행히도 대부분의 사람들이 희망에 관하여 나누는 이야기를 들어보면 사실은 정말 기대하지는 않는 무언가에 관하여 이야기하고 있다는 것을 알게 된다.

사람들이 어떤 생각이나 도전 또는 목표에 대하여 이야기를 할 때면 누군가가 "그러길 바랍니다."라고 대꾸하는 소리를 듣는다. 이 말은 곧 "기회는 아닌 것 같지만 그 일에 대해 부정적으로 생각하고 싶지는 않군요."라는 의미를 담고 있다. 그러나 성경에서 이야기하고 있는 소망은 '욕망을 담고 있는 기대'를 의미한다. 기대를 가짐으로써 우리는 앞으로 나아갈 수 있는 것이다.

이런 종류의 소망은 의학적인 보고서에서도 발표되었듯이 우리의 삶을 재충전해주는 것 이상의 효과, 즉 치료의 효과를 지닌다. 빅토르 프랭클 박사는 제2차 세계 대전 후 나치 수용소의 생존자들을 대상으로 연구를 실시한 결과 그들의 강한 의지와 욕망, 그리고 소망이 그들의 자세를 결정했음을 알게 되었다.

신뢰 가능한 소망은 자녀에게 줄 수 있는 가장 커다란 선물 중 하나이자 성공을 향해 나아가는 데 필수적인 도구다. 소망은 인간에게 도약과 시도를 하는 데 있어 확신을 주는 힘이다. 신과의 영적인 관계를 통해 형성된 소망은 열정적인 자세를 불러일으킬 뿐만 아니라 인간의 모든 영감에 대한 포부에 힘을 실어주는 용기를 준다.

믿음이 영감의 문을 열어준다면, 소망은 커다란 포부를 향해 열린 문안으로 당신이 뛰어들 수 있는 힘을 준다. 소망은 우리를 강하게 만드는 원동력이다. 소망은 계속되어야 한다.

믿어라! 당신의 삶을 통해 가르쳐라

내 나이 마흔 다섯에 믿음은 삶에 있어 현실이 되었으며, 내 인생은 풍요로워졌다. 건강도 몰라보게 좋아졌다. 나는 더없이 행복했고, 내가 꿈꿔온 것보다 더 많은 마음의 평화와 현실적인 안정을 느꼈다. 아내나 아이들과의 관계도 전보다 훨씬 더 좋아졌으며 늘 행복했다. 나는 진정으로 마음의 평화를 느낄 수 있었다.

　　내가 이 글을 쓰고 있는 중에도 당신의 자녀가 하나님과 성경을 알지 못할지도 모른다는 생각에 마음이 아프다. 하나님과 성경을 멀리하는 것은 험난하고 부정적인 세상에서 긍정적인 아이를 키우는 부모의 자세가 아니다.

　　설령 하나님과 성경이 전하는 말씀을 모두 받아들이고 있더라도 규칙적으로 교회에 나가면서 내용을 깊이 내면화시킬 필요가 있다. 저명한 기독교 심리학자인 헨리 브렌트 박사는 "아이들을 교회에 보내야 합니까?"라는 질문에 아이들이 교회에 가고 싶어하지 않는다 하더라도 어떻게든 교회에 데리고 가야 한다고 대답한다.

> **부　모**　아이가 정말 심각하게 거부하면 어쩌죠? 단순하게 교회에 가고 싶지 않다고 하면 말입니다.
>
> **브랜트 박사**　그래도 데려 가서야죠. 아이가 아픈데 병원에 가고 싶어하지 않는다고 때를 쓴다면 어찌시겠습니까?

부　모　그야 당연히 억지로라도 병원에 데려가야죠.

브랜트 박사　왜 그러셔야 하죠?

부　모　아이를 위해서죠.

브랜트 박사　마찬가지입니다. 아이를 교회에 데려가는 것이 아이를 위하는 일이니 그렇게 하셔야죠.

만약 종교가 없는 집안의 아이들이라면 종교라는 것이 교회를 다니는 사람들만이 지니는 특별한 측면일 뿐이라고 생각하게 될 것이다. 어쩌면 더 나아가 이런 아이들은 종교라는 것이 그저 교회를 나가는 것이라는 단순한 정의를 내리게 될지도 모른다. 이는 삶을 살아가는 데 있어 긍정적이고 열정적이며, 생산적인 생활 방식을 추구하는 사람에게 있어 심각한 오해가 아닐 수 없다.

그렇다. 당신의 자녀들은 앞으로 종교적인 생활 없이도 가정을 꾸리고 좋은 직업을 가지고 아무런 문제없이 삶을 살아갈 수 있을지도 모른다. 그러나 종교적인 삶을 가지게 됨으로써 아이들의 능력과 잠재력을 최대한 끌어올릴 수 있음은 의심의 여지가 없다. 자녀들에게 신에 대한 믿음을 심어줌으로써 3차원적이고 전인적인 인간이 될 수 있는 탄탄한 토대를 마련해주지 않겠는가!

자기 평가

1. 종교에 대한 당신의 자세로 인해 당신의 자녀가 가지게 되는 신의 관점은 어떻게 달라지는가?

2. 신체적인 건강 증진과 학업 성취도 사이에는 깊은 연관이 있다. 자녀의 신체적 건강을 위하여 당신이 할 수 있는 일은 무엇인가?

3. 건강을 지키는 것은 간단한 일이기는 하지만 쉽지 않은 일이다. 이 말의 의미는 무엇인가?

4. 자녀의 신체적이고 종교적인 성장에 관한 영역에 있어 가족의 협력적인 노력이 필요한 이유는 무엇인가?

5. 당신이 부모로부터 받은 종교적인 훈련과 현재 당신이 자녀에게 실시하고 있는 종교적인 훈련의 차이는 무엇인가? 그 차이의 원인은 무엇인가?

07

아이에게 있어
사랑은 시간의 다른 이름

For a Child, Love Is
Spelled T–I–M–E

후회보다 다음을 기약하라

동기부여가이며 지도력 훈련자인 쉐일라 머레이 베텔은 다음과 같이 진심 어린 자신의 생각을 표현한다. "나는 나이든 어르신들이 삶을 돌아보며 '세상에, 내가 회사 일에 더 많은 시간을 보냈더라면!' 혹은 '내가 그 일을 다시 맡는다면 아침에 조금 더 일찍 일어나 회사로 달려가 그 일에 매달렸을 텐데!' "라고 말하며 후회하는 모습을 한 번도 본 적이 없다.

돌이켜보건대 아내와 내가 우리 아이들에게 쏟아 부은 수천 시간은 낭비가 아니었다. 우리 아이들은 매 순간 그만큼의 가치를 지니고 있었다. 우리에게 아이들을 처음부터 다시 키운다면 어떻게 하겠느냐고 묻는다면 이렇게 대답하겠다. "내가 아이들에게 해 주었던 것 보다 더 많은 일들을 해줄 겁니다. 아이들과 함께 더 많은 시간을 보내고 가족 여행을 더 많이 다니고 싶습니다. 아이들에게 조금 더 엄격하고 더 많은 것을 요구할 것입니다. 그리고 더 많은 사랑과 이해를 쏟아 붓겠지요."

내가 다른 일에 쏟아 부은 시간과 에너지는 사라지고 없지만, 우리 아이들에게 투자한 시간과 에너지는 내가 상상했던 것 이상의 사랑과 즐거움을 그 대가로 돌려주고 있다.

'만약에 ~했더라면' 이라는 후회의 표현은 가장 좋지 않은 것이다. 이 표현은 일단 우리를 절대로 되돌아갈 수 없는 과거로 이끌고 간다. 그럼에도 불구하고 우리는 이런 표현들을 수시로 쓰고 있다. "내가 그 일을 끝내놓았더라면 이 일을 할텐데", "그 사람이 그렇게 아픈 줄 알았더라면 한 주 더 일찍 돌아오는 건데" 등과 같은 일상적인 표현들이 그 대표적 예다. 그렇다. '만약에 ~했더라면' 이라는 표현은 아주 우울하고 부정적인 표현이다.

그래도 다행스러운 일은 '만약에 ~했더라면' 하는 표현을 '다음에는 ~해야지' 라는 표현으로 바꾸어 사용할 수 있다는 점이다. 다시 말해서 "그 농구 경기가 아들에게 중요한 줄 알았다면 그 경기에 참석했을 텐데" 혹은 "딸아이의 학교 연극에 내가 참석하는 것이 그렇게 중요한 줄 알았다면 최선을 다해서 참석하도록 노력하는 건데"라고 하지 말라는 것이다. 긍정적인 자녀를 키우고 있는 긍정적인 부모라면 "다음 번에 부모들이 참석하는 행사가 있다면 우리 아이들을 위해서 꼭 참석해야지."라고 말해야 한다.

'만약에 ~했더라면' 이라는 표현은 가장
좋지 않은 것이다.

쉽지 않은 일

내가 지금까지 강조해 온 것은 긍정적인 자세를 지닌 아이들을 키우는
일이 쉽지 않다는 점이다. 수백만 명의 부모들이 그렇듯이 '아이들이
자라도록' 양육비만 대주는 것이 훨씬 더 쉬운 자녀 양육법일 것이다.

그러나 후회로 가슴이 미어져 눈물을 흘리는 수많은 부모들을
보면서 내가 감히 할 수 있는 말은 자녀에게 시간을 투자하지 않고 긍
정적인 자세를 지닌 자녀로 키우기 위한 최선의 노력도 하지 않는다면,
당신이 지불해야할 대가는 생각보다 훨씬 클 것이라는 것이다. 가능한
한 많은 시간과 에너지를 자녀 양육에 투자해야 한다. 그에 대한 보답
은 당신이 살아가는 동안 평생 받게 될 것이다.

한번은 세계적으로 유명한 바이올리니스트인 프리츠 크라이슬
러에게 한 열광적인 팬이 다가오며 "크라이슬러 씨, 당신처럼 바이올
린 연주를 할 수 있다면 내 삶을 다 바치겠습니다!"고 외쳤다고 한다.
그러자 크라이슬러는 차분하게 "그렇습니다, 부인. 바로 제 삶을 바이
올린 연주에 다 바쳤지요."라고 대답했다는 것이다.

그렇다고 당신의 인생을 긍정적인 자녀로 키우는 데 모두 바치
라는 것은 아니다. 하지만 당신의 인생에 있어서 많은 시간을 올바른

자녀 양육을 위해 할애해야 한다는 것을 뜻한다.

　　모든 규칙에는 항상 예외가 있기 마련이다. 나는 모든 일을 올바르게 처리하는 어떤 부모를 알고 있다. 그들은 아낌없는 사랑과 보살핌, 그리고 배려로 자녀를 키워왔다. 아이와 상당히 많은 시간을 보냈으며 훌륭하고 건실하며 도덕적인 가치들을 가르쳤다.

　　그런데 그 아이는 어쩌면 잠시 동안이겠지만 마약범죄와 부도덕한 생활 습관에 젖게 되었다. 그러나 일반적으로 볼 때 당신이 유익한 시간을 아이들과 많이 보내게 된다면 당신이나 당신의 자녀를 위해 이런 불합리한 상황들은 극적으로 개선될 것이다.

사실상 아이들과 보내는 시간을 따로 할애하기보다는 이런 저런 방법으로 자녀들과 시간을 보내겠다고 말하는 것이 확실히 무난할 것이다. 아이가 아장아장 걸어다닐 즈음에는 함께 따라다니며 이런 저런 당신의 가치관과 믿음들을 가르쳐주고, 또 나중에는 아이들이 세상사에 부딪히거나 타인에 의하여 위험에 처했을 때, 그들을 도와주려 하면서 시간을 보내게 될 것이다.

매우 많은 양의 유익한 시간

나는 분명히 유익한 시간에 대하여 이야기하고 있지만 그런 유익한 시간이라 할지라도 상당히 많은 시간이어야 한다는 점을 짚고 넘어가야 하겠다. 아이와 함께 앉아서 "자, 애야. 이제부터 10분 간 아주 유익한 시간을 함께 보내자꾸나."라고 하는 것은 말도 안 된다는 말이다.

나는 어느 일요일 저녁 9시 이후에 아들인 톰과 함께 그의 친한 친구 샘 윙을 따라 달리기를 하러 나갔던 일을 생생히 기억하고 있다. 달리기를 마치고 샘의 집 앞을 지나 걸었다. 샘이 집으로 들어가자 톰이 "아빠, 조금 더 걸을까요?" 하고 물어왔고, 우리는 10분 정도를 더 걸었다.

이 때 톰과 함께 걸은 10분은 그 때까지 그 아이와 함께 했던 시간들 중 가장 의미 있는 것이었다. 솔직히 그 때 무슨 이야기가 오갔는지는 기억을 할 수 없다. 하지만 그 때 내가 톰에게 얼마나 더 친근한 감정을 느꼈는지는 아직도 생생히 기억한다. 그러나 아마 이 10분의 시간은 그 아이와 내가 함께 했던 다른 시간이 없었더라면 그렇게 중요하지는 않았을 것이다.

우리는 점심을 함께 했으며 그날 오후 내내 함께 보냈다. 그리고 저녁을 함께 먹고 달리기도 했다. 우리는 둘 다 편안함을 느꼈고, 그래서 쉽게 이런 저런 대화를 할 수 있었다. 바로 이것이 그 짧은 10분간의 산책을 의미 있게 만들었던 것이다.

유익한 시간은 어떻게 보내야 하는지에 대한 질문은 몇 년에 걸쳐 지속되어 왔다. 내 생각에 그 용어 자체는 '전문가'들에 의하여 만들어진 것으로 부부사이는 물론 부모와 자녀사이에서 의견을 조율할 일이 있을 때 바로 이 '유익한 시간'을 보낸다. 사람들은 배우자나 자녀들과 보내는 시간이 적은 것을 정당화시키기 위하여 사랑하는 그들의 가족과 함께 보낸 제한된 시간을 이렇게 지칭하는 것이다.

가족과 함께 보내는 유익한 시간은 아주 중요하다. 예를 들면 가족과 함께 계획을 세워 아주 친한 친구들이나 친척을 방문하는 일 등을 하는 시간을 말한다. 또는 동물원이나 박물관에서 보내는 즐겁고 유익한 시간이나 온 가족이 함께 음식을 장만해서 가는 가족 소풍, 가족 모두가 즐길 수 있는 식후 여가 활동 등도 흔히 얘기하는 가족과 보내는 유익한 시간으로 분류될 수 있다. 물론 동네에 있는 공원을 산책하거나 근처에 있는 역사 유적지를 여행하는 것도 한 방법이다.

그러나 "자, 이제부터 유익한 시간을 함께 보내볼까? 뭘 하고 싶은지 한번 이야기 해보자." 하는 식으로 의무적인 시간을 따로 떼어놓는 것이라면 거의 효과를 보지 못할 것이다. 반면에 당신 스스로 가족과 함께 하면서 친구나 친지들을 방문하고 밖에서 요리를 해 먹는 자리를 마련하거나 특별한 활동을 계획하는 등의 능동적이고 자발적인 계획을 세운다면, 이것들이 비록 작은 활동들이기는 하지만 아주 의미 있는 시간을 보낼 수 있을 것이다.

우리 손자들이 어렸을 때는 크리스마스 이브에 아들과 며느리, 딸과 사위, 손자들을 모두 불러모아 온 가족이 함께 유익하고 즐거운 시간을 보냈다. 우리 모두는 크리스마스 이브 저녁을 함께 보내고, 크리스마스 아침을 함께 맞았다. 물론 우리 가족은 아직도 크리스마스 이브를 함께 보내고 있으며, 그 시간이 일년 중 가장 행복하고 즐거운 시간이다.

어린 시절은 매우 중요하다

새로 탄생한 부부의 의미 중 가장 중요한 것은 하나님의 영광을 통해 새로운 생명을 이 세상에 태어나도록 하는 것이다. 어린이 학대와 폭력, 여러 범죄들이 성행하는 사회에서 우리가 마주하는 모든 문제나 일상에서 부딪히는 어려움에도 불구하고 새로운 생명을 잉태하고 태어나도록 하는 결정은 결코 쉽게 받아들여서는 안 된다.

일단 아이를 가지기로 결정을 한 다음에는 다른 여러 가지 문제들을 생각해 보아야 한다. 아이를 어떻게 키울 것인가? 아이의 어머니는 6주만 쉴 것인가, 6개월, 1년 또는 2년을 쉴 것인가? 많은 경우에 있어 이런 결정은 가정의 재정적인 문제가 결부되기 마련이다. 그러나 이 시점에 있어 나는 몇 가지 내가 가지고 있는 생각들을 이야기 하고자 한다.

아기를 위한 최선의 선택이 무엇인지를 생각하라. 아이의 어머니가 직장을 포기하고 집에 남는 것이 아이를 위한 최선의 방법이라는 결정을 내렸다고 가정해보자. 이런 결정은 가족의 필요한 수요를 충분히 충족 시켜줄 수 있었던 어머니의 수입을 포기하는 것을 의미한다.

이 시점에서 직장생활을 하는 어머니가 가족의 재정적 수익에 이바지하는 몇 가지 점들을 분명히 해 둘 필요가 있다. 이를 계산하기 위한 가장 좋은 방법으로는 직장생활을 하는 어머니와 집에서 가정 일만을 하는 다른 어머니를 비교하는 것이다.

수입원이 한 명으로 줄게 되면 차가 두 대인 가정에서는 한 대로 줄일 수 있다. 그러면 그에 따른 부대 비용인 주차비나 연료비, 자동차 보험료와 세금, 그리고 자동차 수리비 등의 절감을 고려해 볼 수 있겠다.

그럼에도 불구하고 아기가 태어나면서 간과할 수 없는 새로운 비용이 발생하게 된다. 아기 옷과 기저귀, 파우더 등 일상 생활에서 필요한 품목들에 대한 비용이 증대할 것이다. 일반적으로 직장생활을 하는 어머니의 경우 아이를 보육원 등과 같은 시설에 맡겨야 하는데, 이때 아이는 환경의 변화에 감기 등 병에 걸리게 되고 의료비가 점점 더 증가하게 된다.

이런 계산에 따르자면 아이의 옷값과 그 세탁비로 무시하지 못할 정도의 비용이 들것이다. 그리고 사무실 회식과 생일파티, 결혼 축의금이나 상사를 위한 선물 등을 준비하는 데 만만치 않은 돈을 쓰게 된다. 뿐만 아니라 부수입이 있는 경우 고소득자 층에 속하게 되어 더 많은 소득세를 내야하며, 자동차가 한 대 더 필요하게 될 것이다. 그러므로 이런 소비 수준에 맞추기 위해서는 소득 역시 그와 비슷한 수준으로 높아야 한다. 자, 과연 그럴 가치가 있을까?

또한 직업을 가진 어머니의 체력에도 한계가 있다는 사실을 계산해 두어야 할 필요가 있다. 그녀가 슈퍼 어머니, 슈퍼 고용자, 슈퍼 아내가 될 수는 없는 일이다. 결국 남편과 아이와의 관계에 있어 서로 양보하고 타협하는 관계가 될 수밖에 없다. 결국 아이의 생활 방식이 영향을 받을 것은 자명한 일이다.

게다가 일을 마치고 집에 돌아오는 길에 인스턴트 음식을 사들고 오는 일이 잦아질 것이다. 하루를 바깥 일에 시달리다가 들어오면 요리를 하고 싶은 생각은 없을 것이다. 따라서 식료품 비용도 초과 예산에 포함시켜야 하는 셈이 된다.

그리고 여기서 당신이 기억해 두어야 할 점은 이렇게 외식이나 인스턴트 식품을 이용하다보면, 비용도 비용이지만 영양적인 측면에 있어서도 심각한 손실을 감수하지 않으면 안 된다는 것이다.

어머니 만세!

몇 가지 훌륭한 이득 챙기기

회사에서 어머니가 임원이 아닌 평직원으로 일할 때 가정에 가져올 수 있는 재정적인 이득은 다시 한 번 생각해 볼 여지가 있다. 반면에 어머니가 집에서 아이와 가정을 돌볼 경우 얻을 수 있는 이득은 아주 놀랍다.

아이가 태어나자마자 어머니로부터 받는 영향은 아주 크다. 예를 들어 클리브랜드에 있는 한 의학 학교의 마셜 클라우스와 존 케닐의 실험에 따르면 갓 태어난 유아와 한 시간을 보내고, 다음 3일 동안 각 5시간씩 아기와 함께 시간을 보낸 어머니는 그렇지 못했던 어머니들과 다르게 행동을 했던 것으로 밝혀졌다.

클라우스와 케닐의 실험에 호기심이 발동한 다른 조사자들은 조금 더 심화된 연구를 시행했으며 다음과 같은 결과를 얻었다. 즉 아이가 태어나 첫 며칠 동안을 함께 건전하고 편안한 시간을 보낸 어머니의 경우는 이후 어린이 학대의 가능성이 현저히 감소하게 된다는 결과였다.

또한 유아와의 접촉과 유대가 클수록 우는 횟수가 줄어들며, 성장이 빨라질 뿐만 아니라 어머니에 대한 애정과 자신감이 증대하는 것을 볼 수 있었다. 같은 이유로 아이를 출산하자마자 바로 일터로 떠나는 어머니의 경우 아이와 어머니는 극심한 단절감을 느낌과 동시에 앞으로도 둘 사이의 긴밀한 유대감을 형성하기가 거의 불가능하다는 것이다.

몇 가지 다른 고려 사항

작가인 마리온 테일러는 다음과 같은 몇 가지 핵심을 찌르는 질문들을 던져 문제에 접근하고 있다.

1. 누군가 다른 사람이 아이를 돌보는 것에 대해 어머니로서 편안한 마음을 가질 수 있을까? 교사들은 전문적인 훈련을 받았음을 강조한다. 그 훈련들이 과연 당신의 아이를 돌보는 데 맞는 훈련일까? 아이를 두고 일을 나가야 한다면 한 사람에게 아이를 맡기는 것이 덜 위험할 것이다. 물론 시간제 보모를 두는 것도 좋은 생각이다.

2. 그렇다면 어머니가 아이와 함께 많은 이야기를 하며 보내야 하는 수많은 유익한 시간에 대해서는 어떻게 해야 하는가? 어머니와의 시간을 단지 주말과 저녁에 잠깐 가질 수 있는 '유익한' 시간 동안에만 국한 시켜야 한다는 말인가(그것도 밖의 일로 지치고 힘든 시간에 말이다)? 이 시간에 과연 필요한 개념과 말을 충분히 어머니로부터 배울 수 있을까? 무엇보다도 아이가 이렇게 어머니와 함께 있는 시간에만 맞추어 병이 날 수 있을까?

3. 하루 중 언제쯤 '가르침을 주어야 하는 상황'이 발생할 지 결정할 수 있는가? - "엄마, 누가 나를 만들었나요?", "왜 어두워졌죠?", "왜 할머니께서 돌아가셨어요? 어디로 가신 거죠?" - 이런 질문들에 아이의 어머니가 아닌 다른 사람들도 어머니와 같은 마음으로 또 같은 방식으로 대답해 줄까? 당신의 아이 역시 다른 사람의 대답을 듣고 긍정적인 면만을 받아들이고 배울 수 있을까? 그렇다 하더라도 당신이 이를 확인할 방법은 없지 않은가? 그렇다고 해서 가사일만을 돌보는 어머니가 아이들에게 화도 안내고 항상 온화하다고 말하는 것은 아니다. 나는 독실한 신앙을 가진 어머니야말로 스폰지와 같이 무엇이나 흡수하는 아이들의 마음에 유익한 정보만을 넣어줄 수 있다고 믿는다.

어머니의 역할은 우유 한 잔을 건네주는 것과는 완전히 다른 방법으로 아이에게 도덕적 가치들을 가르치고 전해줄 때 특히 중요하다. 이런 도덕적 가치는 아이가 태어나면서부터 가르치지 않으면 올바로 전달될 수 없다.

어린 시절 몇 년간 어머니의 관심을 받지 못한 아이들의 경우는 아이의 재능이 아무리 뛰어나고 아무리 훌륭한 학교 교육을 받는다 하더라도 아주 간단하고 쉬운 교훈을 익히는 데 수많은 시간이 걸린다.

방과 후

아이들이 자라서 학교에 들어가면 학교에서 보낸 6~7시간의 치열한 사회생활 후에 자신이 정말로 보호받고 있다는 느낌과 함께 편안하게 쉴 수 있는 안식처가 필요하게 된다. 그러므로 학교에서 돌아온 아이와의 대화는 조금 더 편안하게 진행하는 것이 좋다.

"아이가 매일 텅 빈집에 홀로 들어와 몇 시간을 버려졌다는 느낌으로 두려움에 떨며 보내게 하고 싶지는 않을 것입니다. 아이들은 어른과 함께 보내는 시간이 적다는 점과 보호받지 못하고 있다는 생각으로 괴로워하고 있습니다."라고 세인트 루이스 외곽의 한 학교에서 상담 소장을 지내고 있는 존 융커 씨가 지적한다.

위험한 것은 외로움이나 지루함 또는 두려움 등과 같은 내적인 문제 뿐만 아니라 실질적으로도 커다란 위험이 도사리고 있다는 것이다. 뉴욕 소방서로 걸려오는 신고 전화의 1/6은 아이가 홀로 집에 있다가 화재를 일으킨 경우라고 한다.

또 한 조사에 따르면 아이들이 청소년기에 접어들게 되면 10대들이 성행위를 위해 선호하는 장소는 자동차의 뒷좌석이 아니라 부모가 출타 중인 여자친구의 집이라고 한다.

낙태와 미혼모 문제, 그리고 여러 가지 성에 관련된 질병 등이 급격하게 증가하는 지금의 세태는 '기회가 행위를 창출한다' 는 점을 충분히 입증한다. 집에 엄마가 있다는 사실만으로도 십대들의 무분별한 성행위로 인해 발생할 수 있는 수많은 비극을 예방할 수 있다.

가사 일을 돌보는 어머니로서 누릴 수 있는 이점이라면 항상 집안 정리 정돈을 말끔하게 해 놓을 수 있다는 것이다. 깨끗이 정돈된 집에서 생활하는 아이들은 자연스럽게 자신들이 질서정연한 세상에서 살고 있다고 생각하게 될 것이다. 반면에 너저분한 집에서 생활하는 아이들의 사고는 자신들이 생활하는 공간만큼 너저분하고 어수선할 수밖에 없다.

마찬가지로 가사 일을 돌보는 어머니와 함께 아버지 역시 힘든 정원 일이나 가정에서 사용하는 고장난 물건을 수리하는 일 등과 같이 간단한 집안 일을 돌봐야 한다. 아버지로서 간단한 가사 일을 돕는 데 특별히 많은 시간이 드는 것도 아니고, 오히려 아이들과 함께 보낼 수 있는 시간을 낼 수 있다. 이처럼 가족의 생활 공간을 돌보는 부모의 모습을 보면서 자녀들은 자신들이 깔끔하고 편안한 가정에서 보호받고 있다는 안정을 느낄 것이다.

직업을 가진 어머니와 관련된 수많은 문제들이 있음에도 불구하고 직업 전선에서 일을 하고 있는 어머니들이 아직도 많이 있다. 이런 현상이 지속되는 이유 중 하나는 이혼이 점점 증가하면서 한 쪽 부모에 의한 양육이 이루어지기 때문이다. 두 번째 이유는 인플레이션의 영향으로 가족의 지출이 점점 늘어 두 사람의 수익을 필요로 하기 때문이기도 하다. 현재 공식적으로는 전체 미국인의 15%가 '빈민층' 으로 분류되고 있다.

세 번째 이유는 욕망 때문이다. 직업을 가지고 있는 많은 어머니들은 필요에 의해서가 아니라 사회적인 욕구 충족을 위해 일을 한다.

통계청에 따르면 1980년과 1990년 사이에 18세 이하의 자녀를 둔 어머니의 취업률은 53%에서 63%로 꾸준히 증가했으며, 1990년에서 1995년에 이르기까지는 63%에서 66%로 서서히 증가해왔다. 이와 같은 주부 취업률의 증가는 자녀들의 나이와 상관없이 뚜렷한 양상을 보였다.

www.wwork.com에서 카탈리스트라는 비영리 기관은 1976년과 1996년 주부 취업률에 대한 수치를 조사해서 비교하고 있다. 아래에서 이를 잠시 살펴보도록 하겠다.

- 18세 이하의 자녀를 둔 취업 주부의 비율은 40%
- 출산 이후 6개월 이내에 일터로 돌아오는 여성의 비율은 83%
- 취업 여성의 수입이 가정 수입의 절반 이상을 차지하는 비율은 55%이며, 그 중 기혼 여성의 수입이 가정 수입의 절반 이상을 차지하는 비율은 48%이다.
- 홀로된 주부가 직업을 가지고 있는 경우는 71%

• 7%의 가정만이 아버지의 수입에만 의존하여 어머니가 가사 일을 돌보는 전통에 따르고 있는 것으로 나타났다.

1998년 같은 기관에서 실시한 또 다른 연구에 따르면 84%의 여성이 결혼의 이점으로 가계 수입의 증가를 들었으며, 29%만이 결혼이 심리적인 이점을 가져온다는 데 동의했다.

몇 가지 좋은 소식

적은 숫자이긴 하지만 직업 전선에서 가정으로 돌아오는 주부들이 점점 늘어나고 있다. 또한 근무 시간 자유 선택제와 작업 분담이 인기를 더해가고 있다. 이런 현상이 일어나는 이유는 많겠지만 분명한 것은 *수퍼우먼의 모습은 이제 텔레비전에서나 찾아볼 수 있는 허구가 되어 버렸다는 것이다.*

가족의 아침식사를 준비하고 직장에 나가기 위하여 이른 아침부터 일어나 허덕이다가, 8시간의 근무를 마치고 허둥지둥 집으로 돌아와 가족의 저녁식사를 준비하고 아이들까지 돌보는 여성의 모습은 사실 허구에 지나지 않는다. *어느 누구도 다른 사람을 모두 만족시키기 위하여 일을 할 수는 없는 노릇이다.*

두 번째 이유는 어머니와 주부로서의 일이 아주 중요하다는 것을 우리 모두가 서서히 깨달아가고 있다는 것이다. 사실 우리나라의 미래가 바로 이 일에 달려 있다고 해도 과언이 아니다.

통계자료는 어머니가 가사일을 직접 돌보는 것이 얼마나 유리한가 하는 점을 압도적으로 확신시켜주고 있다. 교육부 기획 분석과의 중역을 맡고 있는 알렌 긴즈버그 씨는 한 연구에서 *직업을 가진 어머니를 둔 아이들보다 가사일만을 하고 있는 어머니를 둔 아이들의 학업 성취도가 더 높다는 결과를 확인했다.*

그는 직업을 가지고 있는 어머니는 주중 자녀와 학업 내용에 대하여 의견을 나눌 시간이 11분 정도밖에 되지 않으며, 주말에도 23분 정도에 그치고 있다는 연구 내용을 지적했다. 연구에 따르면 전통적으로 이와 같이 두 배의 수입을 가지고 있는 가정에서 아버지는 가장으로써의 역할을 충실히 해내지 못하고 있다고 한다.

더구나 2,400명의 5학년을 대상으로 한 조사에서는 *아이들이 부모와 함께 보내는 시간이 너무 적은 것에 불만을 가지고 있는 것으로 나타났다.*

하버드 의과 대학의 정신과 의사인 아멘드 니콜리 박사는 애정이 넘치는 가정에서 피치 못할 사정으로 부모와 자녀가 떨어져 있게 되는 경우에도 아이는 이런 상황을 종종 자신이 거부당하고 있다는 느낌으로 받아들인다고 설명한다. 또한 자신이 거부당하고 있다는 느낌은 어린아이의 감정에 해로운 영향을 미치게 되어 아이는 스스로를 가치 없는 존재로 여기게 되며, 마음속 깊이 분노를 키우게 된다고 덧붙였다.

부모로 하여금 자녀와 친해질 기회를 박탈해버리는 생활방

*식 역시 아이들로 하여금 박탈감을 느끼게 한다*고 니콜리 박사는 말한다. 자녀와 친해질 수 없는 생활방식으로 인해 부모로서 가장 심각한 낭패를 보게 되는 것이다.

2001년 5월 30일 한 비영리 목적의 교육기관이 개최한 워크숍에서 6~11세 어린이들을 대상으로 한 조사 결과를 발표했다. 그 중에서 아이들이 어른들과의 관계, 그 중에서도 가족 내에서의 어른들과의 관계를 갈망하고 있다는 조사 결과가 눈길을 끌었다. 이러한 결과는 부모들이 아이들과 충분한 시간을 보내지 못한 데서 발생하는 결과라 하겠다.

우리의 자녀들이 점점 마약과 섹스에 빠지면서 반항적으로 되어가고 있음은 자명한 사실이다. 특히 여러 가지 문제로 자살에 이르는 아이들의 근본적인 문제가 부모와 함께 보내는 시간이 지나치게 적기 때문이라는 사실은 비극적이라 하지 않을 수 없다.

 어느 누구도 다른 사람을 모두 만족시키기 위해 일 할 수는 없다.

적절한 지도를 받지 못한 아이는 곧 문제아

양쪽 부모의 사랑을 받으며 자란 아이들의 삶이 행복하다는 사실은 수

많은 자료를 통하여 잘 나타나 있다. 그러나 이혼한 부모에게서 자란 아이들은 의기소침해지며, 학교를 마치지 못하고 그만두는 경우가 흔하다는 사실을 기억해두어야 할 것이다.

이혼에 대한 조쉬 맥도웰 씨의 개인적인 의견에 따르자면 이혼한 부모를 둔 아이들은 점점 더 학대와 무관심의 대상이 되고 있다고 한다. 이와 같은 결손 가정의 아이들은 범죄와 마약 남용에 따른 정신적 심리적인 장애뿐 아니라 신체적인 건강상의 문제도 보이고 있으며, 자살 또한 크게 증가한 것으로 밝혀졌다.

자녀 알아가기

아이들과 함께 보내는 시간은 내 인생에 있어 진정한 기쁨을 가져다준다. 나는 딸들보다는 아들과 보낸 시간이 더 많았다. 그도 그럴 것이 그 아이가 태어날 무렵에는 내 사업도 조금 덜 바빴고 가정 형편도 좋아졌기 때문이다.

더구나 이 아이는 막내딸과 10살 터울이 지는데 그만그만한 어린아이 셋을 한꺼번에 키울 때보다는 아이 한 명을 키우는 것이 훨씬 덜 번잡했기 때문이다.

그렇다고 내가 딸들과 함께 한 시간이 부족하다는 것은 아니다. 그 아이들이 클 때에는 내가 조리기구 세일즈를 하고 있었기 때문에 아이들이 다섯에서 여섯 살 정도가 되었을 즈음에는 가끔 아이들을 데리고 출장을 가곤 했었다.

이렇게 아이들과 출장을 다니면서 목적지에 도착하기까지의 긴 여정동안 많은 이야기를 나누었다. 내가 아이들을 데리고 출장을 다닌 데는 두 가지 이유가 있었다. 우선은 아버지인 내가 함께 일하는 사람들이 어떤 사람들인지 알게 해주고 싶었고, 가장으로서 아버지인 내가 어떤 일을 해서 생활비를 벌고 있는지를 알려주고 싶었다. 결국 아이들은 아버지인 나를 한 사람의 개인으로 받아들이게 되었다.

물론 아내는 아이들과 대부분의 시간을 보냈다. 나는 개인적으로 우리 아이들이 유아기와 청소년기를 보내는 동안 늘 옆에서 보살펴준 아내에게 감사의 마음을 전하고 싶다.

덧붙여 오늘날 우리 가족이 이와 같이 친밀한 관계 속에서 행복한 생활을 하고 있는 이유는 힘들었던 시기를 함께 슬기롭게 잘 넘겼기 때문이라 믿는다. 사실 현재 우리 딸과 사위들도 옛날의 우리 부부를 모델로 삼아 자녀를 잘 키우고 있다.

그런데 딸을 키울 때와는 달리 아들을 키울 때는 상황이 조금 달랐다. 내게 여가 시간이 조금 더 생겼던 것이다. 우리 가족이 처음 댈러스로 이사했을 당시 그 아이는 세 살 반이었다. 새로 이사한 집 뒤에는 나무가 많은 뜰이 있었다.

아들과 나는 이 뜰에서 일주일에 한번에서 많게는 세 번 정도 재미있는 탐험 놀이를 했다. 나무의 갈라진 결을 따라 그 끝을 찾아내는 놀이였다. 우리는 항상 같은 자리에서 시작을 했고, 놀이의 끝으로 항상 오래된 참나무 아래에 이르렀다. 그러면 우리 둘은 그 참나무 아래

앉아서 이런 저런 이야기를 나누곤 했다. 늘 오랜 시간동안 이야기를 나눴던 것은 아니다. 가끔은 한 5분 정도 이야기를 나누기도 하고 한 시간이 넘게 이야기를 나누기도 했다.

그 아이는 아직도 그 때를 즐겁게 기억하면서 참나무 근처에서 발견했던 어미 너구리와 세 마리의 새끼 너구리 이야기를 하곤 한다. 내가 이렇게 가족 이야기를 하며 전하려고 하는 메시지는 가족과의 대화를 다른 그 무엇보다 중요시해야 한다는 점이다.

당신에게 가장 소중한 것

성공적인 가정을 꾸리기 위해 가장 중요한 원칙은 무엇인가? 바로 가족에게 최우선의 가치를 두는 것이다. 그러나 불행히도 많은 부모들이 가족과 보내는 시간을 계획성 없이 그저 남는 여가시간을 때우는 수단으로 여기고 있다.

어떤 대상에 우선적 가치를 둔다는 것은 아주 중요한 의미를 지닌다. 당신이 가장 우선시 하고 있는 것이 무엇인지 돌아 보라. 당신이 어떤 일을 하는 데 시간을 가장 많이 쏟아 붓고 있는지를 확인하는 것만으로도 당신이 인생에서 가장 중요시하고 있는 것을 쉽게 알 수 있을 것이다.

아이와 함께 놀아주며 시간을 보내지 않고, 텔레비전만 시청하는 부모는 아이에게 텔레비전을 보는 것에 더 높은 가치를 두고 있노라고 명확한 입장을 밝히는 것이나 다름없다.

마찬가지로 가족과 함께 근사한 저녁식사를 할 시간은 없다는 아버지가 골프장을 돌며 골프연습에 몰두한다면, 이 역시 그 아버지의 인생에 있어 가족보다는 골프가 우위를 차지하고 있음을 보여주는 것이다.

또한 일요일이면 교회에 나갈 시간은 내지 않으면서 값비싼 스포츠 용품을 사서 사냥이나 낚시를 가면서 '유일하게 여가를 즐길 수 있는 시간'을 운운하는 아버지 역시 자녀에게 종교적인 가치를 가르쳐 주는 것보다는 스스로의 여가를 즐기는 것을 우선시 여기고 있음을 자기 자신에게는 물론 가족에게도 분명히 밝히는 셈이다.

화목한 가정을 이루고 있는 사람들이 한 주를 어떻게 보내는 지를 살펴보면 가족과 보내는 시간이 커다란 비중을 차지하고 있음을 볼 수 있다. 가족에 우선 순위를 두지 않는다면 가정생활에서 실패를 맛보겠지만 가족을 무엇보다도 우선시 하면 반드시 성공적인 자녀 양육은 물론 화목한 가정을 꾸리게 될 것이다. 모든 선택은 당신에게 달려 있다.

성공적인 가정을 영위하는 또 다른 원칙은 '당신의 올바른 성격 형성을 위한 계획을 세우고 그 계획을 실천하는 것'이다. 목표가 없으면 직접적인 성과를 보기 힘들다. 자녀들이 지닌 성격의 취약한 부분을 목표로 삼아라. 자녀의 취약한 성격을 올바로 형성시키겠다는 목표를 세우고 목표 성취를 위해 노력하라. 그것이 바로 성공의 열쇠가 될 것이다.

가끔 아이들을 돌보며 가사 일만을 하는 주부가 직장생활을 하는 주부를 부러움에 찬 시선으로 바라보기도 한다. 그러나 분명한 것은 이 세상의 어느 직업도 이 험난한 세상에서 긍정적인 아이들을 키워내는 어머니보다 훌륭하고 값진 직업이 없다는 것이다. 나는 긍정적인 자녀를 키우고 있는 많은 어머니들에게 다시 한번 찬사를 보내고 싶다.

현실적으로 어머니는 자녀를 긍정적으로 키우는 반면 그 자녀들이 모두 장성했을 시기나, 가족원의 죽음이나 이혼으로 가족이 해체될 지도 모르는 상황에 대비한 준비도 해야 한다. 이는 다름 아닌 가족을 돌보는 일 뿐만 아니라 자기 자신을 가꾸는 일도 소홀히 해서는 안된다는 말이다. 그러므로 야간 대학이나 지역 교육 활동에 일주일에 한두 번 정도 비교적 한가한 저녁시간을 이용하여 참여하면서 자기계발을 하는 것도 중요하다.

사실 사회생활을 따로 하지 않는 주부가 이처럼 다른 사람들과 어울리면서 사회의 변화를 느끼고 스스로의 환경에 변화를 줄 수 있는 시간을 가진다면, 늘 사회생활을 하는 남편에게 훌륭하고 편안한 대화 상대가 되어줄 수 있을 뿐 아니라 자녀에게도 열린 마음과 자세로 다가갈 수 있는 어머니가 될 것이다(어머니인 당신이 자기계발을 하는 시간이 지니고 있는 또 다른 중요한 이점이 있다. 저녁시간 당신의 빈자리를 대신하게 될 남편이자 아이들의 아버지에게 아이들과 더욱 가까워질 수 있는 시간을 주게 된다는 것이다. 더구나 이렇게 아내의 빈자리를 몸소 체험한 남편은 이제 더 이상 아이들을 돌보고 하루 종일 가사 일에 힘쓰는 당신의 노고를 무시하지 못할 것이다).

이런 목표를 성취하기 위해서는 맹목적으로 하는 교육과정보다는 일상 생활에 도움이 되면서도 집중하여 나름대로 열심히 노력해야 성취감을 느낄 수 있는 교육과정을 선택해야 한다. 3년의 교육 과정을 4년에 마치더라도 당신에게 있어 가장 우선시 되고 있는 가치는 좋은 아내요, 훌륭한 어머니가 되는 것임을 잊어서는 안 될 것이다(그러나 이를 빌미로 당신의 능력을 개발하는 일을 '내일'로 미루지는 말아야겠다).

현실적인 절충안

말이 나왔으니 말이지만 직업을 가질 수밖에 없는 상황에 있는 어머니들 또한 많을 것이다. 이혼이나 불의의 사고로 홀로 자녀들을 양육해야 하거나, 남편의 수입이 가족들을 제대로 부양하기에는 턱없이 부족하여 직업 전선에 뛰어들지 않으면 안 되는 상황에 놓인 어머니도 있을 것이다. 그러면서도 가사 일에 충실하려고 애쓰는 책임감 강한 어머니들에게 나는 깊은 존경을 표한다.

어떤 경우이든 어려운 가정형편을 핑계로 사회복지시설에 의존하는 것보다 자녀에게 어렸을 때부터 '공짜로 얻을 수 있는 것이 없음'을 일깨워 주고, 열심히 일해야만 풍족한 생활을 영위할 수 있음을 가르쳐 줄 필요가 있다. 수입을 필요로 하면서 자녀 양육 등의 가사 일로 인해 매일 일터로 나갈 수 없는 어머니들을 위해 작업분담방식의 접근법은 아주 이상적인 해결책이라 할 수 있다.

우리 회사에서 작업분담을 위해 시행하고 있는 지글러 훈련 시스템은 협동심을 키우는 것은 물론 직원들의 요구를 충족시켜주고 있다. 내가 장담컨대 이 시스템은 해당 작업에 관련된 모든 직원에게 잘 적용되고 있다. 모든 작업이 분담이 가능한 것은 아니지만 작업분담은 일의 능률은 물론 유연성에도 긍정적인 영향을 미친다.

우리 회사 인사부 관리자의 말에 따르면 작업 분담제를 도입한 이후 결근도 줄고 몸이 좋지 않거나 여러 개인 사정으로 인하여 작업이 지연되는 일도 현저히 줄었다고 한다. 또한 2명이 한 가지 작업을 함께 한 결과 작업 능률이 3배로 뛰었다고 한다. 같은 작업을 하는 부서 사람들이 스스로 책임을 다하며, 더 높은 목표를 세워 자발적으로 일을 하기 때문이다.

작업시간을 유동적으로 조절할 수 있기 때문에 어머니나 아버지 모두 자녀와 축구나 공놀이, 공연관람, 학예회 등의 특별활동에도 많이 참여할 수 있다. 바로 이 점이 우리 회사에서 직원들로 하여금 하루 8시간 근무시간을 자유롭게 정하도록 하는 이유이기도 하다. 어떤 직원들은 오전 7시에 출근하여 오후 4시에 퇴근하여 교통체증을 피하는가 하면, 어떤 직원들은 오전 9시에 출근하여 오후 6시에 퇴근하는 쪽을 선택하기도 한다.

규모가 아주 작은 지역에서는 일자리 구하기가 힘든 경우가 있다. 이런 경우에는 젊은 어머니 두 명이 함께 일자리를 알아보는 것도 한 가지 대안이 될 것이다. 예를 들어 주 6일 영업을 하는 소매상에서 둘이 함께 일을 하면, 한 주에 3일씩 일을 하거나 오전 · 오후 시간을 나누어 일을 함으로써 일자리를 함께 나눌 수 있을 뿐 아니라 신체적으로나 정신적으로 지치지 않으면서 수월하게 가사 일을 함께 돌볼 수 있을 것이다.

그렇다면 그저 집에서 '가사만 돌보기'가 싫어서 직업을 가지려는 여성들에 대한 대안책은 없단 말인가? 따로 직업을 가지지 않고는 행복한 삶을 영위할 수 없는 사람들이 있게 마련이다.

한 조사에서도 밝혀졌듯이 자녀만 돌보는 것을 좋아하지 않는 어머니의 경우는 아이에게 반드시 좋은 영향을 미치는 것만은 아니다. 사실 아무리 노력을 기울여도 자녀만을 양육하고 가사 일만을 돌보는 것에서 만족과 기쁨을 느끼지 못하는 경우에는 다시 직업의 세계로 나가는 수밖에 없다. 하지만 이런 여성들에게 아르바이트 형식의 일자리가 제공된다면 사회생활과 아이들의 어머니로서 또 한 가정의 주부로서의 역할에서 각각 만족할만한 성과를 거둘 수 있을 것이다.

그렇다. 아이들과 함께 보내는 시간은 반드시 필요하다. 해리 샤핀의 '아빠'라는 노래는 부모가 아이들과 함께 시간을 보내는 것이 얼마나 중요한지를 아주 잘 보여 주고 있다. 천천히 행간의 의미를 파악하며 가사를 읽어 보라. 그리고 책을 덮고 노래가 전하는 메시지가 무엇인지를 되새겨보기 바란다.

 성공으로 이끄는 불변의 진리는 가족에게 최우선의 가치를 두는 것이다.

아 빠

내 아이가 얼마 전 내게 왔다네.
다른 아이가 그렇듯 평범하게 이 세상으로
그러나 아이로 인해 세워야 할 계획도 드는 비용도 많았지.
내가 자리를 비운 사이 아이가 걸음마를 배웠고
내가 알지 못하는 사이 말을 배웠다네.
그리고는 아이가 자라면서 이렇게 말했지.
"나는 커서 아빠 같은 어른이 될래요.
아빠 같은 어른이……"

고양이는 요람과 은수저 속에 있고
어린 소년은 우울해하고 남자는 달에 있네.
"아빠, 집에 언제 오시나요?"
"그때가 언제가 될지는 모르지만, 그때는 함께 할거야.
그때는 행복한 시간을 보내게 될 거야."

얼마 전 내 아들은 열 살이 되었다네.
"아빠, 공을 사주셔서 고맙습니다.
우리 같이 공놀이해요.
공 던지는 걸 가르쳐주세요."
"오늘은 안돼.
할 일이 많단다."

그러자 아이는 "그럼 괜찮아요."
하고는 가버린다.
그래도 그의 얼굴을 떠나지 않는 미소
"난 아빠 같은 어른이 될 거예요.
아빠 같은 어른이……"

어린 소년은 우울해하고 남자는 달에 있네.
"아빠, 집에 언제 오시나요?"
"그때가 언제가 될지는 모르지만, 그때는 함께 할거야.
그때는 행복한 시간을 보내게 될 거야."

얼마 전 내 아들이 대학을 졸업했네.
이젠 어른이 되어……
"아들아, 네가 자랑스럽구나. 잠시 앉으려무나."
아이는 머리를 저으며 미소를 띤 채 대답했다네.
"아버지, 자동차 열쇠 좀 주세요.
이야기는 나중에 나누죠. 아버지 차를 써도 되겠죠?"

어린 소년은 우울해하고 남자는 달에 있네.
"아빠, 집에 언제 오시나요?"
"그때가 언제가 될지는 모르지만, 그때는 함께 할거야.
그때는 행복한 시간을 보내게 될 거야."

은퇴한 지 오랜 시간이 흐르고
내 아들은 멀리 이사를 했다네.
얼마 전 아들에게 전화를 했지.
"아들아, 보고싶구나."
"저도 보고싶어요, 아버지. 그런데 시간이 없어요.
아시다시피 제 일이 워낙 정신이 없는데다가 아이들도 감기
에 걸렸지 뭐예요.
하지만 전화로라도 아버지와 이야기를 나누니 좋네요."
전화를 끊고 나서 드는 생각이
내 아이가 꼭 나처럼 자랐구나.
꼭 나처럼……

어린 소년은 우울해하고 남자는 달에 있네.
"아빠, 집에 언제 오시나요?"
"그때가 언제가 될지는 모르지만, 그때는 함께 할거야.
그때는 행복한 시간을 보내게 될 거야."

-헤리 샤핀

자기 평가

1. '만일 ~했더라면' 하는 표현을 '다음에는 ~해야
   지' 라는 표현으로 바꾸어 당신이 하고 싶은 일을
   한 가지만 써 보라.

2. 영유아기의 자녀에게 어머니의 역할이 얼마나 중
   요한가? 본 장에서 이야기 한 내용을 정리해 보라.

3. 가족에게 가장 우선적인 가치를 두기를 진정으로
   바란다면 바꿔야 하는 생각이나 자세는 무엇인가?

4. 직업을 가진 어머니의 장점은 무엇인가? 또 그로
   인해 얻을 수 있는 불이익은 무엇인가?

5. 작업분담 체계에 대해 어떻게 생각하는가? 당신에
   게도 도움이 될 것이라 생각하는가? 그렇다면 그
   이유는 무엇인가?

6. 헤리 샤핀이 1974년 발표한 '아빠' 라는 노래는
   상당히 설득력이 있다. 이 노래에 대한 당신의 감
   상을 정리해 보라.

08

긍정적인 아이로 키우는 일은
함께 노력해야 할 일

Raising Positive Kids Is
a Team Effort

부모의 권위

우리 아이들이 듣는 음악은 대부분 '자유로울 권리'에 대한 내용을 다루고 있다. 그러나 그럼에도 불구하고 우리 아이들은 사실 누군가로부터 보호받고 싶어한다.

임상 심리학자인 마틴 코헨 박사는 이와 같이 어린이들의 보호받고 싶은 심리는 부모의 권위에 의하여 만들어지며, 부모의 권위를 느낄 수 없게 되면 아이들은 두려움을 느끼게 된다고 설명한다. 그러므로 아이는 오히려 부모의 권위를 끊임없이 요구해서 부모들이 결국은 이를 저지할 수밖에 없는 상황에 처하게 된다는 것이다.

아이가 부모에게 진정으로 원하는 것은 부모다운 행동을 해달라는 것이다. 아이는 자신이 항상 의지할 수 있는 강한 힘이 언제나 같은 자리에 있는지 확인하고 싶어한다. 그러므로 부모로서 당신은 그 역할을 충실히 수행하며 아이들의 곁을 지켜주어야만 한다.

권위의 사전적 의미는 '남을 지휘·감독하거나 통솔하여 따르게 하는 힘'이다. 아이들이 필요로 할 뿐 아니라 요구하고 있는 것은 자신을 올바른 방향으로 이끌어줄 부모의 권위에 의한 통제를 경험하는 것이다.

우리가 아이들을 대할 때 기억해 두어야 할 점은 그들이 어리다는 것이다. 옛 아프리카 속담 중에는 이런 말이 있다. "모든 사람이 어린 시절을 겪지만, 그들 모두가 노년기를 겪지는 않는다."

아이가 가장 절실히 필요로 하고 있는 것들 중 하나는 가족들을 위해 동적인 계획을 세우는 데 있어 권위적인 자신의 위치를 올바르게 이해하는 부모들이다.

간혹 우리 아이들이 말썽을 일으키거나 부모의 권위에 도전하는 모습을 볼 때면 어리둥절해질 정도로 이해가 가지 않는다. 그러나 아이들이 아무리 우리를 시험에 들게 한다 해도 그들이 마음 깊은 곳에서 진정으로 바라고 있는 것은 자신들을 보호해 줄 수 있는 부모들의 올바른 권위다.

아이들은 누구를 따라야 하는지, 누구의 지도를 받아야 하는지, 또 누구의 부름에 응답해야 하는지를 진정으로 알고 싶어한다. 그것이 바로 인생을 살아가는 기본적인 방식이자 가족을 포함해 사회생활을 하는 모두에게 필요한 생활 자세인 것이다. 이런 맥락에서 부모의 자녀 양육법이 성공적일 때 아이들 역시 성공이라는 말은 중요한 의미를 지닌다.

스카우트 활동을 통한 자녀 교육

어떻게 지도 받으며 어떻게 지도하는가

요즈음 수많은 폭력 집단들이 성행하며 우리의 어린 자녀들을 그 안으로 끌어들이려 하고 있다. 이런 세상에서 특히 배우자 없이 혼자 자녀를 키우는 부모의 경우에는 아이들을 스카우트 활동에 참여시키는 것이 도움이 될 것이다.

보이스카우트나 걸스카우트 활동을 하며 적어도 5년을 보낸 아이들이 성공한 인생을 살게 될 확률은 그렇지 못한 아이들 보다 훨씬 더 높다.

스카우트의 맹세는 이렇다. "첫째, 하나님과 나라를 위하여 나의 의무를 다하겠습니다. 둘째, 항상 다른 사람을 도와주겠습니다. 셋째, 스카우트의 규율을 잘 지키겠습니다." 또한 스카우트의 표어는 '준비'로, 어떠한 상황에서도 그 일을 해낼 수 있는 자세를 갖추고 있음을 뜻한다. 즉 스카우트의 임무를 다하기 위하여 정신적으로나 육체적으로 항상 준비상태에 있음을 뜻한다.

스카우트의 규율은 "스카우트는 *믿음*직하다. 스카우트는 *충효*한다. 스카우트는 *도움*이 된다. 스카우트는 *우애*스럽다. 스카우트는 *예의*바르다. 스카우트는 *친절*하다. 스카우트는 *순종*한다. 스카우트는 *쾌활*하다. 스카우트는 *근검*하다. 스카우트는 *용감*하다. 스카우트는 *순결*하다. 스카우트는 *경건*하다." 이다.

스카우트의 훈련은 책임감을 강조한다. 또한 매일 다른 사람을 위해 선행을 하도록 교육시킴으로써 자신보다는 이웃을 돕는 생활을 하도록 고무한다.

어린 시절 스카우트 대원이었던 나는 매주 목요일 밤마다 모임에 나가서 스카우트 맹세와 규칙, 규율 등을 큰 소리로 외치면서 경의를 표했었다. 이런 의식이 아이들에게 어떤 좋은 영향을 미치게 될지 의문이 드는가? 우연히 사석에서 이야기를 나누게 된 엘빈 J. 브라운 판사는 20년이 넘게 오클라호마의 노만에서 근무를 하면서 일년이라도 스카우트 활동을 한 사람이 법정에 불려나오는 일은 보지 못했다고 한다.

자녀에게 올바른 가치관을 교육하는 데 있어 가정에서의 교육도 중요하지만, 같은 또래의 친구들과 단체 생활을 하면서 같은 가치를 추구하는 훈련을 받는 것 역시 중요함을 알 수 있다.

엄마와 아빠는 특별하다

얼마 전 많은 생각을 하게 하는 대형 플랜카드를 봤다. 그 플랜카드에는 "누구나 아버지가 될 수는 있지만, '아빠'가 되기 위해서는 특별해야 한다."라고 씌어 있었다. 맞는 말이다. 마찬가지로 누구나 아이를 가질 수 있지만, '엄마'가 되기 위해서는 특별해야 한다.

역사적으로 위대한 인물들을 자세히 살펴보면 그들 모두 부모의 영향을 언급하고 있음을 볼 수 있을 것이다. 아브라함 링컨은 "현재의 내 모습은 천사 같은 나의 어머니 덕분입니다."고 말한 바 있다.

또한 더글라스 맥아더 장군은 "성스러우신 나의 어머니께서는 하나님께 귀의하고 내 조국을 사랑하라는 가르침을 주셨습니다. 어머니께 새삼 아들의 경건한 감사를 바칩니다."고 말했다.

전도사인 G. 캠벨 모건은 네 명의 아들을 두었는데, 그들은 자라서 모두 성직자가 되었다. 그의 가족이 모두 모인 자리에서 한 친구가 그의 아들 중 한 명에게 물었다. "모건 가족 중 가장 훌륭한 성직자는 누구라고 생각하나?" 그러자 질문을 받은 모건 전도사의 아들은 망설이지 않고 눈을 빛내며 대답했다.

"그야, 당연히 우리 어머니이십니다."

옛말에 이런 말이 있다.

"한 명의 아버지가 100명의 스승보다 낫다."

사실 부모의 손에 아이들의 운명이 달려있다고 해도 과언이 아니다. 그러니 부모가 되는 일 자체가 어찌 두렵지 않을 수 있겠는가. 부모의 손에 달려 있는 것은 아이들의 운명 뿐 아니라 우리 아이들이 새로이 건설하여 살게 될 우리나라 전체의 미래다.

우리 아이들이 건설할 세계는 그들이 현재 우리를 바라보는 방식과 우리가 그들을 어떻게 키우느냐에 달려 있다. 이 얼마나 경이로운 책임인가!

가족이라는 구조에서 부모가 어떤 사람인가 하는 사실은 자녀들에게 권위적인 힘을 실어준다. 그 힘은 곧 아이들로 하여금 그들이 성장하여 성공하고 동료들이나 상사들을 존경하기 위하여 노력을 해야한다는 확신을 심어주는 긍정적인 방향으로 작용하게 될 것이다.

자, 당신의 자녀들을 이 험난한 세상의 영향을 받도록 그대로 내버려두겠는가? 선택은 당신에게 달려있다.

팀웍과 팀 리더십이 필요하다

긍정적인 자녀를 키우는 것은 가족의 협력에 의해서만 이루어질 수 있다. 가족은 이미 한 집단이며 함께 같은 목표를 향해 노력할 때 그 효과가 더 크기 때문이다. 가족이 함께 노력하면 개인적으로 노력을 하는 것보다 더 훌륭한 성과를 거둘 수 있다.

가족 구성원 모두가 동의하는 가족 계획이나 목표를 세운다면 (그 계획이 가족 휴가 계획이건, 공부 또는 집안에 수영장을 만드는 계획이건 말이다) 그 결과는 훌륭할 것이다. 더구나 목표를 성취하기 위해 함께 노력하는 동안 가족들은 더욱 가까워질 것이다.

다행스럽게도 가족 구성원으로써 함께 노력하는 것은 자녀로 하여금 학교나 사회생활과 직결되는 협동심과 대화 능력을 개발하도록 하는 데 도움을 준다.

어떤 집단이건 간에 우두머리가 있어야 한다는 점에 이의를 제기하는 사람은 없을 것이다. 쿼터백이 없는 미식축구 팀은 더 이상 팀이 아니다. 사장이 없는 회사나 장교가 없는 부대 역시 있을 수 없는 일이다. 가족에 있어서도 마찬가지다. 가정에도 가장이 있어야 한다. 가정도 어느 사업체 못지 않은 사업체이기 때문이다.

예상되고 있는 인플레이션 비율대로 한 부부가 두 아이를 양육하며 65세까지 산다고 가정한다면, 자녀 양육비와 생활비로 백만 달러 이상을 투자해야 한다. 그러니 가정생활을 영위하는 것이 큰 사업이라 하지 않을 수 있겠는가.

일반 회사의 인사조직은 사장과 부사장, 그리고 이사, 상무, 부장, 과장을 비롯한 일반 사원과 비서로 구성되어 있다. 회사에서 재정 관리를 해야 한다면 재정 담당자가 이를 책임지면 그만이다. 그러나 가족 내에서는 역할 분담이 말처럼 쉽고 분명한 것이 아니다. 나는 가족에 있어 가장은 아버지가 되어야 한다고 믿는다.

내가 이렇게 말하는 가장 커다란 이유는 우리 사회가 바로 가부장제 사회이기 때문이다. 그렇다고 해서 가족 내에서 아내의 영향력이 적다는 의미는 아니다. 한 가정에서 어머니는 지배 체제에서 두 번째 우위를 차지하고 있으며 그 영향력은 중요하다.

회사에서 중요한 결정을 할 때 부사장의 의견이 결정적인 영향을 미치는 것과 마찬가지다. 더구나 최고 결정자인 사장의 부재시에 조직을 통솔해야할 책임을 지고 있는 것은 부사장이 아닌가.

상대방을 배려하는 사랑

자동차 두 대로만 이루어진 카 퍼레이드에서도 누가 앞서 나가느냐를 결정하지 못한다면 혼란에 빠지게 마련이다. 이를 염두에 두고 있다면 가정에서 아이들의 교육을 위해서 확실한 가장의 역할과 권위가 필요하다는 내 말의 의미를 이해할 수 있을 것이다.

헬렌 안델린이라는 작가는 남성 리더십이 심리학적 법칙에도 부합하고 있다는 점을 지적하면서 또 다른 중요한 논제를 제시한다. 남성이 리더에게 있어 필수적인 적극적이고 결단력 있으며 지배력 있는 기질을 일반 여성보다 더 많이 지니고 있다는 것이다.

보통 남성에게 있어 지배력에 대한 욕망은 강하다. 그래서 자신의 지위에 위협이 다가오면 비굴해지며, 그 지위를 박탈당하면 완전히 무기력해진다.

헬렌은 다음과 같이 남성의 리더십에 대한 설명을 자세히 하고 있다. "남성의 리더십이 이기적인 동기에 기초한 지배나 광포한 행위를 의미하지는 않는다. 성공적인 가정생활을 위해서는 아버지가 마음에서 우러나는 사랑으로 모든 가족 구성원의 안녕을 책임져야 하며, 가족 모두에게 진정으로 최선이 될 수 있도록 모든 계획과 결정을 해야 한다.

가장으로서 아버지는 가족의 관점과 감정, 특히 모든 일을 하는 데 있어 함께 하는 동반자인 아내의 관점과 감정을 세심하게 고려해야 한다. 만약 아내와 남편 사이에 풀리지 않는 차이가 있다면, 아내의 입장에서 남편의 계획을 제대로 지지해 줄 수가 없기 때문이다."

분명한 서열을 정하라

그렇다. 가정에서 분명한 서열을 정하는 것은 다른 성공적인 사업체나 기관에서와 마찬가지로 아주 중요한 일이다. 가끔 이런 질문을 던지는 사람들을 보게된다. "아내가 남편보다 더 영리한 경우도 있지 않나요?" 그렇지만 서열은 바뀌지 않는다.

내 경우에 있어서도 그렇다. 아주 다행스럽게도 내 아내는 여러 면에서 나보다 깊은 지혜와 통찰력을 지니고 있다. 똑똑하며 학창 시절 성적도 나보다 훨씬 더 좋았다. 하지만 우리 가족 내에서 중요한 결정을 내릴 때에는 둘 다 충분한 토론을 거쳐 의견을 수렴하여 최선의 결정을 내리도록 노력한다. 의견의 불일치가 있는 경우라 해도 단 한번도 내가 가족을 위한 결정을 내리는 데 있어 아내의 의견이 짐이 되었던 적은 없다.

가정에서의 권위

뉴욕의 로체스터에 있는 한 고등학교에서 연설을 하다가 생긴 일이 기억난다. 연설을 마치고 20여명의 우수 학생들과 이야기를 나눌 기회가 있었다. 아주 재미있고 유익한 시간이었다.

그런데 그 시간이 더욱 인상적이었던 것은 한 학생의 다음과 같은 질문 때문이었다. "선생님께서는 선생님의 인생에 있어서나 가족 생활 혹은 사업에 있어서도 하나님에 대한 믿음이 아주 크신 것 같습니다. 저는 하나님을 믿지 않습니다. 그래서 선생님께서 하나님에 대한 믿음을 그토록 강조하시는 이유를 이해할 수가 없습니다."

이 질문에 대해 나는 내 자녀들이 가능한 한 책임감을 가지길 원하며, 권위의 중요성을 이해하기를 바라기 때문이라고 대답했다.

그러자 그 학생은 "그런데 그게 하나님에 대한 믿음과 무슨 관계가 있나요?" 하고 당연하다는 듯이 물었다.

"그야 당연히 깊은 연관이 있고 말고. 하나님이라는 더 높은 권위에 내가 고개 숙이는 모습을 우리 아이들이 본다면, 내가 권위에 대해 존경을 표한다는 것을 바로 알아차리게 될 걸세. 유독 하나님의 권위에 대한 이야기만은 아니지. 정부나 법률 집행관, 직원, 판사와 법정이 지닌 고유의 권위 모두에 대한 존경심 말일세.

아이들이 아버지인 내가 권위에 대하여 직접 머리를 숙이는 모습을 보았으니, 내가 아이들에게 아버지인 내 권위를 인정하라고 요구할 때에도 위선적인 모습으로 비치지는 않을 것이다. 결국에는 더욱 효성스럽고 사랑스러운 아이들의 아버지가 되는 셈이지." 이것이 바로 내 대답이었다.

그러자 그 학생은 잠시 생각에 잠기는 듯 하더니 이렇게 말했다. "그렇군요. 저는 아직 하나님을 믿지는 않지만 선생님의 말씀도 일리가 있네요."

가족도 하나의 집단이다. 그러므로 가족 내에서 어떤 일을 처리해야 할 경우에는 자신의 '칭호'를 잊어야 한다. 가령 자녀를 둘 두고 있는 가장인 아버지가 '가장'이라는 칭호를 지나치게 의식한 나머지 일의 결정권만 쥐고 실제로 일을 하는 데 협력하지 않는다면, 아내와 아이들로부터 사랑은 물론 존경심마저 잃게 될 것이다. 또 *가족 전체가 계획하고 벌여놓은 일을 어머니 혼자서 뒤치다꺼리를 해야한다면 이 또한 문제를 일으키는 상황이 될 것이다.*

우리가 아이들을 대할 때 기억해 두어야 할 점은 그들이 어리다는 것이다.

가정에서의 엄마와 아빠

문제의 해결은 간단하지만 쉽지는 않다. 가족이 한 집단으로써 그 기능을 발휘할 때, 엄마와 아빠는 둘 다 가족을 위하여 자신에게 부여된 일 이상을 해야 한다. 예를 들어 엄마가 부엌에서 저녁 준비를 하는 동안 아빠는 신문을 읽거나 단순히 '휴식을 취하는' 대신, 아이들의 숙제를 봐주거나 이야기를 하면서 시간을 보낸다. 또 저녁식사가 끝난 후에도 엄마와 아빠는 함께 부엌을 치우거나 아이들의 잠자리를 봐줄 수도 있는 일이다.

내가 하고자 하는 말은 한 가정에 엄마와 아빠가 모두 존재하는 한 긍정적인 아이를 키우는 일은 엄마나 아빠 중 한 사람의 몫이 아니라 둘 모두가 결부되어 함께 성취해야 하는 목표라는 것이다.

한 쪽 부모가 자녀를 키우는 가족

어머니나 아버지 중 한 쪽이 부재하는 가정의 경우에는 가정의 기강과 관례의 필요성이 더욱 절실해진다.

아이 곁에 남아있는 쪽이 어머니건 아버지건 간에 아이들의 아침과 도시락을 챙겨서 학교나 보육시설에 보낼 준비를 하고 일터로 향할 준비를 위해서는 매일 분주하고 정신 없는 하루를 시작해야 한다. 게다가 하루종일 일을 하고 지친 몸과 마음을 이끌고 집에 돌아와 저녁 식사를 준비하고 아이들의 숙제도 봐주고 잠자리도 봐 주어야 한다. 정말이지 육체적으로나 정신적으로도 혼자서는 감당하기 어려운 일들로 보인다.

이런 가정에서는 오히려 기강과 관례가 강조되는 엄격하고 질서가 잡힌 가정생활방식을 선택하도록 권하고 싶다.

팀웍이 제대로 이루어지지 않는 가정

어머니와 아버지의 팀웍이 원활하지 않은 가정에서 많은 문제가 발생하는 이유는 간단하며 아동 학대와 무관심이 점점 증대하는 이유도 명확하게 드러나고 있다. 가정에서 방관자처럼 행동하는 아버지의 모습을 관찰하면 어머니가 가족을 버리는 사례가 왜 많은 지 그 이유를 알게 될 것이다. 즉 도와주는 사람 없이 혼자서 가사 일에 시달리던 어머니는 마침내 모든 짐을 던져버리고 남편과 자녀의 곁을 떠날 수밖에 없는 진퇴양난에 처하게 되는 것이다.

얼마나 비극적이고 불공평한 일인가! 이런 부모들은 아마도 남은 여생을 후회 속에서 살아가게 될 것이다. 파탄 지경에 이른 많은 가족들의 문제는 팀웍의 부족에 있다. 많은 기혼 여성들이 가정 일에 무관심한 남편과 함께 가정을 지키다가 결국 그 상황을 이겨내지 못하고 가정을 버리는 경우가 허다하다.

어떤 사람들은 정열적인 로맨스에 빠져보거나 일시적으로 자유분방한 생활방식을 영위하면서 버린 가족에 대한 기억을 지워버리려 애를 쓴다. 하지만 이런 식으로는 인생에서 성공할 수 없다. 더구나 "엄마", "아빠"를 부르며 재롱을 부리던 아이들의 모습이 끊임없이 떠올라 마음을 아프게 할 것이다.

이 시점에서 나는 잠시 조심스럽게 페미니즘의 부작용을 언급하려 한다. 페미니즘이 성행하면서 점점 더 많은 여성들이 자신의 권익을 요구하며 균형과 조화를 깨고 있다. 심한 경우에는 이성이나 판단, 그리고 사랑조차도 무시되는 경향이 다분한 것이 현실이다.

이혼이나 가정을 버리는 행위로 인해 가족관계를 파탄지경으로 몰고 가지 않기 위해서는 우선 아버지들이 권위의식에서 깨어나야 한다. 그리고 팔을 걷어붙이고 적극적으로 가사 일을 해야 할 것이다. 부부는 언제나 한 팀으로써 자녀를 교육시키고 격려해야 한다. 그래야만 자신들의 미래 뿐만 아니라 가족의 미래 역시 밝아질 수 있는 것이다.

가족 구성원 하나하나는 각자 맡은 일을 해야 한다. 4살짜리 어린아이에게도 장난감이나 자기 옷가지, 또 주변에 어질러진 종이조각들을 정돈하고 치울 수 있도록 훈련을 시켜야 한다. 그래야 가사 일을 도맡아 하는 어머니의 일손을 조금이나마 덜어줄 것이 아닌가.

부모가 직접 올바른 순종법을 가르치고 자신의 몫을 다하도록 훈련시키는 것이 가장 좋다. 이 두 가지 자질이 나중에는 자녀의 성공 여부를 결정짓는 결정적인 요소가 된다. 이 두 가지 자질이 적절히 균형을 이루어야만 '기여하는 것'이 있어야 '얻는 것'이 있다는 진리를 배우게 될 것이며, 그래야 모든 면에서 풍요로운 생활을 하게 될 것이다. 아이가 가족의 한 구성원으로서 가정사에 기여를 하게 된다면 나중에 학교와 회사 일에 자신이 기여해야 하는 부분을 잘 이해하게 될 것이다.

아이들에게 자신의 몫을 정해주고 일정 부분 가사 일을 돕도록 훈련한다면, 다른 사람을 배려하지 않고 제멋대로 굴거나 원하는 모든 것을 얻을 수 있다고 생각하는 이기적이고 버릇없는 아이로 자라지는 않을 것이다.

가족이 한 팀이 되어 어떤 계획을 세우고 책임감 있게 일을 해나가는 것이 좋은 또 다른 이유는 소속감을 느끼고 싶어하는 욕구가 우리에게 있기 때문이다. 자녀와 함께 가족 구성원 모두가 참여할 수 있는 일을 계획하고 가사 일에 대한 책임을 함께 나눈다면 누구나 가족에 대한 소속감을 느낄 것이다.

또한 이런 가정에서는 협동심은 물론 서로를 존경하는 존경심과 사랑을 배우게 될 것이다. 따라서 아이들은 더 큰 공동체, 이를테면 또래 집단이나 사회의 다른 집단에서도 스스로 '소속감'을 가지기 위해 적극적인 노력을 하게 될 것이다.

존경심을 길러야 한다

사랑과 존경으로 이루어진 관계를 맺기 위해서 명심해야 할 점은 우리 아이들은 그들이 대상에 대해 느끼는 대로 반응한다는 것이다. 그러므로 아이들이 당신에 대해 사랑과 존경의 감정을 느낀다면 당신을 존경하며 순종할 것이다. 그러나 아이들이 존경심을 보이지 않는다 해도 이것이 반항의 표시나 당신을 경시하는 것이 아니므로 안심해도 좋을 것이다. 이는 곧 부모인 당신이 존경과 사랑 받을 행위를 하지 않았다는 의미이니 말이다. 존경심이 부재하는 가정은 진정한 화합을 이룰 수 없다.

부모가 아이들과 한 약속을 어기거나 부부 간에 서로 존중해주지 않으며 소리를 질러대고 술에 취해 비틀리며 귀가하는 등의 행동을 보인다면 당연히 아이들도 부모에 대한 존경심을 가지지 못할 것이다. 더구나 부모들의 이런 행동은 아이들에게 혼란을 가중시키게 될 것이다. 아이는 분명 당신을 부모로서 사랑한다. 그러나 존경심 없이는 진정으로 당신을 좋아할 수 없으며, 결국 감정적인 딜레마에 빠지게 될 것이다.

그렇다면 그 해결책은 무엇인가?

답변 솔직히 당신이 스스로를 돌아볼 때 앞 단락에서 묘사한 행위를 하고 있다면 정말 도움이 필요한 상태다. 도움을 받아라. 감정적인 상처 때문이라면 정신과 치료를 받거나, 신부님이나 목사님들이 운영하는 사이트에 들러 상담을 받는 것도 좋은 방법이다.

만약 음주문제나 마약문제가 있다면 심각한 중독증상에 빠져 어린이를 학대하는 지경에 이르러 가정을 파괴하기 전에 도움을 받아 적절한 치료를 하는 것이 중요하다.

사실상 자신의 문제를 스스로 깨닫고 있다면 이를 해결하는 최선의 해결책은 당신 자신에게 달려있다. 나는 이 책에서 강조하고 있는 원칙들을 반복해서 읽으면서 실제 생활에 적용해 보도록 권하고 싶다. 이 책에서 강조하고 있는 내용들은 내가 수 천명의 사람들을 대상으로 세미나와 강연에서 강조했던 것들이다. 그리고 이를 따른 대부분의 사람들은 효과를 보았다.

정직하게 이를 시도해본다고 해서 잃을 것은 없다. "당신이 구한 가족은 당신의 가족입니다"라는 광고문구를 생각하며 가족을 위한 노력을 기울여보기 바란다.

아버지의 역할과 어머니의 역할

긍정적인 아이를 키우기 위해서는 정말이지 부모의 팀웍이 중요하다. 이는 '여성만의 일'도 '남성만의 일'도 아닌 어머니와 아버지가 함께 해야 할 일이다. 그러나 부부가 모두 직업을 가지고 있는 대부분의 경우에 남성들은 식사를 준비하고 부엌 청소를 하는 일은 물론이며 아이들의 숙제를 봐주고 잠자리를 챙겨주는 모든 일을 당연히 여성인 어머니가 해야 한다고 생각하는 경향이 있다.

진정으로 문제가 되는 것은 1985년 1월 13일자 『퍼레이드 Parade』라는 잡지에 실린 세이 체슬러의 글에서 분명히 볼 수 있다. 잡지사의 양해를 구해 그대로 인용했다.

> 20년 전의 일이었다. 아내와 나는 사소한 논쟁을 하다가 큰 다툼을 했고, 이로 인해 여러 해 동안 끔찍한 고통을 겪어야 했다. 내 불평을 참다 못한 아내가 어느 날 갑자기 나를 향해 뭔가를 집어던지며 쏴 붙였다.
>
> **"이제부터는 당신이 장도보고 식단도 짜요. 내가 지금까지 해온 모든 집안 일들을 다 해보라구요."**
>
> 나는 부엌에 멍하니 서서 찬장과 싱크대, 냉장고와 식기 세척기, 그리고 아내를 번갈아 바라보았다. 끔찍했다. 눈물이 얼굴을 타고 흘러내렸다. 어찌 되었든 아내가 내게 떠맡긴 모든 일들을 해낼 수 없다는 사실을 너무나

잘 알고 있었다. 직장을 다니며 집안 일 전체를 다 할 수 없었던 것이다.

해야할 중요한 일이 있었다. 게다가 내가 어떻게 가족 예산을 짜고, 가계부를 쓰면서 동시에 저녁 식단을 짜고 다음날 아침식사와 점심을 준비한단 말인가. 그 뿐인가? 주말 저녁 만찬 준비는 어떻게 할 것이며, 이 모든 것을 위해 장을 보는 일은 또 어떻게 한단 말인가. 집안 청소와 세탁, 그리고 아이들을 돌보는 일은 어찌해야 하는가 말이다.

어느 누가 이 모든 일을 하면서 정상적인 생활을 할 수 있겠는가? 아내는 잠시동안 나를 바라보더니 마침내 말을 이었다. "좋아요. 지금처럼 내가 집안 일을 돌보죠." 그러더니 코트를 입고는 100명도 넘는 환자가 찾는 그녀의 병원으로 향했다.

아내가 그렇게 말하고 나간 후에도 나는 한 동안을 '이 모든 일을 혼자서 다 할 수는 없어'라고 중얼거리며 그 자리에 못 박힌 듯이 서 있었다. 그제야 나는 아내가 그 동안 해왔던 모든 일들을 서서히 이해하게 되었다.

그 일이 있은 후부터 하루하루가 지날수록 밖에서 일을 하면서도 가족과 가정을 돌보는 일을 도맡아 해야하는 대부분의 여성들이 이중고를 겪고 있다는 사실을 깨닫기 시작했다. 반면 대부분의 남성들은 직장에서 돌아오면 아이들과 시간을 보내거나 집안 일을 조금 거드는 것 외에는 거의 아무 일도 하지 않았던 것이다. **도움을 주는 것도 중요하지만, 그 일을 책임지고 하는 것과는 엄연히 다른 것이다.**

대부분의 가정에서 가사 일은 여성의 책임 하에 놓여 있을 것이다. **모든 근심거리는 물론, 집안 관리에 이르기까지 가정에서 일어나는 모든 일을 도맡아 하고 있는 것은 여성들이라는 것이다.** 아마 대부분의 남성들이 나처럼 한 번 충격을 받거나 늘 옆에 있어주던 아내의 빈자리를 느껴보지 않고는 이해하지 못할 것이다.

우리 남성들이여, 얼마나 자주 아내에 대한 사랑과 편안함을 느끼며 잠

자리에 드는가? 아내가 지고 있는 이 많은 짐은 알아채지도 못한 채 말이
다.

부부는 서로 사랑해야 한다

긍정적인 아이를 키우는 쉬운 방법은 없지만 이를 위한 필수적인 방법
과 단계가 있다고 한 내 경고를 기억하고 있으리라. 그 중에서 가장 중
요한 것은 엄마와 아빠 사이의 관계가 좋아야 한다는 것이다.

　　만일 아이가 자라면서 서로에 대한 존경심도 전혀 없고 다정한
모습도 한 번 보이지 않으면서 말다툼만 하는 부모의 모습만을 본다고
생각해 보라. 아이는 서서히 결혼이란 전쟁터와 같으며, 가정이란 편
안하고 즐거운 안식처가 아니라 참아내야 할 고통스러운 곳으로 인식
하게 될 것이며 가능한 한 빨리 그곳을 떠나려 할 것이다.

　　부부 간의 다툼이 잦아지게 될 경우 양쪽 모두 아이를 자신의 편
으로 끌어들이기 위하여 애를 쓸 것이며 결국 아이는 부모를 '다루는'
데 전문가가 될 것이다.

　　이런 상황에서도 각자 아이의 환심을 사기 위하여 애를 쓰는 부
모들은 아이에게 현명하지 못한 교섭을 하도록 가르치게 될 것이며, 끝
에 가서는 큰 충돌과 재앙을 맞이하게 될 것이다.

부부 사이의 강한 단결력

부부 사이가 좋지 않은 가정에서 아이가 엄마에게서 허락 받지 못한 일을 아빠에게서 허락 받는다면 이는 결국 아이에게 나쁜 영향을 미치게 될 것이다. 그렇다고 해서 아빠에게 허락을 받으러 온 아이에게 "엄마에게는 물어봤니?" 하고 묻는다면, 아이는 그렇지 않다고 대답할 것이 뻔하다. 그러니 그 사실 여부를 확인하겠다는 생각에 "이 문제에 대해 엄마랑 이야기 해보고 알려주마!" 라고 할 수도 없는 노릇이다. 아이의 말을 믿지 못하는 아빠가 될 것이니 이 역시 아이에게 나쁜 영향을 미치기는 마찬가지가 아닌가.

톰이 고등학교 3학년이 되었을 때의 일이다. 아들이 아내에게 금요일 밤에 친구와 함께 댈러스에서 100마일 정도 떨어진 마을로 농구 경기를 보러 가도 되는지를 물었다. 아내는 "안돼. 너무 늦은 시간이고 멀구나. 하지만 아버지에게 다시 한번 물어보렴." 하고 대답했다. 그러자 녀석은 내게 와서 허락을 구했고, 나는 물론 안 된다고 못을 박았다.

이유를 묻는 녀석에게 나는 우선 귀가 시간이 너무 늦으며 더구나 장거리 운전에 익숙지 않은 아이들이 그 늦은 시간에 운전을 하다보면 졸음 운전을 할 수도 있는 위험이 있다고 차분하게 설명했다. 아이는 곧 내 설명을 납득했고 이를 받아들였다.

그 당시 이런 대화를 마치고 나자 아들의 얼굴에 희미한 미소가 떠올랐던 것이 지금도 생각난다. 그리고는 아들은 다시 한번 "그럼 이번에는 농구 경기를 보러갈 수 없다는 말씀이시죠?" 하고 확인하듯 물었다. 그래서 나는 "그래. 이번에는 안돼. 언젠가 늦은 시간에도 친구와 농구 경기를 보러갈 수 있는 날이 올 거다. 그렇지만 아직은 아니구나."하고 대답해 주었다.

상황이 달랐다면 그때 아들에게 허락을 했을지도 모른다. 가령 그 친구의 아버지가 운전을 해서 아이들을 경기장까지 데려다주고 데려온다고 했다거나, 거리가 가까웠다거나 한다면 말이다. 자, 어떤가? 지글러 집안의 팀웍이 잘 이루어지고 있다고 생각지 않는가! 평범한 부모들이 인생을 살아가는 데 있어 자녀들에게 더 좋은 기회를 주기 위해 무엇을 할 수 있겠는가? 가장 확실한 방법은 부부 사이의 강한 단결력을 보여주는 것이다.

자기 평가

1. 어린 시절 부모님께 감사했던 기억을 돌이켜 보라. 부모님께서 어떤 일을 하셨는가?

2. 자녀로부터 존경받기 위한 방법에는 무엇이 있겠는가?

3. 부부의 팀웍이 성공적인 가족 경영을 위한 최선의 방법이라는 점에 동의한다면, 당신과 배우자의 경우에는 이 점에 있어 몇 점을 주고 싶은가? 더 나아지기 위해서는 어떻게 해야 하는가?

4. 본 장에서 설명했던 '불운의 청사진'은 무엇인가? 당신의 가정에서도 이와 같은 일이 일어나는가?

5. 가족이 하나가 되어 어떤 일을 계획하고 실천한 적이 있는가? 그 일은 무엇이었으며, 결과는 어떠했는가?

09

가족과의 대화

Communicating with Family Members

대화의 중요성

가정이 파탄에 이를 정도로 심각한 문제도 대화를 통해서 풀리는 경우가 많다. 의도적으로든 그렇지 않든 간에 가족 중 한 명이 다른 한 명과 대화를 하지 않거나, 그 사람의 말을 들으려고도 하지 않는 경우가 있다. 긍정적인 아이를 키우기 위해서는 아이들과는 물론 부부 간에도 대화하는 것을 배워야 한다.

언뜻 보기에는 쉬운 일인 것처럼 보인다. 그러나 우리는 분주한 생활 속에서 대화를 하는 시간만은 잊고 살고 있는 것 같다. 나는 세일즈 경력 초기에 벌써 이런 문제를 인식하기 시작했다.

6년 동안 가정을 방문하며 직접 판매를 했던 나는 여러 가정에서 정말 다양한 방법으로 자녀를 키우고 있는 것을 봐왔다. 아주 예의

바른 다섯 살짜리 아이가 있는 가정이 있는가 하면 서로 눈길도 마주치지 않는 무뚝뚝하고 거친 10대들이 있는 가정도 있었다.

그 중에서 가장 마음을 아프게 하는 가정의 모습은 아이들이 관심을 끌어보려고 무던히 애를 쓰고 있음에도 불구하고 결국 무시를 당하는 모습이었다. 아이들이 말 그대로 엄마 아빠의 팔에 매달려 "엄마, 엄마!", "아빠, 아빠!"를 불러도 부모들은 아이에게 눈길 한 번 주지 않는다.

이런 아이들이 자라면 과연 어떻게 될까? 이들이 자라서 새 가정을 꾸리고 자신의 아이들에게도 똑같이 무관심하게 되지는 않을까?

대화는 시간이 필요하다

아무리 오랜 세월이 지나도 변하지 않는 진리는 영·유아, 심지어는 태아의 마음속에 무엇을 심어주느냐에 따라 그 행동에 커다란 변화가 따른다는 것이다. 이와 관련하여 *대화를 통하여* 행복하고 적응을 잘하는 아이들을 키울 수 있는 성공률이 극적으로 높아진다는 점을 밝혀두고 싶다.

오늘날 우리는 대화가 점차 사라져가고 있는 환경에서 생활하고 있다. 이는 우리 생활이 분주해진 탓도 있지만 라디오나 텔레비전, 비디오와 컴퓨터 게임 등을 즐기며 기계와 많은 시간을 보내고 있는 생활 방식의 문제가 크다. 이로 인해 우리는 생동감이 넘치고 인간적인 사랑과 관심을 느낄 수 있는 대화의 시간을 잠식당하고 있는 것이다. 심지어는 가족간에도 말이다.

엄마와 아빠가 이미 텔레비전 중독 증상을 보이고 있는 가정에서라면 이미 이야기를 나눌 시간은 남아있지 않을 것이다. 일하고 식사하고 텔레비전을 보고 잠자는 시간으로 하루가 꽉 채워져 있을 테니 말이다.

부부 간의 대화가 얼마나 중요한지를 새삼 강조할 필요는 없을 것 같다. 대부분의 아내들이 불평하는 내용은 다정한 대화 한 마디 없이 무뚝뚝하기만 한 남편에 대한 것이니 말이다. 부부가 함께 직업을 가지고 있다 해도 함께 대화를 나눌 시간은 얼마든지 낼 수 있다. 부부 간의 대화는 둘 사이의 돈독한 관계를 위해서 뿐만 아니라 자녀 교육에도 반드시 필요하기 때문이다.

석간 신문을 읽는 일이나 저녁에 드라마를 보는 일도 부부 간에 서로 대화를 하는 것만큼 중요한 일은 아니다. 특히 자녀가 있는 경우는 말할 것도 없다. 부부사이에 행복하고 사랑스러우며 유익한 대화가 오가는 것을 보고 듣는 자녀들은 안도감을 느끼며, 스스로 행복한 가정에서 자라고 있음을 인식하게 될 테니 말이다.

아이가 태어나는 순간부터 아이에게 말을 걸어주고 끊임없이 이야기를 해주어야 한다. 갓난아기에게 말을 걸어주고 노래를 불러주는 것이 정서적인 안정은 물론 지적 발달에도 훨씬 좋은 영향을 미친다는 사실은 수많은 연구 결과들이 입증해주고 있다.

아기가 있는 가정에서는 부디 많은 부모들이 겪는 문제를 피할 수 있기를 바란다. 아기에게 많은 시간 동안 이야기를 할 수 있는 기간은 아기를 안아서 키우는 시기와 아장아장 걸어다니는 시기다. 이 때 끊임없이 아기에게 말을 걸어줄 필요가 있다.

아기가 말을 잘 하지 못한다 하더라도 조금 더 큰 아이들에게 말을 하듯이 해주는 것이 중요하다. 물론 더 천천히 짧은 음절의 단어들을 선택해서 사랑스럽게 말이다. 당신의 팔에 안겨 있거나 아장아장 방안을 걸어다니면서도 아기는 당신이 하는 말들을 모두 이해할 수 있다.

우리 집에서만 해도 나와 아내는 손자들이 자라는 모습에 푹 빠져 지낸다. 우리 손자들의 어휘력 발달에 있어서 중요한 요인들 중 하나는 아이의 부모와 우리가 어른들에게 하는 것과 같은 방식으로 아이들에게 말을 걸어준 데 있다. 손자들의 어휘력은 6살과 9살에 비해서 정말 놀라울 정도의 수준이다.

고집 센 네 살배기 다루기

'대화의 장'에 있어 또 다른 문제는 다른 사람과의 대화 도중에도 끊임없이 당신의 팔을 잡아당기며 "엄마, 엄마!" 하며 떼를 쓰는 고집 센 네 살배기다. 제임스 도브슨은 아이가 이렇게 대화를 방해하는 것을 내버려두라고 충고한다. 대부분의 경우에 있어 아이는 이를 즐기고 있는 것이다. 단 몇 분 동안에 한해서 말이다.

명심해두어야 할 것은 아이는 아이일 뿐 작은 어른이 아니라는 점이다. 아이는 아이다운 것에 흥미를 보일 뿐 아니라 집중하는 시간도 아주 짧다. 어른에게는 짧은 시간도 아이에게는 마치 영원처럼 길게 느껴지게 마련이다. 아이를 대화에 끌어들이라는 이야기가 아니다. 아이가 대화를 방해할 경우에는 대화 상대에게 양해를 구하고 아이의 요구에 짧게 응해주고 다시 대화로 돌아오기를 권한다.

만일 아이의 방해가 더 심해질 경우에는 조금 더 창의적인 상상력을 발휘하여 아이에게 블록으로 집을 만들어보라거나 나무를 그려보라는 등의 활동을 제시하여 아이의 집중력 방향을 바꾸어보도록 한다. 그 사이 당신은 다시 상대와 대화를 계속 할 수 있을 것이다.

아이들 역시 가족들의 대화에 참여해야 함은 말할 것도 없다. 그래야만 아이들은 자연스럽게 어른들의 세계는 물론 대화 중 조심해야 하는 사항들을 배우게 될 것이다. 뿐만 아니라 가족과의 대화를 통하여 아이들은 대화 기술이나 사회성, 그리고 어휘력을 향상시킬 수 있을 것이다. 물론 가족과의 유대 관계 역시 돈독해짐은 말할 것도 없겠다.

오늘날 사회에서 10대로 들어서는 자녀들을 대하는 부모의 자세는 중요하다. 10세에서 13세에 이르는 자녀와 대화를 할 경우 관심 분야를 아이들과 함께 넓혀가지 못하는 경우에는 결국 아이들이 가정이 아닌 밖에서 대화 상대를 찾게 될 것이며, 그러다 보면 좋지 못한 환경에 젖어들 위험에 처하게 될 것이다.

아이들을 끌어들여라

이해 받고 사랑 받고 싶은 욕구는 우리 모두가 공통적으로 가지고 있다. 우리 아이들이 가족과 대화를 나누면서 자신을 가족의 아주 중요한 일원으로 느끼고 있다면, 이는 긴밀한 유대감이 형성되었음을 의미한다.

그렇다고 해서 가족의 모든 문제를 아이들과 의논하라는 말은 아니다. 그러나 아주 중요한 문제, 이를테면 다른 도시로 이사를 간다거나 하는 문제는(이 문제는 10대들에게는 아주 중요한 문제다) 사전에 아이들과 함께 논의해야 할 것이다. 그래야만 이사를 해야 하는 이유를 아이들이 충분히 이해할 것이기 때문이다.

어느 시기나 사람들은 그 연령에 상관없이 자신의 문제가 조금이라도 개입되는 일을 계획하는 데 있어서는 그 일에 열정적으로 참여하며 그 일을 도우려 한다. 그러므로 아이들의 문제와 관련된 가족의 중대사를 결정하는 일을 함께 의논함으로써 당신의 사랑과 관심을 보여줄 수 있을 것이다.

또한 가족소풍이나 휴가 계획을 세울 때도 아이들을 대화에 참여시키는 것이 좋다. 가령 당신이 2주간의 여행을 계획하고 있다고 가정해보자. 도서관에서 커다란 지도책을 빌려 뒤적이며, 어디로 여행을 갈 것인지 가족들과 함께 찾아보면서 계획을 짜기 시작하는 것은 어떤가?

가족과 함께 가고 싶은 곳을 적어보고 그 곳의 숙박 시설을 확인해보자. 아이들은 여기저기서 많은 정보들을 찾으며 여행 계획을 세우는 일에 적극적으로 동참할 것이다.

그러면서 당신은 자연스럽게 가족들이 여행하고 싶은 장소에 대해 알게 되고, 그들이 휴가 기간동안 하고 싶어하는 일이 무엇인지를 알게 될 것이다. 또한 온 가족이 함께 계획한 여행이기 때문에 구성원들 모두가 흥미진진하고 즐겁게 여행에 참여할 것이다. 누구나 자신이 참여하여 함께 준비한 일에는 적극적인 자세를 보이지 않는가.

가족과 함께 여행 계획을 짜는 일과 같이 가족을 위해 좋은 계획을 논의할 시간은 얼마든지 낼 수 있다는 것이 가족 간의 대화를 활성화하는 데 있어 이점이라 할 수 있다. 더구나 이런 여가 생활 계획을 짜는 일은 텔레비전을 보거나 거리를 방황하는 것보다는 훨씬 더 유익한 일 아닌가?

아이들과 직접 지도책을 펼쳐놓고 여행 계획을 짜는 시간은 아이들의 지리 교육에도 한 몫을 할 것이다. 그러니 이것이 바로 일석이조의 효과가 아닌가.

효과적으로 반대하기

찰스 스윈돌 박사는 아주 필요한 경우가 아니면 가능한 한 부모가 자녀가 하는 일에 반대하지 않는 것이 좋다고 믿는다. 자녀가 하는 말에 긍정적인 대답을 해 줌으로써 아이들에게 자신감을 심어줄 뿐 아니라 당신의 믿음을 그들에게 보여줄 수 있다는 것이다.

그러나 스원돌 박사도 자신의 자녀들에게 반대를 한다. "하지만 왜 안 되는지에 대해 더 많은 이야기를 합니다. 우리 아이들은 설명을 들을 때 부모를 이해하고 스스로 성장할 기회를 가지기 때문입니다 (그리고 보면 반대를 하면서도 아이들로 하여금 많은 경험을 쌓을 수 있게 할 수 있는 것이 아닌가)."

아이들에게 '안돼' 라고 분명하게 말해야 하는 경우가 수도 없이 많다. 하지만 때로는 분명히 필요한 상황에서도 선뜻 '안돼' 라고 잘라 말하기가 힘든 경우가 있다. 아이들이 아직 통찰력이 부족하고 성숙하지 못하기 때문에 특정한 상황에서 위험을 인식하지 못하는 경우가 종종 있다. 그래서 아이들은 자신은 물론 다른 가족들의 안전이나 건강을 고려하지 않고 판단을 내리기도 한다.

막 걸음마를 배운 아이나 3~5세에 이르는 어린아이에게 있어서 '안돼' 라고 말해야 할 경우에는 아주 단호할 필요가 있다. 가령 이제 막 걸음마를 배워 여러 가지 대상에 대한 호기심이 높은 시기의 아이가 위험한 곳에 가려 하거나, 자칫하면 깨질지도 모르는 물건을 가지고 장난을 치려 한다.

이때 처음에는 아이의 손을 잡고 끌어당기면서 "안돼, 안돼" 하고 말한다. 그러나 고집을 부리는 아이에게는 더욱 단호하게 안 된다는 뜻을 밝히고, 그래도 효과가 없을 경우에는 가볍게 손등을 때리는 등의 체벌을 가해서라도 그 행동이 잘못되었음을 알려주어야 한다.
말을 알아듣지 못하는 어린아이에게는 *'안돼'* 라는 말 한 마디면 되지만 4살 이상이 되면 "엄마는 이런 일이 일어나서는 안 된다고 생각한단다", "이런 걸 가지고 노는 건 위험해" 혹은 "일곱 살이 되면 이걸 가지고 놀아도 된다"와 같이 지금 '안 되는' 이유를 덧붙여주어야 한다.

목소리 톤에 주의하라

아이들은 부모를 시험하려 든다. 잘못을 저지르고도 이를 가볍게 모면할 수 있을지를 지켜보며 부모의 권위를 시험하는 것이다. 그러나 일단 규칙과 한계가 확실하게 정립되어 있으면 아이들은 이를 편안해하며 이 한계들이 설정되어 있는 것에 대해 감사하게 될 것이다.

　아이들에게 반대를 표명하거나 지시를 할 때는 목소리 톤에 특히 주의를 기울여야 한다. 가장 효과적인 의사소통 수단이라고 할 수 있는 음성은 그 톤과 억양을 통하여 부모의 권위는 물론 아이들에 대한 사랑과 배려도 전달할 수 있다. 그러므로 적절한 음성 조절을 위해서는 좋은 감각과 연습도 필요하겠지만, 아이들을 진심으로 사랑하는 마음가짐이 무엇보다 중요하다.

　'안돼'라고 말해야 할 때는 그 전에 생각할 시간을 가져야 한다. 그렇지 않고 그 대답을 번복하는 경우가 많아질 경우 아이들은 당신이 이미 한 말 '안돼'를 다시 한 번 확인해 보려 할 것이다. 이는 결국 시간낭비는 물론 서로 간의 신뢰를 파괴하는 잦은 충돌로 이어지며 권위 있는 부모의 모습이 깨어지는 결과를 초래할 것이다.

일단 '안돼' 라고 대답을 한 이상 그 대답은 확고해야 하며 일관성을 유지해야 할 것이다. 그러나 분명 예외는 있을 수 있다. 가령 환경이 바뀌어 당신이 처음에는 '안 된다' 고 했던 일에 대한 새로운 긍정적인 정보를 얻게 되었다면, 그 대답은 당연히 긍정적으로 바뀌어야 한다.

그러나 이때 중요한 점은 왜 당신이 대답을 바꾸게 되었는지를 확실하게 설명해 주어야 한다는 것이다. 즉 같은 일에 대해 당신의 마음이 바뀐 것이 아니라 새로운 정보에 따라 결심이 바뀌었기 때문임을 명확히 밝혀야 할 것이다.

반대는 신중하고 단호하게 표현하라

당신이 자녀에게 반대할 때를 대비하여 일반적인 지침을 살펴보도록 하자. 우선 즉석에서 바로 반대를 하면 십중팔구 아이들의 반항을 유발하게 마련이다. 물론 사리분별을 할 줄 아는 정도의 나이가 된 아이들이 위험하거나 비도덕적이고 불법적인 어떤 일을 하려고 할 때에는 즉석에서 분명히 반대의 뜻을 밝혀야 한다.

예를 들어 맥주 파티에 가겠다는 자녀에게 딱 잘라 즉석에서 반대를 한다면 이는 아이에게 자신이 해서는 안 되는 일의 명확한 범위를 분명하게 확인 시켜주는 효과를 볼 수 있다.

그러나 부모의 입장에서는 난처한 일이 아닐 수 없다. 자녀에게는 맥주 파티에 가는 것을 금지하면서 부모인 당신은 맥주를 마시고 칵테일 파티에 간다면 혼란이 야기될 것이다. 다시 말해서 한 가정에 두 개의 기준이 있는 셈이니 말이다. 이런 문제를 해결하는 방법은 간단하다. 국가가 제정한 법률에 음주가 가능한 나이는 만 20세로 되어있지 않은가.

혹은 '안 된다'고 일단 대답을 하고 재고해 볼 의향이 있다면 "자, 아들아, 지금으로써는 생각해 볼 시간이 없는 관계로 '안 된다'고 대답할 수밖에 없구나. 저녁에 돌아와서 식사 후에 다시 생각해 보자꾸나. 그렇다고 승낙을 하겠다고 약속하는 것은 아니다. 하지만 네가 하고 싶다는 일에 대해 내가 자세히 알지 못하니까 다시 한 번 깊이 이야기해 볼 필요가 있을 것 같구나."라고 말해주도록 한다. 물론 *이 약속은 반드시 지켜야 하며* 그렇지 않을 경우에는 아이로부터 신용을 얻지 못할 것이다.

가능하다면 허락을 하고 싶다는 의도를 밝히면서 당신이 지금 반대할 수밖에 없는 이유를 설명한다면, 아이도 역시 이를 이해하고 반항 없이 당신의 뜻을 따를 것이다.

반대를 할 때는 분명한 목적이 있어야 한다

반대를 할 때는 절대 아이의 판단력이나 성숙함의 부족을 그 이유로 들어서는 안 된다. 이는 아이의 자아 이미지 형성에 치명적인 해를 입히기 때문이다. 반대의 이유는 분명히 부모로서 당신 자신의 권위와 판단에 기반을 두어야 하며, 그 이유 자체가 타당해야 한다.

'안 된다'고 말하면 아이들은 당연히 그 이유를 물어올 것이다. 그러면 먼저 부드러운 음성으로 이렇게 물어 보라. "그 이유가 뭐라고 생각하니? 네가 그 일을 하거나 그 장소에 가는 것을 우리가 반대하는 이유를 생각해 봤니?" 이 물음에 대한 아이의 대답은 정작 당신이 설명해야 할 이유보다 더욱 훌륭할 수도 있다(사실이다. 당신이 아이들과 대화의 창만 열어둔다면 가능한 일이다).

어떤 경우든 반대를 하면서 그것을 즐기고 있다는 인상을 주어서는 절대 안 된다. 그렇게 된다면 당신은 아이들에게 있어 즐거움을 빼앗아 가는 '반대 편'이 될 뿐이다. 부모는 항상 아이의 편에 서 있어야 한다. 또한 반대를 할 수밖에 없는 정당한 이유가 있어야 하지만 그 이유가 하늘이 무너질 만큼 커다란 문제인 것처럼 과장해서도 안 된다.

덧붙이자면 아이들이 하려는 일에 반대를 할 때 타당한 이유가 있고, 이를 설명해주어야 함에도 불구하고 여건이 이를 허락지 않을 경우가 있다. 가령 자녀가 하려는 어떤 일에 대해 부모는 자신의 경험상 그 일을 하지 못하도록 해야한다고 생각하지만, 논리적이며 타당한 이유를 설명하지 못하는 경우가 있다. 그런 경우는 이렇게 이야기를 해주면 된다.

"얘야, 그 일을 해서는 안 된다. 그렇게 대답할 수밖에 없구나. 이유를 설명해주고 싶지만 뭐라고 설명해주어야 할지 모르겠구나. 언젠가는 너도 내가 반대할 수밖에 없었던 이유를 이해할 날이 올 거야."

　　물론 부드러운 어조로 이야기를 이끌어가야겠지만 단호함을 보여야 하며, 그런 결정을 내리는 당신 자신에 대하여 한 점 부끄러움도 없어야 한다.

한 가지 더 지적하고 싶은 점은 어린아이일지라도 "내가 그렇게 말했으니까 안 되는 거야"라는 식의 논리는 분명히 알아듣는다는 것이다. 이런 식의 논리를 계속 사용할 경우 부모의 권위에 손상을 입는다는 점을 명심하기 바란다.

 적절한 음성으로 하는 단호한 지시는 아주 효과적이며, 확신을 줄 뿐만 아니라 큰 격려가 된다.

언성을 높이면 문제만 커진다

아이들과 대화를 하는 데 있어 부모들이 저지르는 가장 심각한 실수는 자주 언성을 높인다는 것이다. 3~4세의 어린이 집단과 5~6세 어린이 집단을 대상으로 실시한 웨인주립 대학의 연구에서 몇 가지 흥미로운 사실을 밝혀냈다.

　　각 집단의 아이들에게 여러 가지 지시를 내렸다. 몇 가지는 "손뺙을 치세요"와 같은 긍정적 명령형식이었고, 몇 가지는 "발가락을 만지지 마세요"와 같은 부정적 명령형식이었다.

연구자들이 부드러운 목소리로 이런 지시를 내렸을 때, 아이들은 모두 이에 따랐다. 그러나 연구자들이 언성을 높이자 3~4세 어린이 집단에서는 부정명령의 지시를 특히 잘 따랐다.

아주 어린아이들의 경우에는 보통 스스로에게 해가 되는 행동을 하는 경우가 많으므로 부모가 날카로운 음성으로 부르면 행동을 취하기 직전에 멈추고 그 목소리에 주의를 기울인다. 그래서 깨진 유리조각을 만지려는 어린아이에게 엄마가 "안돼, 만지지 마" 하고 소리를 지른다면, 아이는 흠칫 놀라며 행동을 멈출 것이다.

마미 맥컬로우 씨는 다음과 같은 이야기를 들려줌으로써 어느 정도의 연령대에 이른 아이들에게 있어서는 부드럽게 지시를 내리는 것이 더욱 효과적임을 뒷받침해주고 있다. 맥컬로우 씨의 10살배기 아들 브라이언은 8살 누이와 말다툼을 하게 되었고 급기야 언성을 높이기에 이르렀다. "내가 하는 말 잘 들어……" 하고 브라이언이 소리를 치자 그 말이 채 끝나기도 전에 제니퍼가 차분하게 "오빠는 내게 말을 하고 있는 게 아니라 소리를 치고 있잖아."라고 말을 하더라는 것이다.

차분하고 확신에 차 있을 뿐만 아니라 단호한 말투가 곧 아이들이 이해하고 존경하는 권위를 나타낸다. 성 프란시스는 "온화함만큼 강한 것은 없으며, 진정으로 강한 것 중에 온화하지 않은 것은 없다."고 말했다.

진정한 권위는 온화함과 단호함을 겸비하고 있다. 일단 화를 내게되면 아이들은 물론 아이들의 존경심마저 잃는 부모가 될 것이다. 적절하게 음성을 조절할 수 있다는 것은 곧 당신이 그 상황을 통제하고 스스로를 다스릴 수 있음을 의미한다. 따라서 아이들은 그런 부모에 대해 믿음과 존경심을 가지고 부모의 말에 따라 행동할 것이다.

정중한 표현을 사용하라

가족 간의 대화는 정중함을 바탕으로 이루어져야 한다. 아이들이 부모에게 무엇인가를 요청할 때도 "엄마, 우유 더 주세요." 혹은 "아빠, 저 신발 벗는 것 좀 도와주세요." 와 같이 정중한 표현을 쓰도록 가르쳐야 한다. 이런 교육 역시 부모가 먼저 행동으로 몸소 보여주어야 함은 두말할 필요도 없다.

가령 아이들에게 뭔가를 시킬 때에도 "잠자리를 보지 않으련?" 혹은 "조용히 해주렴"과 같이 온화하고 정중한 표현을 쓴다. 그리고 아이들이 이에 따라주었을 때는 반드시 "고맙다"는 말을 잊지 말아야 한다. 이로써 당신이 부모로서의 권위에 손상을 입지 않고 아이들에게 정중한 표현을 가르칠 수 있을 뿐만 아니라, 부모의 본을 받은 아이들 역시 다른 사람에게 감사하는 법을 배우게 될 것이다.

앤 설리번이 헬렌 켈러에게 "많은 생각을 해봤는데, 생각을 하면 할수록 공손함이야말로 아이의 마음에 지식과 사랑을 심어줄 수 있는 유일한 통로인 것 같다."고 했듯이, 부모 스스로 공손한 행동을 함으로써 아이에게 이를 가르치는 것이 가장 효과적인 방법이다.

잠 재우기와 깨우기

가끔 부모들은 그것이 중요하건 그렇지 않건 모든 것으로부터 문제를 만들어내려는 경향이 있다. 그러나 모두의 입장을 위해서 적절한 타협을 보는 것이 최선이다.

　　어떤 점에 있어서는 내가 지금까지 이야기해온 것과 모순된다고 여겨질 수 있을 것이다. 그러나 세 명의 딸과 한 명의 아들을 키우면서 그들이 서로 얼마나 많이 다른지를 알게 되었다. 특별한 재능이나 성격이 빨리 형성되는 아이도 있지만 대기만성형인 아이도 있다. 또 어떤 아이들은 권위에 대한 독립심과 반항심이 보여 부모들이 청소를 해라, 옷을 제대로 입어라, 또는 아침에 일찍 일어나라는 등과 같은 잔소리를 하게 만들기도 한다.

　　모든 사람은 각자의 생활 방식이 있게 마련이다. 부모와 자녀간에도 이를 이해하지 못한다면 끝도 없는 충돌을 겪게 될 것이며, 결국은 대화의 장도 닫히게 될 것이다.

　　가령 일찍 잠자리에 들라는 말은 활동적인 아이들이 가장 싫어하는 말이다. 또한 아침에 일찍 일어나기를 싫어하는 아이들도 바로 이런 아이들이다. 이런 문제의 해결책은 무엇인가?

　　내 경우에 있어서는 아이들에게 잠잘 시간과 일어날 시간을 미리 알려주어 이를 해결했다. 이렇게 미리 잠자리에 들 시간과 일어날 시간을 알려주고 지키도록 유도한다면 아이들은 "15분만 더 있다가 잘 게요.", "전화 한 통화만 더 하고 자면 안 돼요?" 혹은 "이것만 끝내고 잘게요." 하는 등의 투정을 더 이상은 부리지 않을 것이다.

잠자리에 들 시간이 9시라면 "자, 애야, 잠자리에 들 시간이 30분 남았구나. 그 전에 해야 할 일을 해야하지 않겠니? 30분 후면 잠자리에 들어야 할 테니 말이다." 하고 미리 알려준다. 이것이 아마 아이들과 부딪히는 문제를 최소화하는 최선의 방법일 것이다.

그러나 아침에 아이들을 깨울 때에는 조금 더 많은 노력과 독창성이 필요하다. 이렇게 해보는 것은 어떤가? 우선 방문을 노크하고 문을 열어 이렇게 말한다. "아직 안 일어났니? 그럼 조금만 더 있다가 일어나는 거다. 알겠지?"

아내와 나는 아이들에게 사랑을 듬뿍 주었다. 그래서 아이들을 깨울 때에도 침대 곁에서 이런 저런 재미있는 이야기를 들려주기도 하고, 많이 안아주고 키스도 해주며 아이들이 잠에서 자발적으로 깨어나도록 유도했다. 이것이 아이들로 하여금 하루를 사랑으로 시작하도록 하는 데 가장 효과적인 방법임은 말할 것도 없다.

3~4세의 아이에게는 잠자리에 들기 전에 동화책을 읽어주는 것이 좋다. 우리 부부는 성경을 읽어주기도 했지만, 우리가 겪었던 이야기를 재미있게 각색해서 들려주기도 했다. 자신의 이야기를 나누는 것만큼 가족들을 단단하게 결속시키는 더 좋은 방법은 없다.

요즈음도 내 딸은 손자들에게 자신들이 어렸을 때 들었던 '모기

삼형제' 이야기를 해달라고 한다. 이 이야기는 아내와 내가 아이들에게 잠자리에 들기 전에 들려주었던 것으로 우리가 지어낸 이야기다. 우리 아이들이 이 이야기를 얼마나 좋아했는지는 굳이 다시 말하지 않아도 좋을 것이다.

약간의 독창성과 창의력만 있다면 아이들과의 대화에서 부모들이 겪는 문제를 해결하는 데 많은 도움이 될 것이다.

 가족 간의 대화에 있어 가장 중요한 요소
는 서로의 말에 귀를 기울여주는 것이다.

모든 것을 대화로 해결하라

아내와 나는 아이들과 여러 가지 다양한 방법으로 대화를 해왔다. 아이들과 많은 시간을 함께 보내면서 직접 이야기를 하기도 하고 몸짓으로 우리의 사랑을 보여주기도 했다. 가장 긍정적이거나 부정적인 대화는 아이들에 대한 이야기를 할 때 이루어진다.

부모가 자녀에 대해 어떻게 생각하는지는 아이들이 실질적으로 참여하는 대화에서 뿐만 아니라 아이가 표면적으로 듣지 않는 대화에서도 드러나게 마련이다. 아이들은 이렇게 우연히 듣게 되는 이야기도 믿게되며 이에 대해 반응한다.

나는 부모들이 자신의 아이들을 '이 괴물아' 혹은 '이 바보야' 하고 부르는 소리를 가끔 듣는다. 심지어 어떤 부모는 "3학년 읽기 시험에서 낙제를 하는 것을 보고 공부를 잘 하기는 틀렸구나 생각했지요. 집에서도 그러니 학교에서도 그 모양일 수 밖에요."라고 서슴지 않고 말하기도 한다. 두 살배기 아이를 일컬어 '말썽꾸러기 두 살'이라고들 한다. 그러나 사실은 놀라운 잠재력을 지닌 아이들이 아닌가.

당신이 아이를 의식하지 못한 채 하는 이런 말들이 아이에게 얼마나 큰 영향을 주는지 알고 있는가? 사실 아이에게 직접 하는 말은 빙산의 일각일지도 모른다. 자녀에 대한 진정한 자세와 감정이 아이들의 올바른 성장에 지대한 영향을 미친다.

만일 당신이 다른 사람과 자녀에 관한 긍정적인 이야기를 나누고 있는 것을 당신의 자녀가 우연히 듣게 된다면 당신이 자녀에 대해 어떻게 느끼는지를 이해하게 될 것이고, 이에 따라 그들의 행동 역시 변하게 될 것이다. 물론 가끔 자녀에게 농담 삼아 장난스러운 표현을 쓸 수 있기는 하지만, 그로 인해 아이가 평생 상처를 받도록 하고 싶지는 않을 것이다. 당신의 진실된 마음과 자세를 아이들에게 알려 줄 필요가 있다.

지금까지 이 책을 통하여 당신의 자녀를 최고로 키우기 위한 부모의 자세를 익혀오지 않았는가. 이 모든 일이 쉽지는 않은 일이다. 하지만 이 험난한 세상에서 긍정적인 아이를 키우는 것이 쉬운 일이 아님을 우리 모두는 잘 알고 있다.

본 장을 접으면서 마지막으로 가족 간의 대화에 있어 가장 중요하지만 가장 실천하기 어려운 요소에 대하여 생각해보도록 하겠다. 대화를 하는 데 있어 가장 중요한 요소는 서로의 이야기를 경청하는 것이다. 부모가 혹은 자녀가 자신이 하고 있는 이야기를 경청하고 있다면 그 이야기를 경청하는 사람에 대해서는 물론 이야기를 하고 있는 스스로에 대해 존경심을 가지게 될 것이다.

이는 다음 장에서 계속 이야기하게 될 자기 자신에 대해 좋은 이미지를 가지는 것의 중요성과도 밀접한 연관성을 가질 것이다. 당신의 자녀로 하여금 스스로에 대한 긍정적인 이미지를 가지도록 돕는 것이 얼마나 중요한지 다음 장에서 계속 이야기해보도록 하자.

자기 평가

1. 어린 시절 당신의 가정에서 이루어졌던 대화 기법
   에는 어떤 것들이 있는가?

2. 당신은 자녀와 대화를 하기 위하여 어떤 의도적인
   노력을 기울이는가?

3. 목소리 톤이 중요하다는 점을 지적한 바 있다. 스
   스로의 목소리에 귀 기울이는 것은 힘든 일이다.
   아내, 혹은 남편에게 자신이 아이들에게 이야기 할
   때 목소리 톤이 어떤지 물어보자.

4. 아이의 말에 반대해야 하는 상황에서 가능한 한 부
   드럽게 이야기하기 위해서는 뭐라고 대답하는가?
   스윈돌 박사의 충고가 도움이 되었는가?

5. 마지막으로 아이들의 말에 귀기울였던 때는 언제
   인가? 그들이 한 말은 무엇이었는가?

부정적인 세상에서
긍정적인 아이로
키우기

10

건전한 자기 이미지 형성

Building a Healthy Self-Image

이제 이 책의 중반부를 훌쩍 뛰어넘어 10장에 이르렀지만 부모의 자세에 관해 상당부분을 할애하고 있다. 그 이유는 부모가 가지고 있는 자기 이미지와 자세, 그리고 도덕 관념이 곧바로 그 자녀들에게 강력한 영향을 미치기 때문이다.

누구나 올바른 자기 이미지를 가지는 것이 중요하다는 것에는 동의할 것이다. 수많은 책과 논문, 신문 기사 등에서 자기 이미지의 중요성을 널리 홍보하며 강조해왔음은 말할 것도 없다. 그럼에도 불구하고 부정적인 자기 이미지나 낮은 자부심은 국가적인 차원의 문제로 대두되고 있는 것 같다. 그 이유는 무엇일까? 많은 이유가 있겠지만 제2장에서 이야기했던 우리 사회의 부정적인 성격이 가장 커다란 요인이라 할 수 있겠다.

본 장에서는 앞서 이야기한 부정적인 사회의 모습에 덧붙여서 조롱과 학대, 유기와 저급한 도덕 기준 등이 불러올 수 있는 거의 파괴적이라 할 수 있는 악영향에 대하여 언급해보고자 한다.

조롱과 학대

어린이가 자기 이미지를 형성하는 데 있어 부정적 영향을 미치는 요인 중 하나는 조롱이다. 보통 알코올이나 마약 중독, 이혼으로 파탄 지경에 이른 가정이나 재소자가 있는 가정 혹은 그 밖의 여러 문제를 가지고 있는 가정에서 자라는 아이들이 친구들이나 사회로부터 손가락질을 받는 경우가 많다.

또한 저속하고 비도덕적인 부모를 두었거나, 친구들을 집에 초대하여 함께 시간을 보낼 수 없을 정도로 어려운 가정환경에서 생활을 하는 아이들의 경우도 스스로 수치심을 느끼게 된다.

어린이의 자기 이미지 형성에 가장 부정적인 요인은 아동 학대다. 이 문제에 대해서는 제12장에서 자세히 살펴보겠지만, 여기서 간단히 언급하고 싶은 점은 영화나 텔레비전 프로그램, 음악 등을 통하여 보급되고 있는 포르노 자료들과 결손 가정에서 벌어지고 있는 여러 문제들이 점점 증가 추세에 있다는 것이다.

무조건적인 사랑

위에서 살펴보았듯이 수치심을 느끼게 하는 조롱이나 학대 등은 어린이의 자기 이미지 형성에 있어 가히 파괴적인 영향을 끼친다 하겠다. 그러나 이런 모든 부정적인 요인이 없다 해도 어른, 아이에 상관없이 바람직한 자기 이미지를 형성하는 데 있어 가장 중요한 것은 부모의 무조건적인 사랑이다.

부모가 베푸는 무조건적인 사랑으로 인해 자녀들은 스스로를 있는 그대로 인정하게 된다. 이는 우리 학교에서 실시하고 있는 '나는 할 수 있다(I Can)' 프로그램과 우리가 개최하고 있는 '승리를 위해 태어나다' 라는 세미나를 통해 그 참석자들과 직원들의 경험을 바탕으로 입증된 결과다.

그렇다면 무조건적인 사랑이란 무엇인가? 말 그대로 아무런 조건을 전제하지 않은 사랑을 의미한다. 다시 말해서 그 사람이 무엇을 해주기 때문이 아니라, 그 사람이라는 이유 하나만으로 쏟아 붓는 사랑을 말한다. 그러나 불행히도 너무 많은 부모들이 아이들이 특정 행동을 할 때에만 그들의 사랑을 보여준다.

가령 자기 방을 청소하고 학교에서 좋은 성적을 받고 일찍 귀가해야 '착한 아이' 가 된다. 바로 조건을 붙인 사랑인 것이다. 이로 인해 우리 아이들은 자신이 부모로부터도 사랑을 받을 가치가 없는 존재라고 느끼게 된다.

사랑이 행위에 따라 조건지어지고 그 행위가 좋지 못할 경우에는 결국 사랑도 없다. 만약 아이들이 부모로부터 사랑을 받는 이유가 자신이 하는 좋은 행동이나 행위 때문이라고 여기게 된다면 잠재적인 문제를 가득 담고 있는 판도라의 상자가 열리는 셈이 될 것이다.

이렇게 자기 자신이 부모로부터도 사랑 받을 가치가 없는 존재라고 느끼게 된 아이는 스스로를 가치 없는 존재로 여기며 스스로를 존중하지 않을 것이다. 그 자신이 스스로를 사랑할 가치가 없다고 여기며 스스로를 부정하는 데 누가 그를 사랑하겠는가? 이것이야말로 한 사람을 순식간에 세상에서 가장 하찮은 존재로 만드는 것이 아닌가 말이다.

"나는 하찮은 존재다"라는 자기 이미지를 가지게 되는 것이 인생에서 가장 비참한 경우가 아닌가.

부정적인 자기 이미지 형성 과정

부정적인 자기 이미지를 가진 사람은 여러 면에서 그 과정이 보이기 마련이다. 부정적인 자기 이미지를 가지고 있는 아이에게 마약은 좋지 않은 것이니 멀리 해야한다고 말한다면, 그는 이렇게 생각할 것이다. '그런 소리 마세요. 내 친구가 그러는데 마약은 아주 재미있는 거래요. 내가 아주 크고 대단하게 느껴진데요. 마약을 하면 같은 패에 끼워준다고 했다구요. 게다가 난 잃을 것도 없는 걸요.'

부모들이 기억해두어야 할 것은 자신을 하찮은 존재로 여기며 부정적인 자기 이미지를 키워온 아이들이 불량집단에서 조금이라도 '중요한 존재'로 받아들여지고 그 집단에서 한 몫을 하게 될 기회를 얻게 된다면 불량집단에 빠져들어 헤어 나오기 힘들게 된다는 점이다. 그도 그럴 것이 '아무 것도 아닌 존재'에서 '중요한 존재'가 될 수 있는 기회를 준 것이 바로 그 불량집단이기 때문이다.

또 올바른 자기 이미지가 서 있지 않은 아이에게 공부를 열심히 하고 법을 잘 지켜야 한다고 말해봐야 이렇게 생각할 것이 분명하다. '왜 그래야 하지? 모든 것은 내게 불리하게 돌아가기 마련이지. 다른 사람들은 법을 잘도 어기던 걸. 그래도 관료들을 이길 수는 없지. 하긴 나야 보잘 것 없는 사람이니 좋은 대우를 받을 자격도 없고. 그러니 재미있는 놀이나 하며 살면 되는 것 아닌가? 먹고 싶은 음식 마음껏 먹고, 마약도 해보고, 술도 마시고, 섹스도 즐기면서 우리 패거리에서 한 몫 단단히 하면서 살면 되는 거지. 나는 지금의 내 모습이 싫다구. 그러니 잃을 것도 없지 뭐야.'

학교에 다니는 말썽꾸러기 학생 역시 잘못 확립된 자기 이미지 때문에 일탈행위를 하고 있다. 그 아이는 무엇을 보든지 그것을 웃음거리로 만들 궁리를 하며 유치하고 짓궂은 장난을 한다. 이런 그의 행동은 다른 학생들의 비웃음을 사게 되고, 결국 자신을 더욱 비하하는 결과를 초래하게 될 것이다. 극단적인 경우에는 학업을 무사히 마치지 못할 바에는 차라리 학교에서 제적 당하는 것이 나으리라는 생각으로 제적 당할 궁리를 하게 될 수도 있다.

10대들의 우울증도 부정적인 자기 이미지가 가져온 또 다른 징

후다. 이 경우는 특히 심각하다 할 수 있는데 우울증과 자기 혐오가 극단적이 될 경우는 자살에 이를 수도 있기 때문이다. 미 청소년 정신의학 협회는 15~24세 젊은이들의 사망 요인 3위로 자살을 꼽아 충격을 주었다.

사람은 누구나 타인으로부터 관심을 받지 못할 때 삶에 대한 의욕을 상실하게 마련이다. 이런 사람은 우울증에 빠지게 되고 비극적이지만 자살을 하게 될 확률이 높아진다.

부정적인 자기 이미지를 가지고 있는 사람들의 경우에는 다른 사람들이 그들을 얼마나 소중하게 생각하고 있는지를 이해하지 못한다. 그리하여 내면에서는 깊이 갈등하면서도 타인과 올바른 관계를 맺지 못한다. 결국 자기 파괴적인 마음이 점점 더 커 가는 가운데 친구들로부터 배척 당하게 되어 깊은 우울증에 빠질 수밖에 없는 상황에 처하게 된다.

그렇다면 부정적인 자기 이미지를 가지고 있는 아이들은 전형적으로 어떤 성격을 나타내는가? 문제가 있다고 여겨지는 아이들에 대해 효과적으로 대처 하기 위하여 여기서 잠시 확인하고 넘어갈 필요가 있을 것 같다.

특히 자신은 '보잘 것 없는 존재' 라는 부정적인 자기 이미지를 가지고 있는 여자아이들은 자신의 신체도 소중히 여기지 않는다. 그래서 이런 아이들은 자신에게 관심을 보이는 사내들의 꼬임에 쉽게 넘어간다. 이런 경우에는 우선 가정에서 명확한 성교육 프로그램에 따라 교육을 시켜주어야 한다.

부정적인 자기 이미지를 지니고 있는 어린아이의 경우에는 '침착하지' 못하고 다른 사람을 존중할 줄 모르며 항상 다른 사람의 시선을 끌 정도로 도발적인 옷을 즐겨 입는 경향이 있다. 또한 이런 아이들은 내실 있는 인간관계를 맺지 못한 채 신체적 매력에만 의존하는 짧고 표면적인 인간관계를 맺는 데 그치고 만다.

그래서 부모들은 아이들이 어려서부터 이성에 대해 올바른 관심을 표하는 방법을 가르쳐야 한다. 현명한 부모라면 자녀들이 어울리지도 않는 갑작스럽고 도발적인 옷차림을 하는 것에 주의를 기울여야 할 것이다. 인생에 있어 부정적인 자기 이미지로 인하여 영향을 받는 경우는 무수히 많다. 당신이 혹은 당신의 자녀가 그런 경우라면 가능한 한 빨리 도움을 구하길 바란다. 다음 몇 페이지에 걸쳐서는 부정적인 이미지를 올바르게 바꿀 수 있는 방법을 차근차근 단계별로 살펴보도록 하겠다.

차이를 인정하라

사람들은 저마다 다르다. 어른과 어린아이, 십대와 같이 각 연령층이 다를 뿐 아니라 같은 연령층에서도 개인차가 있다. 같은 가족 내에서도 한 형제는 손재주가 뛰어난 데 비하여 다른 형제는 손재주가 전혀 없어 전구 하나 고치지 못하는 경우도 있을 수 있다.

또 훤칠한 외모에 뛰어난 개성을 지닌 동생은 학교에서 올 A를 받아오는 반면, 내성적이고 외모에 자신이 없는 형은 C학점을 받는 데도 무진 애를 써야 하는 경우도 있다. 어쨌든 가장 중요한 것은 모든 아이들에게 부모가 무조건적인 사랑을 주어야 한다는 것이다.

　　말할 필요도 없이 모든 아이들에게 같은 기대를 가지고 똑같이 대해주어야 한다. 그렇다 해도 아이들은 저마다 개인차를 극복하지 못하는 경우가 있으니 말이다.

　　중요한 것은 아이가 확립하게 되는 자기 이미지는 그 아이가 예민한 정신력이나 훌륭한 외모를 지니고 있는 것과는 무관하게 당신을 어떻게 생각하고 있는지, 그리고 부모인 당신이 그 아이를 어떻게 생각하느냐에 달려있다는 점이다.

　　일반적으로 다재다능한 아이가 스스로에 대해 긍정적인 생각을 가지며, 다른 사람들에게 인정받기가 비교적 쉽다는 사실을 기억해두어야 할 것이다. 문제는 한 가지 이상의 이유로 스스로를 부정적으로 받아들이고 있는 아이의 경우다.

이런 아이들을 위해 우리 부모들은 깊은 사랑과 연민, 그리고 지혜를 가지고 '훌륭한 발견자' 가 되어 아이들이 지닌 장점을 찾아 용기를 북돋워주어야 할 것이다.

긍정적인 자기 이미지 확립을 위한
실천사항과 금지사항

이제부터는 당신 자신과 당신의 자녀가 지닌 긍정적인 자기 이미지에

극적인 영향을 줄 실천사항과 금지사항을 몇 가지 실례를 들어 살펴보도록 하겠다. 읽어보면 알겠지만 다음에 나와있는 사항들은 이 책의 곳곳에서 더욱 자세히 다뤄지고 있다. 그도 그럴 것이 자기 이미지에 관한 주제는 아주 근본적인 것으로 긍정적인 아이를 키우는 모든 과정에 고루 영향을 미치기 때문이다.

1. 부모들은 자신들이 학창시절 잘 했던 일들을 아이들에게 반복해서 들려주고 싶은 유혹을 떨쳐버려야 한다

흔히들 부모의 학창시절은 그 당시보다 현재 아이들에게 이야기할 때 더욱 훌륭해진다는 우스갯소리를 한다. 사실 부모들은 자신들이 학창시절 이루지 못했던 모든 일들, 즉 A 성적표를 받고 결석 하나 없이 착실히 학교에 다니는 일 등을 자녀들이 이루어주기를 바라고 있는 것이다.

2. 어느 누구도 자신을 얕잡아볼 수 없으며, 그럴 수 있는 기회를 주어서도 안 된다는 점을 자녀들에게 가르쳐주어야 한다

아이들은 하나님께서 절대로 실수를 저지르지 않는다는 사실을 이해해야 한다. 이런 생각을 받아들이고 이해함으로써 자신의 이미지를 향상시킬 수 있을 것이다.

인간은 넓은 대양을 그저 바라보기 위해 수백 킬로미터를 여행하고 경외심으로 가득 찬 하늘을 바라본다. 그 뿐인가? 넓은 벌판과 높은 산, 그리고 아름답게 흐르는 강과 시내를 경이로움에 사로잡혀 넋을

놓고 바라보는 것도 인간이다. 그러면서 너무 쉽게 간과하는 것은 하나님이 만드신 가장 놀라운 창조물인 우리 자신인 것이다.

3. 자아는 다른 사람들이 자신을 받아들이는 방식에 의하여 결정되므로 자녀에게 대화하는 방법을 가르쳐줄 필요가 있다. 타인과의 관계를 통하여 곧 자아가 형성되기 때문이다

그래서 아이들이 삶에 대해 열정적인 관점을 가질 수 있도록 도우라고 권하고 싶다. 방법은 여러 가지가 있다.

예를 들어 새로 만난 사람에게 소개를 받을 때에는 예의 바르고 반갑게 "만나 뵙게 되어 반갑습니다, 아무개 씨(혹은 만나서 반가워, 누구야)." 하고 상대의 이름을 부르며 인사하도록 가르쳐 주라. 어렸을 때부터 상대의 이름을 반복하도록 가르친다면 사람에게 이름이 얼마나 중요한지를 자연스럽게 아이에게 알려줄 수 있기 때문이다. 이렇게 함으로써 아이들은 더욱 사교적으로 자랄 뿐 아니라 스스로를 가치 있는 존재로 인식하게 될 것이다. 대화가 끝났을 때에도 "만나서 반가웠습니다, 아무개 씨(혹은 만나서 반가웠어, 누구야)." 하고 역시 이름을 불러 인사하며 대화를 맺음 하도록 가르쳐라.

짧고 단호하게 악수를 하며 감사와 기쁨을 전하는 법 역시 가르쳐 주어야 한다. 지나치게 힘을 주거나 손을 많이 흔들며 악수를 하는 것은 예의에 어긋나는 일이기 때문이다.

전화를 받을 때는 가능한 한 빨리, 마치 오랫동안 기다리던 반가운 소식이라도 들은 것처럼 밝은 목소리로 받도록 가르쳐라. 특히 같은 반 친구나 그 부모님의 전화는 더욱 친근하게 받도록 가르쳐야 한다.

손님을 맞을 때는 반드시 아이들을 손님에게 소개시키도록 한다. 이렇게 함으로써 아이는 자신이 부모에게 있어 중요한 존재임을 자각하게 될 것이다. 특히 아이가 6~7세가 되었을 때는 이런 부모의 자세가 아주 중요해진다. "얘가 제 아들(딸)입니다." 하고 아이를 소개하면서 목소리나 표정에서 자신이 아이를 얼마나 자랑스러워하고 있는지를 드러내도록 하라.

4. 아이들에게 집안에서 해야할 임무를 주되 그 범위를 명확히 해주도록 하라

그렇게 함으로써 아이들은 자신에게 주어진 임무를 완수했을 때의 성취감을 만끽하며 자기 이미지를 향상시킬 수 있다. 그러므로 아이들이 해야할 일을 완수했을 때에는 칭찬을 해주며, 아이들이 할 수 있는 만큼의 일과 충분한 시간을 주도록 한다. 가령 마당의 잔디 깎는 일을 과제로 준다면 마당 전체의 잔디를 깎으라기보다는 절반 넓이의 잔디만 깎는 일을 과제로 제시한다. 그렇게 되면 일을 완수하고자하는 의욕이 생기고 열심히 일에 임하게 될 것이다.

5. 친구를 주의 깊게 가려 사귀도록 가르쳐라

패기 있고 도덕적인 성격을 소유한 친구와 가까이 지내면 밝은 면을 배우게 된다는 점을 설명해 주라.

몇 년 전 일리노이 주의 한 고등학교에서 훌륭한 시민상을 수여 받은 9명의 학생들 중 4명이 중학교 이래로 늘 함께 붙어 다니는 아주 절친한 11명의 친구 집단에 속해 있다는 점은 주목할만 하다. 더구나 이 11명 모두가 최종 수여자 후보 명단에 올랐었다. 아이들이 긍정적인 도덕관을 가진 친구들과 어울리게 되면 저절로 좋은 영향을 받게 되며 이로써 인생에서 승리자가 되는 지름길에 들어서게 되는 것이다.

6. 자녀가 지니고 있는 긍정적인 성격을 장려하라

누구나 머리도 좋고 운동도 잘하며 외모도 뛰어나길 바라지만 한 사람이 모든 방면에서 뛰어날 수는 없는 일이다. 당신의 자녀가 지니고 있는 긍정적인 성격을 한 가지만이라도 찾아라. 정직하거나 예의가 바르거나 혹은 신앙심이 두텁거나 심지어는 명랑한 성격마저도 아이가 지닌 긍정적인 성격이다. 이렇게 부모가 찾아내어 길러주는 긍정적인 성격은 나중에 아이가 자라 사회생활을 하거나 가정생활을 하는 데 훌륭하게 기여할 것이다.

당신의 자녀가 자신이 지닌 긍정적인 성격을 이해하고 자신이 할 수 있는 일을 생각할 수 있다면 당신은 이미 성공적으로 긍정적인 아이를 길러내고 있는 것이다. 말했듯이 부모로서 긍정적인 아이를 키우는 가장 효과적인 단계는 아이로 하여금 자신의 잠재력을 확인하도록 도와주는 것이다. 아이들이 자신을 비하하는 이유는 자신이 지닌 긍정적인 자세에 대하여 많이 생각하지 않기 때문임을 기억해두도록 하라. 아이에게 용기를 북돋워주는 부모가 되도록 하자.

7. 자녀에게 반드시 가르쳐야 하는 것들 중 하나는 독서하는 방법이다

시카고의 13지구의 주일 학교장인 엘리스 블레어 박사는 '불가능한' 교육상황을 극복하고 사랑의 힘으로 놀랄만한 성과를 거두었다. 그녀의 말에 따르면 90%에 이르는 남자 비행 청소년들의 독서능력은 초등학교 3학년 수준을 밑돌았다고 한다. 블레어 박사는 그들이 저지르는 비행이 독서 능력 부족으로부터 오는 자존심 상실에 기인하며, 이를 일종의 항의라고 말한다. 독서는 삶의 모든 영역에서 실질적으로 아주 중요하다.

아이들이 사용하고 있는 어휘 수준만 해도 독서의 영향이 크다. 도서관이나 서점에는 아이들의 학년과 수준에 맞는 어휘 수준을 길러줄 수 있는 수많은 책들이 있다. 아이가 읽고 있는 책에서 하나의 새로운 단어를 가르쳐주는 데 매일 저녁 10분만 할애해 보라. 그리고 당신이 새롭게 알게 된 단어도 아이와 함께 공부하는 시간을 가져 보라. 그러는 동안 아이는 어른스러운 단어들을 하나씩 익혀갈 것이고, 부모와 함께 공부하는 시간을 의미 있고 소중하게 간직하게 될 것이다. 물론 이 시간이 당신의 어휘력을 향상시키는 데 도움이 됨은 두말할 필요도 없다.

8. 자녀의 긍정적인 자기 이미지 확립을 위해서 반드시 예의범절을 가르쳐라

세대를 거듭하면서 우리 사회는 믿을 수 없이 숨가쁘게 하루하루를 보내고 있는 것 같다. 모든 부모가 '너무 바쁜' 나머지 자녀에게 일반적인 예의범절은 물론이고 간단한 식사예절 하나 가르칠 시간이 없다고 하니 말이다. 그러나 부모가 자녀 교육에서 이와 같은 예절교육을 무시하는 한 훌륭하고 성공적인 자녀 교육을 할 수 없음을 명심해야 한다.

많은 부모들이 식사예절의 간단한 기본조차 모르고 있는 것으로 나타났다. 그러다 보니 입안 가득 음식을 넣고 이야기를 하는가 하면 포크를 야구 방망이 잡듯 하기도 한다. 또 입안 가득히 고기를 밀어 넣는가 하면 커피를 젓던 스푼으로 디저트를 덜어먹기도 하고, 식사 후에는 이쑤시개를 입에 물고 왔다갔다 하기도 한다. 부모가 먼저 예의범절을 익히고 인내로 아이들을 지도하지 않으면 안 된다. 아이들이 사회에서 얼마나 예의를 지키며 원만한 사회생활을 하는가는 부모에게 달려 있음을 기억하라.

9. 창의적인 상상력을 길러 주라

상상력이라는 단어의 사전상 의미는 "현실의 지각에 없는 사물의 심상을 마음에 생각하여 그리는 능력" 이다.

몇 년 전 나는 체중감량에 성공했다. 그 방법은 몸집이 좋은 한 사내가 반바지 차림으로 욕실 거울 앞에 멋진 포즈로 서 있는 모습을 늘 상상하는 것이었다. 이것이 바로 상상력의 힘이다. 나는 내가 원하는 체중으로 돌아올 때까지 그렇게 거울 속에 서 있는 멋진 몸매의 사내를 머릿속에 그렸다.

모든 분야에서 성공을 거둔 사람들은 모두 이렇게 그들의 상상력을 이용한다고 말한다. 유명한 골퍼 잭 니클라우스는 자신이 공을 치기 전에 공이 홀에 들어가 있는 모습을 상상했다고 한다. 위대한 작곡가와 극작가들 역시 종이에 옮기기 전에 완성된 작품이 머리에 떠오른다는 것이다.

성공적으로 긍정적인 아이를 키우는 부모는 아이를 바라보며 성공적으로 성장한 훌륭한 어른의 모습을 상상한다. 훌륭한 부모, 훌륭한 매니저가 되는 길은 자신이 하고 있는 일에 자신감을 가지고 최선을 다하는 것이다.

10. 건전한 자기 이미지 형성에 있어 가장 중요한 원칙들 중 하나는 긍정적이고 사랑이 넘치는 환경을 조성하는 것이다

물론 내가 말하고 있는 것은 가정환경에 관한 것이다. 내 경우에는 집으로 전화가 걸려오면 전화를 받으며 이렇게 인사를 한다. "여보세요, 제인 지글러의 행복한 남편입니다." 하고 말이다. 내가 이렇게 말하는 이유는 그것이 사실이기 때문이다. 게다가 이렇게 반갑고 활기차게 전화를 받음으로써 상대에게 편안한 기분을 느끼게 할 수도 있다.

그런데도 가끔 상대로부터 아무런 응답이 없는 경우가 있다. 그러면 나는 다시 "여보세요? 말씀이 없으시면 끊습니다." 하고 밝은 목소리로 말한다. 그제야 상대는 "오늘 기분이 아주 좋으신가 보군요?" 하고 웃으며 말을 걸어오기 시작한다. 그러면 내 대답은? "그럼요. 몇년 전부터 오늘은 기분이 좋기로 결심을 했거든요." 그렇다. 심리학자들은 인간이 실제로 느끼는 감정은 본인의 의지에 따라 바뀔 수 있다는 점에 동의한다.

사실 손자들이 어렸을 때는 전화가 울리면 옆에 있는 아이들을 의식하면서 "여보세요, 우리 태양이의 자랑스러운 할아버지입니다." 하고 활기차게 전화를 받았다. 그러면 아이들의 얼굴에는 함박웃음이 피어나며 이내 밝아진다. 이렇게 부모가 어떤 생각을 가지고 있느냐에 따라 아이의 자기 이미지가 올바르게 확립되는 것이다.

사랑이 넘치는 행복한 가정환경은 모든 가족의 기분을 좋게 만들 뿐만 아니라 집에 있는 시간을 즐겁게 만들 것이다. 물론 이런 가족 분위기는 아이들에게 아주 좋은 영향을 미쳐서 친구들을 기꺼이 집으로 초대하는 횟수가 많아질 것이다. 솔직히 말해서 나는 아이들 12명이 집에 와서 난장판을 만든다 해도 우리 아이들이 밖에 나가서 무엇을 하고 있는지 모르는 것보다는 낫다고 생각한다.

11. 자녀에게 다른 누구보다도 훌륭하고 가치 있는 일을 하고 있다는 자부심을 심어주도록 하라

이것이 바로 당신의 아이에게 건전한 자기 이미지를 확립해주기 위한 가장 쉽고 빠르며 확실한 방법이다. 지금까지 누누이 강조하고 있지만 모든 긍정적이고 바람직한 자세를 기르는 데 있어 그 기반이 되는 것은 가족이다. 교회와 학교, 그리고 지역사회 역시 자부심을 길러주는 데 기여를 하고 있음은 물론이다. 자부심과 애국심을 길러주는 것은 긍정적인 자기 이미지에 아주 중요한 영향을 끼친다.

내가 여기서 강조하고 싶은 중요한 사항 한 가지는 당신의 자녀에게 이 나라의 국민임을 자랑스러워할 수 있는 건전한 자존심을 길러주라는 것이다. 피터 마셜과 데이비드 마누엘이 함께 지은 『빛과 영광 The Light and the Glory』이라는 책을 권하고 싶다. 이 책은 성경을 제외하고는 내가 읽어본 가장 감동적이고 훌륭한 책이다. 나도 그렇지만 당신도 학교에서 우리나라에 대하여 자세한 내용을 배운 기억이 없을 것이다.

그러나 이 책에서는 콜럼버스가 어떻게 미 대륙을 발견했는지에서부터 청교도들이 미국으로 이주하게 된 경위는 물론, 미국 독립과 조지 워싱턴의 진정한 위대함에 대하여 자세하게 기술하고 있다. 이 책을 읽다보면 당신이 미국의 국민이라는 점을 감사하게 여기게 될 것이며, 미국이 당당한 독립국이 될 수 있도록 도와주신 하나님의 은총에 깊이 감사하게 될 것이다.

12. 매일 아침 하루를 시작하기 전에 거울에 비친 자신의 모습을 보면서 하루 동안 최선을 다하겠노라 짧은 다짐을 하며 자기 이미지를 확립하라

그리고는 그 일을 반드시 성취하도록 하라. 하루를 마치고 잠자리에 들기 전 역시 거울에 비친 당신의 모습을 보며 "좋아, 오늘 하루도 최선을 다했군." 하고 정직하게 하루를 반성하는 짧은 시간을 가져 보라.

자신이 최선을 다했음을 자신의 모습을 직접 보면서 확신하는 것만큼 기분 좋은 일은 없으리라. 이는 어린아이나 어른 할 것 없이 통하는 진리이며, 이를 통하여 성취감과 행복을 느낄 수 있을 것이다. 최고가 되려면 확고하고 바람직한 자기 이미지를 가져야 할 것이다.

13. 자칫 부정적인 자기 이미지를 가지게 될 정도로 신체적인 문제가 있다면 이를 개선해 줄 방법을 찾아보라

이런 문제들은 가끔 많은 시간과 비용, 그리고 수고가 없이는 개선이 되기 힘든 경우가 종종 있다. 그러나 그렇게 해서라도 개선의 여지가 있다면 나는 이를 권하고 싶다.

그 예로 성형수술이 열등감과 부정적인 자기 이미지 개선에 필요한 경우가 있다. 특히 유난히 크거나 못생긴 코나 귀 혹은 앞으로 보기 싫게 뻗어있는 치아 등 외모에 자신을 잃을 정도로 특징적인 부분들이 있을 수 있다. 그러나 이런 부분들은 면밀하고 개인적인 측면에서 해결이 되어야 하는 심리적인 문제와 깊이 연관되어 있다. 주의와 자문이 필요하기는 하지만 성형수술 이후 아주 극적인 성격 변화가 있는 것을 본 적이 있다.

지금 생각해보면 우리가 어떻게 그 사실을 몰랐는지 아직도 믿을 수 없는 일이기는 하지만 작은 딸 줄리가 17세 때의 일이었다. 그녀는 자신의 귀에 대하여 이야기 하기 시작했다. 정말이지 그 아이의 얼굴을 수천 번도 더 봤지만 전혀 눈치채지 못했던 일이다. 아무리 봐도 반짝이고 생기 있는 눈을 지닌 재기발랄하고 아름다운 소녀일 뿐이었다.

그러나 그 아이는 내게 이렇게 물었다. "아빠, 정말 모르셨단 말이

세요? 저는 항상 머리를 내려뜨려서 귀를 가리고 다녔어요." 솔직히 나는 이 사실을 전혀 눈치채지 못하고 있었다. 그러면서 줄리는 머리카락을 걷어올려 튀어나온 귀를 보여주었다.

진심을 말하자면 나는 아직도 그 아이의 귀가 어떻게 튀어나와 있다는 건지 이해할 수 없다. 하지만 이것이 그녀에게는 심각한 문제였던 것이다. 그렇다면 정말 심각한 문제가 아닌가! 자기 자신에 대해 큰 열등감을 마음에 품고 있으니 말이다. 그래서 아내와 나는 이 아이에게 성형수술이 필요하다는 결정을 내렸다.

지금의 줄리는 옛날처럼 머리카락으로 귀를 가리고 있는 모습을 절대 보이지 않는다. 예쁘게 바뀐 자신의 귀를 당당하게 내어놓고 다닐 뿐 아니라 성격도 늘 자신감에 넘치는 밝은 모습이 되었음은 물론이다.

위에서 바람직한 자기 이미지 형성을 위해 제안했던 실천사항과 금지사항을 살펴보았지만 이는 모두 당신의 자녀가 자기 자신을 긍정적으로 받아들이도록 하려는 데 그 목적이 있다. 일단 자기 자신을 긍정적으로 받아들이게 되면, 자신감을 가지고 타인을 대하게 되고 다른 사람들에게도 긍정적인 이미지를 심어주게 될 것이다.

 무조건적인 사랑이란 아무런 조건 없이
사랑하는 것을 의미한다.

긍정적인 자기 이미지 형성을 위한 마지막 조언

당신의 자녀가 지금 9~15세의 나이를 지나고 있다면 다른 어느 시기보다 마약과 부도덕한 행위에 유혹 당하기 쉽다는 점을 기억해두기 바란다.

혼히 질풍노도의 시기라 부르는 이 시기의 아이들은 생리적, 심리적 변화를 가장 심하게 겪는다. 동시에 다양한 매체는 물론 동료 집단과 가족, 교회, 그리고 학교가 지닌 도덕적 가치에 대해 강한 의구심을 갖고 질문을 퍼붓는 시기이기도 하다. 그리하여 이 시기의 많은 아이들은 진정한 가치와 인위적인 가치들 사이에서 혼돈을 겪게 된다.

이렇게 혼란스럽고 힘겨운 시기야말로 부모의 사랑과 격려가 어느 때보다 필요한 때이다. 아이들에 대한 사랑을 실제로 보여 주라. 당신에게 있어 아이들이 얼마나 중요한 의미를 지니고 있는지를 아이에게 알려주어야 한다. 아이들이 당신의 보호와 당신의 사랑을 필요로 하기 때문이다.

그러나 그럼에도 불구하고 이 시기의 아이들은 부모와 함께 하는 것을 아주 불편해하며 부모의 관심을 참견으로 여기기도 한다. 따라서 부모들은 깊은 관심을 가지고 아이가 이야기하는 것은 물론, 이야기하지 않는 것까지도 듣고 이해할 수 있는 이해심을 지녀야겠다.

더구나 이 시기 동안에 학교를 두어 번 옮기게 되는 경우도 적지 않다. 이렇게 자주 '새롭게' 바뀌는 환경에 적응하는 것 역시 아이들에게는 이중의 고통으로 작용하게 된다. 특히 이전 학교에서는 친구들과 잘 어울리며 학교생활에 적응을 잘하다가 새로 옮긴 학교의 환경에 적응을 못 하는 경우에는 더욱 심하다. 바로 이 때 아이들이 마약의 유혹에 넘어가기 쉽다.

내 경우에도 우리 가족이 댈러스로 처음 이사를 하면서 큰 딸아이가 전학을 했다. 그런데 학교에 처음 등교한 날 새로 만난 친구들로부터 마약을 해보지 않겠느냐는 제안을 받았다는 것이다. 이런 경우에는 특히 아이의 이야기에 귀를 기울이고 아이에게 문제가 생긴 것은 아닌지 늘 신경을 써야 한다. 아이와 더 많은 시간을 나누고 사귀고 있는 친구들을 유심히 살펴주며, 학교에서 있었던 일을 이야기하는 아이의 말에 귀를 기울여야 한다.

여기서 한 가지 짚고 넘어가자면 앞서 아이들이 학교생활에 대해 이야기를 할 수 있는 시간을 주고 귀기울여 듣는 자세를 생활화해야 한다는 점을 강조했었다. 그러지 않았다면 아이들은 새롭게 변한 학교생활에 대해서 부모에게 자세히 이야기하려고 하지 않았을 것이다.

성공적으로 긍정적인 아이를 키우는 부모라면 아이를 바라보면서 성공적으로 성장한 훌륭한 어른의 모습을 그려볼 수 있어야 한다.

많이 안아주고 '사랑한다'고 말해 주라

가정문제가 해결되지 않는 한 사회의 범죄문제 역시 풀리지 않을 것이다. 이 시점에서 나는 부자(父子)관계에 대하여 언급하고자 한다. 한때 디트로이트 라이온스 팀에서 선수생활을 했던 전 NFL 프로 미식축구 선수인 빌 글래스는 수 년간 교도소 성직자로 지내왔다. 그는 말 그대로 수 백 개의 구치소를 다니며 수 천명의 수감자들과 마음을 터놓고 이야기를 나눠왔다.

수감자들의 93%가 남성이었으며, 이들 중 자신의 아버지를 진정으로 사랑하는 사람은 거의 없었다고 한다. 그들 중 대부분은 아버지를 증오했으며, 그 증오심을 마약이나 알코올로 풀어보려고 하는가 하면 사회에 해를 가함으로써 이를 해소하려 했다는 것이다.

유명한 홀마크 카드사에서는 몇 년간 어머니날을 위한 카드를 감옥에 수감된 여성들에게 공급했으며, 수 백 명의 수감 여성들이 집으로 그 카드를 보냈다고 한 임원이 말했다. 그러나 아버지날 집으로 카드를 보내는 남성 수감자들은 거의 없었기 때문에 홀마크사는 더 이상 남성 수감자들에게 카드를 제공하지 않는다고 한다.

더 나은 미래를 위해서라면 역사로부터 교훈을 받아들여야 할 것이다. 오랜 옛날 유태인 아버지들은 아들에게 세 가지를 해주었다 (물론 지금도 유태인 아버지들은 아들에게 이렇게 해준다고 한다).

우선 첫 단계로 "내 아들에게 신의 가호가 있기를……" 하며 아들을 위한 기도를 해준다. 그 다음 단계로는 "아들아, 사랑한다"고 말해주며, 세 번째로는 많이 안아주고 키스를 해준다.

우리 부부와 딸들과의 관계는 늘 친근함 그 자체를 유지하고 있다. 늘 서로 끌어안고 키스를 해주며 사랑한다 말하는 지극히 사랑이 넘치는 분위기를 일관하고 있다. 그러나 아들과의 관계는 이와는 약간 다르다. 의식적으로 둘이 함께 시간을 보내려고 했던 적이 없었다. '이제 녀석이 부쩍 컸군. 내 품에서 보내야 할 때가 된 것 같아' 라는 생각이 무의식 중에 들면서 나도 모르게 아들과의 대화가 점점 줄어들고 있었다.

그러던 어느 날, 골프연습을 마친 톰이 내 차에서 자신의 차로 골프채를 옮겨 싣고 있었다. 그때 나는 이 말을 해주어야겠다고 생각하고 입을 열었다. "톰, 내 아들아, 어찌된 영문인지 너와 이야기를 할 기회가 점점 줄어드는구나. 네가 내게 있어 얼마나 소중한 존재인지, 그리고 내가 너를 얼마나 사랑하고 있는지를 이야기하고 싶구나. 사랑한다, 얘야."

그러자 톰이 나를 바라보며 "알고 있어요, 아버지." 하고 대수롭지 않게 대답을 하기는 했지만, 그 아이의 눈이 붉어지는 것을 놓치지 않았다. 우리는 누가 먼저랄 것도 없이 서로를 짧게 끌어안았다. 짧은 순간이었지만 서로의 사랑을 깊이 느꼈음은 말 할 것도 없다.

여기서 한 가지 강조하고 싶은 점은 나와 내 아들의 관계가 유난히 가깝다는 것이다. 톰은 막내 딸을 나은 지 10년이 지나 얻은 늦둥이자 골프 파트너이기도 하다. 그러나 이제 그 아이를 교회나 식당, 골프장 혹은 심지어 회사에서 고객의 한 명으로 만나더라도 절대 악수를 나누는 일은 없다. 우리는 그저 사내답게 가볍게 서로를 끌어안으며 인사를 나눈다. 그렇게 아들과 나 사이는 더욱 돈독하고 아름다운 관계를 유지하고 있다.

이 책을 읽고 있는 아버지들이여, 아들도 다정하게 안아줄 필요가 있다. 만약 지금껏 아들을 한 번도 안아주지 않은 아버지라면 아들의 나이에 상관없이 다정하게 안아주라. 지금도 늦지 않았다. 그리고 당신이 아들을 얼마나 사랑하고 있는지를 말해주라. 아들과의 관계에 있어 많은 변화가 생길 것이다. 아들을 대하는 당신의 변화된 모습에 스스로 놀라게 되기를 바란다.

그렇다면 딸들은 어떻게 대할까? 물론 모든 아버지들이 딸들이 성숙해지기 전까지는 많이 안아주고 키스도 해주며, 사랑한다는 말을 아들에게보다 쉽게 해주기도 한다. 그러다 보면 어느 순간 당신의 눈앞에는 아주 낯선 누군가가 서 있게 된다. 자, 도대체 무슨 일이 일어난 것일까? 그토록 사랑스럽고 다정하던 딸아이가 너무도 낯설게 다가온다.

이 시점에서 아주 중요한 점 두 가지를 살펴보고자 한다. 우선 어머니가 딸의 인생에 다가오고 있는 변화에 대한 준비를 도와주어야 한다. 그렇게 준비가 철저히 되었다해도 막상 변화가 닥치면 당황하고 좌절하는 경우가 생기니 말이다.

그러나 이런 기분 역시 그 변화의 일부임을 이해하고 지혜롭게 대처해야 한다. 이렇게 힘들고 혼란스러운 시기동안 아버지의 역할은 그저 멀리서 딸아이를 지켜보는 것이 고작이다. 그렇지만 사실 이 시기만큼 아버지의 따뜻한 포옹과 사랑이 필요한 시기도 없다. 이 시기를 자칫 잘못 보내게 되면 심한 반항기를 보이거나 부모와 아주 불편한 관계가 고착되는 경우가 많다.

테네시 주의 정신의학자인 로스 캠벨 박사는 아버지로부터 따뜻한 사랑을 많이 받은 여아일수록 나중에 자라서 심리적 불안감이나 성적인 혼란, 마약 등의 유혹에 빠지는 경우가 적다고 한다.

본 장에서 하고자 한 이야기는 무엇인가? 간단하다. 아이들에게 부모인 당신의 사랑을 마음껏 보여주라는 것이다. 어머니와 아버지의 사랑만이 아이들을 위험한 사회의 악영향으로부터 보호할 수 있으며, 그들로 하여금 스스로를 가치 있는 존재로 여기도록 만들 수 있다.

자기 평가

1. 부정적인 자기 이미지를 가진 아이들이 보이는 성격과 자세를 몇 가지 서술해 보라. 당신의 자녀는 이런 양상을 보이는가?

2. 긍정적인 자기 이미지 형성을 위한 실천사항을 몇 가지나 실천하고 있는가?

3. 9~15세에 이르는 시기가 자기 이미지 형성에 있어 가장 중요한 시기라 한다. 그 이유는 무엇인가?

4. 이 시기의 자녀를 둔 부모에게 특히 추천하고 싶은 것은 무엇인가?

5. 자녀와의 관계에 있어서 자녀를 조롱하거나 학대하지 말아야 한다는 의견에 동의하는가? 그렇다면 그 실천 방안은 무엇인가? 이를 실천함으로써 당신의 가정에 어떤 좋은 영향을 가져올 수 있겠는가?

6. 무조건적인 사랑이란 무엇인지 정의를 내려 보라.

11

성교육

Sex

인생을 구성하고 있는 요소들 중 선과 악 모두에 대해 가장 높은 잠재성을 지닌 것이 성이다. 창조주가 의도한 대로 성을 사용한다면 더할 나위 없는 기쁨과 행복을 가져다 줄 것이다. 그도 그럴 것이 성행위를 통해서 부부의 관계는 이해를 넘어 아름답고 사랑스런 관계로 승화될 것이며, 인간의 멸종을 막아줄 것이기 때문이다. 뿐만 아니라 이를 통하여 사랑이 넘치는 가정을 꾸릴 수도 있다. 그러나 부도덕한 방법으로 성행위를 하는 등 성을 통제하지 못한다면, 그 어떤 문제보다도 커다란 슬픔을 야기하게 될 것이다.

누가 우리 아이들에게 성을 가르치는가?

오늘날 미국에서 가장 뜨겁게 논란이 되고 있는 문제들 중 하나는 학교에서 성교육을 시켜야 한다는 것이다. 많은 사람들이 에이즈를 비롯한 각종 성병은 물론, 불법적인 임신이나 유산, 미혼모 문제 등의 예방을 위하여 성교육이 절대적으로 필요하다는 데 의견을 같이 하고 있다. 그러나 여전히 많은 사람들이 성교육에 동의하지 않고 있는 것도 사실이다.

도덕적인 가치가 기반이 되지 않은 상태에서 성교육이 이루어지고 있는 지역에서는 난잡한 성행위 및 그에 따른 임신, 그리고 여러 가지 성병이 무시할 수 없을 정도로 증가하고 있음을 실제로 목격할 수 있다. 이러한 현실에 대하여 나는 가정에서는 물론이고 학교에서도 도덕적 가치에 기반한 적절하고 올바른 성교육이 이루어져야 한다고 생각한다.

더구나 우리 아이들은 어린 시절부터 접하게 되는 텔레비전이나 음악, 그리고 잘못된 정보로 가득 찬 이야기들로 인해 성적으로 자극이 되어있는 상태이기 때문에 더더욱 *부모와 학교의 관심과 보호 속에서 성교육이 이루어져야 한다.*

엄마와 아빠가 서로 손을 잡아주거나 성적 의미가 없는 포옹을 하는 등 사려 깊게 터놓고 애정을 표시함으로써 아이들은 어릴 때부터 가족이란 부부 간의 사랑으로 맺어진 공동체임을 깨닫게 된다.

이때 부모들이 부부 간에 서로 배려하는 모습과 친절한 모습을 보여주게 되면 다른 상황에서도 이성을 대하는 올바른 자세를 저절로 습득하게 된다. 이로써 부모들은 아이에게 자연스럽게 성교육을 시킬 수 있게 된다.

배우자에 대한 부모의 올바른 자세를 보면서 자란 아이들은 살아가면서 자신의 성역할을 자연스럽게 익히게 된다.

톰이 6살 때의 일이다. 그 아이는 텔레비전에서 방송해주는 아주 오래된 영화를 보고 있었는데, 남자 주인공이 여자 주인공을 끌어안는 장면이 나오고 있었다. 내가 방안으로 들어서며 다소 짓궂게 한 마디 했다. "맙소사, 저거 너무 감상적이잖아." 그러자 아이는 텔레비전에서 눈도 떼지 않은 채 "맞아요, 엄마 아빠가 하는 걸 봐야하는데." 하고 대답을 하는 게 아닌가!

솔직히 말해서 아이들이 엄마, 아빠가 집에서 내내 싸움만 한다는 것보다 서로 다정하게 안아준다는 말을 하고 다니는 것이 훨씬 더 낫지 않은가? 우리는 아이들이 보는 앞에서 짧고 다정하게 나누는 일반적인 키스 이상을 나눈 적이 없다. 그러나 나와 아내는 늘 아이들이 보는 앞에서 자주 서로 손을 잡고 있거나 포옹을 해준다.

물론 아이들이 함께 할 수 없는 부부 간의 애정 표현을 아이들이 보게 해서는 안 된다. 그럼에도 불구하고 우리 아이는 엄마와 아빠가 서로 애정을 나누는 모습을 건전한 방식으로 생각하고 있다. 그에게 있어 부모가 서로 사랑하고 가볍게 포옹하는 것이 '일상적'이 되었고, 결국 텔레비전에서 보여주는 같은 장면 역시 무심히 농담 섞인 평을 하며 넘길 수 있게 되었던 것이다.

나는 이런 방법이야말로 자신의 배우자가 될 이성과 영속적이고 긍정적인 관계를 맺기 기대하며 자라날 아이를 키우는 최선의 방법이라 믿는다.

USA 투데이지에 실린 한 기사에서 유타 주립 대학의 사회학자인 브랜트 밀러 박사가 1,150명의 십대 청소년들을 대상으로 실시한 한 연구의 결과를 보도했다. 밀러 박사는 부모들이 더욱 개방적으로 자신들의 성관련 가치관과 믿음을 10대 자녀들에게 이야기해주면 해줄수록 아이들의 성적 자세와 행위는 덜 활발해지고 있음을 알아냈다. *또한 10대들이 부모로부터 성적 사실들을 배운다면 친구들로부터 같은 내용을 배운 것 보다 성적으로 훨씬 덜 적극적이 됨을 알 수 있다.*

성교육

성교육은 4~5세부터 시작하는 것이 가장 효과적이다. 어린 자녀들을 위한 성교육 관련 도서들이 시중에 많이 나와있다. 서점이나 도서관에 들러 차분히 훑어보기 바란다. 도덕성이 떨어지고 많은 사람들이 이론에만 매달리고 있기 때문에 아이들에게 읽힐 책을 고르려면 신중에 신중을 기하지 않을 수 없는 상황이다.

3~4세의 어린아이들을 위해 쓰여진 간단한 성교육 관련 서적은 아이들이 쉽고 안전하게 성 문제를 받아들이는 데 도움을 줄 수 있

을 것이다. 이러한 접근에 있어 얻을 수 있는 아주 중요하고 흥미 있는 부차적 이점은 아이들이 성적인 희롱을 당할 가능성을 현저하게 줄여 준다는 데 있다(아이들을 성희롱하는 사람들은 그 80% 이상이 가족이나 친구, 그리고 믿어왔던 주변 사람들 중에 있음을 한시도 잊어서는 안 되겠다).

아이가 먼저 성에 대한 관심을 보이기를 기다리기보다는 아기가 출생하는 과정 등과 같은 내용을 적당하게 담고 있는 책을 통상적으로 읽어주다 보면 자연스럽게 성교육이 이루어질 것이다. 물론 이런 내용을 담고 있는 책을 읽어주는 동안 과장된 목소리나 제스처 등은 삼가야 할 것이다.

이와 같은 성교육은 아이들의 호기심을 충족시켜줄 뿐 아니라 아이들이 생각만 하고 있을지도 모르는 관련 질문들에 대해 좋은 답변을 제공해줄 것이다. 뿐만 아니라 이후의 세부적인 논의를 위한 토대를 세워주는 역할을 하기도 하며 부모와도 스스럼없이 성 문제를 이야기할 수 있는 자연스런 분위기를 조성해주기도 한다.

10대 이전의 어린이들에게는 제임스 도브슨의 『청소년기를 준비하며 Preparing for Adolescence』라는 책을 권하고 싶다. 어린이용 언어로 쉽게 쓰여있어 아이들이 즐겁고 부담 없이 읽을 수 있는 좋은 책이다. 이와 함께 데니스 레이니의 『10대가 되고 싶다구? So You Want to Be a Teenager?』라는 책도 권할 만 하다.

여아일 경우 어릴 때부터 성교육을 실시하는 것은 한층 더 중요하다. 특히 아이를 부모가 아닌 다른 사람에게 맡겨 돌보도록 할 경우에는 아이를 돌보는 사람의 신원과 환경을 철저하게 확인해야 한다.

당신이 그 사람을 얼마나 신뢰하고 있는가 하는 점과는 별도로 아이에게 그 날 있었던 모든 일들을 확인하는 등 불의의 사고를 예방하는 것이 중요하다.

실제로 어떤 사람들은 어린 소녀들만 보면 성욕이 주체할 수 없을 정도로 높아져 도덕적인 방어기제가 없다면, 자신들이 저지르는 모든 행동을 정당화하고 합리화하려 할 것이다. 이와 같은 불의의 사고를 염두에 두고 있다면 당신은 딸에게 세상에는 어린 소녀들을 함부로 대하려는 사람들이 있음을 알려주어야 한다(물론 지금 기본적인 성교육을 시켰다는 가정 하에서 말이다).

만일 누군가가 자신을 불편하게 하는 말이나 행동을 한다면 즉시 부모에게 그 말과 행동이 무엇이었는지를 알려야 한다는 이야기도 잊지 말고 해주도록 하라. 어떤 경우이든 아이와 떨어져 있었던 하루 동안은 집에 돌아오면 아이에게 무슨 일이 있었는지를 온화하게 물어 알아보아야 한다.

생물학적인 측면으로 보나 생리학적인 측면으로 보나 이상적인 것은 엄마는 딸에게 아빠는 아들에게 성 관련 교육을 하는 것이다. 그러나 딸에게 남자들은 '사실 이렇다' 고 말해줄 때는 엄마가 하루종일 설교를 하는 것 보다 아빠가 몇 분 이야기해 주는 것이 더욱 효과적이다. 가령 대부분의 남자들은 열정적으로 상대를 유혹하려 하지만 이것이 항상 영원한 사랑을 약속하는 행위는 아니다.

전날 사랑을 속삭이다가도 다음날이 되면 처음 보는 다른 여자에게 갑작스럽게 관심을 보이며 데이트를 하러 나가기도 한다. 이것이

비단 특정 남자들이 보이는 행동은 아니다. 대부분의 남성들이 이에 공감할 것이다. 이와 같은 남성의 자아는 약혼녀가 있거나 심지어 가정을 꾸린 이후에도 불쑥불쑥 나타나곤 하는 경우가 적지 않다.

아버지는 딸에게 태초의 남성과 여성인 아담과 이브의 이야기를 하면서 남자는 일반적으로 여자에게 사랑의 징표로 순결을 내달라는 요구를 하게 마련이지만 순간적인 유혹이나 열정을 식힌 후에 찾아오는 순수한 사랑이라면, 상대가 준비가 될 때까지 기다릴 것이라는 말을 해 줄 수 있다.

반대로 어머니는 여성을 아주 잘 이해하기 때문에 아들에게 이성으로부터 사랑과 존경을 얻으려면 어떻게 행동해야 하는지를 알려줄 수 있을 것이다. 또한 여성들의 일반적인 관점과 생각, 느낌을 아들에게 설명해줄 수 있는 것도 어머니다. 어머니의 이런 역할이 중요한 또 다른 이유는 아들에게 이성과 건전하지 못한 관계를 맺거나 이성에게 상처를 주는 경솔한 행동을 해서는 안 된다는 진심 어린 경고를 해 줄 수 있기 때문이다.

자녀를 위한 성교육을 시작하는 데 있어 강조해야 할 점은 성이란 하나님께서 남편 되는 사람과 아내 되는 사람에게 주신 가장 아름다운 선물이라는 것이다. 그래서 남성과 여성이 모두 자신의 순결을 지켜 미래의 배우자를 위한 아름다운 선물로 남겨놓아야 한다는 점을 아주 조심스럽게 알려주고 각인시켜 주어야 한다. 누가 무슨 말을 하건 혼전 성 관계는 죄악이자 무책임한 행위다.

오늘날의 비극은 많은 *부모들이 결혼관계 이외의 관계에서 맺*

는 성 관계는 '옳지 않은 행위'임을 아이들에게 진지하게 알려주지
않는다는 것이다.

또한 혼전 순결을 잃는다는 것이 미래의 배우자를 기만하는 행위일 뿐 아니라 자신의 가치를 깎아 내리는 것임을 알려주는 부모도 거의 없다. 더욱 기가 막힌 일은 경솔한 부모일수록 순결을 잃는 것이 무엇인지조차 알려주지 않으며, 언제나 임신을 하게 될 가능성과 성병에 걸릴 가능성이 존재한다는 사실도 알려주지 않는다는 것이다.

언젠가 한 심리학자가 젊은 남성과 여성들이 상담했던 눈물겹고 가슴 아픈 이야기를 해 주었다. 그들은 혼전에 가졌던 성 관계로 인해 결혼을 앞두고 후회와 죄책감에 시달리고 있는 심경을 토로했다고 한다.

그 심리학자는 내게 한 특정 상담자의 이야기를 해 주었다. 물론 이름을 밝히지 않은 채 들려준 이야기였지만, 내게 아주 깊은 감동을 주었다. 어느 날 한 아름다운 젊은 여성이 그의 사무실을 찾아와 인기 그룹의 일원이 되어 유명해지고 싶다는 생각에 자신의 순결을 버렸다고 고백했다.

그녀가 들어가고 싶어하던 집단에서는 처녀성을 가진 순결한 사람은 그 자격이 없다고 했다는 것이다. 그 결과! 아직 10대인 이 어린 소녀는 자신이 좋아하지도 않는 사내에게 순결을 바쳤다는 것이다. 말할 필요도 없이 그녀가 성 관계를 맺은 사내는 그 한 명으로 끝나지 않았다.

일단 순결을 잃고 나면 성적인 활동이 시작된다고 봐야 한다.

그 어린 나이에 이런 욕망을 거부하기란 힘들다고 보아야 할 것이다.

그 심리학자가 지적하기를 이 상담자는 나이가 들면서 자신이 저지른 일이 무엇인지를 깨닫게 되었고 분노하게 되었다는 것이다. 그녀는 마침내 자신이 미래의 남편에게 주어야 할 가장 커다란 선물을 옳지 않은 집단에 소속되기 위해 버렸음을 뒤늦게 깨닫고 비통함으로 상담을 요청해 왔던 것이다. 상담을 요청하기까지 그녀는 수도 없이 망설였으며 심각하게 자살을 고려 하기도 했었노라고 심경을 털어놓았다고 한다.

이 책을 쓰기 위해 수집한 다른 정보들을 살펴볼 때, 부모들이 직접 자녀에게 성교육을 시키지 않는 한 아이들은 생물학적으로 일어나는 본능에 완전한 희생양이 될 수밖에 없다는 결론에 이르게 된다. 결국 부모는 무관심으로 인한 아동 학대 죄를 저지르고 있는 셈이 된다. 그 결과가 그 만큼 치명적이기 때문이다.

만약 지금까지 자녀에게 적절한 성교육을 해주지 않았다 해도 이제 더 이상 미루어서는 안 된다. 진정으로 당신의 자녀를 사랑한다면 아이들이 배워야할 것들을 가르쳐주어야 할 것이다. 아직 어린 자녀들을 둔 부모라면 본 장에서 언급되는 정보가 아주 요긴하게 쓰일 것임을 강조하고 싶다.

핵심은 분명하다. 부모가 자녀에게 처음부터 말과 행동을 통하여 철저하고 올바르게 성교육을 시킨다면 성에 대한 지식 부족으로 인해 순결을 잃고 불행해지는 일은 없을 것이다. 아이에게 있어 가장 중요한 성교육은 언제, 어디서, 어떻게 이루어지는가 하는 것이 큰 관건이라 할 수 있다.

아이에게 물어라

메리 조 헤킹어 씨는 부모의 성교육에 대한 아주 훌륭한 조언을 하고 있다. 그녀는 아이가 성에 관한 질문을 할 때에는 우선, 아이가 구체적으로 알고 싶어하는 것이 무엇인지를 확인하는 것이 중요하다고 지적한다. 가장 간단한 방법은 아이에게 그 질문에 대한 답이 무엇인지를 물어보는 것이다. 이렇게 함으로써 아이가 잘못 알고 있는 개념을 바로 잡아주면서 아이가 원하는 질문이 무엇인지에 대한 정보를 얻을 수 있기 때문이다.

　　헤킹어 씨는 부부가 기초적인 해부학적 지식만 가지고 있다면 80%의 성적인 기능장애를 피할 수 있지만, 고등학교 학생들의 경우에는 생식 체계나 그 기능을 절절하게 설명할 수 없다는 과학자의 말을 인용한다. 그러므로 그녀는 부모들이 생식학적인 적절한 용어를 정리해서 아이들과 이야기를 나눌 때는 해당 용어를 사용하여 설명을 하도록 권한다. 또한 그녀는 아이들이 자라면서 겪게 되는 자연스러운 변화, 즉 몽정이나 생리와 같은 현상에 대해 충분히 알려주어야 한다는 점을 잊지 않고 강조한다.

아이들이 10대에 들어서게 되면 이야기를 나누기가 점점 더 어려워진다. 그러나 아이들이 혼자 있으려 하는 만큼 부모의 도움과 지도를 필요로 하고 있음을 잊지 말아야 하겠다. 아이는 아직 완전히 홀로서기를 하는 법을 알지 못하며 스스로도 이 사실을 알고 있다.

예시를 통한 성교육

헤킹어 씨는 성이 남성과 여성 모두에게 하나님께서 부여한 선물임을 지적하면서 성교육에 있어 하나님의 역할을 강조하고 있다. 올바른 성은 아름답고 선한 것이다. 18세가 되기 전까지의 아이들이 갖는 성 관계나 이성을 향한 공공연한 애정 과시 등의 성적 행위는 외설스러운 것이며, 결혼 후 첫날 밤에 맞이하는 성 관계는 하나님으로부터 부여받은 축복이자 선물이라고 간단하게 말해버리는 것은 옳지 않다.

헤킹어 씨는 역할 모델의 중요성 역시 강조하고 있다. 숙녀가 들어오거나 나갈 때마다 문을 열어주는 성인 남성의 모습을 보게 된 남자 아이가 이를 따라하고, 외출할 때마다 작은 손가방을 들고 나가는 성인 여성의 모습을 본 여자 아이 역시 이 행동을 따라하고 있는 현상이 관찰되었다. 즉 아이들은 동성의 행동을 관찰함으로써 적합한 행위를 한다는 것이다.

그녀는 아이에게 성인의 나체가 보여지는 상황에 대해서도 설명을 덧붙인다. 당신이 옷을 갈아입는 동안 아이가 방문을 열게 되어 자신의 나체를 보이게 되더라도 당황하지 말고 침착하고 단호하게 대응하라고 헤킹어 씨는 조언한다.

이때의 상황은 단순히 나체를 보이는 것이 아니라 사생활이 침해 당하는 상황임을 잊지 말고 아이에게도 이를 알려주어야 한다. 그러므로 이런 상황에서 부모는 "집에서도 방에 들어서기 전에는 항상 노크를 해야지. 자, 나가 있거라. 옷을 갈아입고 나가마." 하고 침착하게 대응해야 한다. 비명을 지르거나 침대 시트 등으로 몸을 가리려고 하면 아이는 오히려 나체를 보는 것이 끔찍한 잘못을 저지르는 일이라는 잘못된 생각을 가지게 될 것이다.

당신이 어떻게 행동하고 대처하느냐에 따라 신체에 대한 아이의 자세가 결정된다.

어머니를 위한 주의사항 – 아들을 자극하지 마라

야한 속옷 차림으로 중학교에 다니는 아들에게 아침을 차려주는 어머니의 경우 아이에게 죄책감을 심어주기 쉽다. 이제 막 신체적이고 정서적인 변화를 느끼기 시작하는 청소년기에 접어든 아이가 자신도 모르게 성적인 자극을 받기 때문이다.

부모들은 이렇게 무의식 중이라도 아이들을 자극하는 행동은 피해야 한다. 심리학자인 조이스 브라더즈 박사는 자신의 연구로부터 어린 시절 어머니나 가족 내 여성들로부터 지나치게 성적인 자극을 많이 받은 남성들은 강간범이 될 확률이 높다는 결론을 내렸다.

언뜻 보면 어머니로부터 아주 많은 사랑을 받고 있는 것처럼 보이겠지만 실질적으로 아이의 입장에서는 지속적으로 성적인 좌절감을 경험하게 된다는 것이다. 즉 계속해서 성적으로 자극을 받기는 하지만 만족되지는 않는 경우인 것이다. 대부분의 경우에 있어 어머니에게서 받은 이러한 자극적인 행위와 인상은 나중에 구타와 잔인성, 그리고 거친 성격 등으로 표출되기도 한다.

흔히 공격성은 어린 시절부터 여성을 힘으로 제압해야 한다는 생각을 가지고 자란 남성에게서 나타나는 현상이다. 그리고 강간범이 결혼을 한다면 아마 자신의 어머니와 마찬가지로 정서적인 문제가 있는 여성을 선택하게 될 것이다.

아버지와 딸, 어머니와 아들 사이의 건전하고 일상적인 애정 표출은 개인의 정서와 정신 건강에 아주 중요할 뿐 아니라 친밀하고 화목한 가족 관계에도 필수적이다.

어머니와 아버지의 관계

정신의학자인 존 코젝 박사는 가정에서 딸들이 성숙해져 가면서 부모들이 아이들과 많이 소원해지고 있는 현상을 지적한다. 이는 아버지가 자신의 역할을 확실히 수행하지 못하기 때문이다.

오래 전 FBI의 한 연구는 일반 가정에서 아버지가 딸에게 지속적으로 애정을 보여준다면 그렇지 않은 가정에서 자란 아이보다 성적으로 타락하는 경우가 훨씬 적다는 결과를 내놓았다. 코젝 박사는 부정적인 자기 이미지를 가진 아버지의 경우에는 딸아이가 신체적으로나 정신적으로 성숙해지기 시작하면 아이를 다정하게 안아주는 일이 점점 줄어들고 있음을 지적한다.

아버지의 무릎에 앉아서 놀던 어린 딸아이가 어느 날 갑자기 아버지로부터 거부당했다고 생각해 보라. 이때 아버지가 딸아이에게 손을 내젓는 행위는 바로 왜곡된 사랑을 보이는 다른 누군가에게 딸아이를 보내는 행위와 다르지 않음을 알아야 할 것이다.

아이에게 건전한 사랑을 보여줌으로써 10대들을 왜곡된 성 관계로부터 보호할 수 있을 뿐 아니라 가족간의 관계 역시 돈독히 할 수 있다. 그러나 아버지가 그 애정을 표현하는 데 있어 주의해야 할 사항들이 있다. 가령 딸아이가 아버지의 애정표현을 불편해 한다면, 이를 즉시 중지해야 한다.

10대의 딸을 둔 부모는 남자친구에 대해 아주 신중할 필요가 있다. 이제 막 성숙한 여성의 문턱에 들어선 여중생들에게 접근하여 데이트를 청하는 고등학생들이 많이 있다. 남자친구와 단 둘이 데이트를 하려면 적어도 16세는 되어야 하며, 더블 데이트를 하려 해도 15세 이상은 되어야 한다.

조쉬 맥도웰 박사가 실시한 조사에 따르면 딸들이 12세에 데이트를 하도록 허락 받는다면 고등학교를 마치기 전에 성적인 관계를 맺게 될 확률이 90%에 이르는 것으로 나타났다. 그러나 16세가 되어서야 데이트를 시작하도록 허락을 받는다면 이러한 위험은 25%로 줄어든다. 이와 같은 사실을 충분히 이해하고 있는 부모라면 어떤 선택을 하는 것이 현명한지 잘 알고 있을 것이다.

부모들은 12~14세가 된 딸에게 접근하는 4~5세 위의 소년들을 예의 주시해야 한다. 이 시기의 여자아이들은 이렇게 접근하는 남자아이들의 달콤한 말에 이성을 잃을 수도 있다. 더구나 이 시기에 어린 여자아이들을 유혹하는 남자아이들의 경우 대부분은 부정적인 자기 이미지를 지닌 미성숙한 아이들이다.

고등학교 1~3학년 정도의 아들이 12~14세의 여자아이들에게 관심을 보인다면 부모는 이를 적극적으로 저지해야 한다. 이런 상황에서 부모는 아들과 성 역할이나 책임감에 대한 심도 있는 대화를 나누어야 하며 규칙적으로 더 많은 시간을 아이와 함께 보내는 것이 좋다.

현실적으로 경고를 하자면 부끄러움을 잘 타고 조용한 성격의 14세 소년들 역시 당신의 12~13세의 딸에게 위협이 될 수 있다는 점이다. 대부분의 위험은 시간과 기회라는 말들로 포장되어 있다. 만일 그들이 아무도 없는 곳에서 오랜 시간 동안 함께 '공부'를 하거나 텔레비전을 보게 된다면 아무리 부끄러움을 많이 타는 남자아이라 해도 주체할 수 없는 성욕으로 인해 이런 성격이 극복될 것이다.

기억해둘 것은 익숙함과 기회로 인해 모든 일이 시작된다는 점이다. 부모들이여, 남자친구와 단 둘이 있는 딸을 감시하는 일을 소홀히 하지 마라.

당신이 자녀와 성에 관한 문제를 함께 이야기하건 그렇지 않건간에 어머니와 딸, 그리고 아버지와 아들이 가끔은 하루를 온전히 함께 보내는 기회를 가질 것을 권하고 싶다. 아이와 함께 한적한 곳으로 하이킹을 가거나 낚시 혹은 캠핑을 가는 것, 또는 아무에게도 방해받지 않는 곳으로 드라이브를 하는 것도 좋은 생각이다.

결혼을 위한 준비

아들이 16세가 되던 해에 나는 주말을 그 아이와 함께 보냈다. 당시 톰은 이성에 대해 지대한 관심을 보이고 있었다. 물론 학교와 교회에서 여자아이들과 함께 보낼 수 있는 기회가 많았지만 톰은 한 명의 여성에 대해 아주 특별한 관심을 보이고 있었다. 전화가 울리면 한 달음에 달려가는가 하면 섬세하게 면도를 하고 기쁜 얼굴로 외출하는 것을 보며 어른이 되어 가는 아들을 흐뭇하게 느꼈다.

평소 이런 문제가 마음에 걸리기도 했고 아들과 함께 시간을 보낸 지가 오래되어서 그와 주말을 함께 보내기로 계획을 세웠던 것이다. 우리는 이런 저런 이야기를 하면서 아주 유익한 시간을 보냈다. 여기에 내 아들과 함께 나누었던 이야기들을 간략하게 요약해 보도록 하겠다.

나는 아들과 대화를 하면서 자연스럽게 다음의 두 가지를 강조했다. 그 첫 번째는 혼전에 성 관계를 갖는다는 것은 아주 불쾌한 경험이며 균형을 잃는 것이라는 사실이다. 그리고 그것이 도덕적으로나 종교적으로도 옳지 않은 일이라는 것이다.

그러자 톰은 바로 "물론 부부 사이에 맺는 성 관계 이외의 관계는 죄악이죠."라고 말하는 것이 아닌가. 하나님께서 우리에게 이와 같은 관계를 지키도록 하는 이유는 단지 인간으로 하여금 '재미'를 보지 못하게 하려는 것이 아니다. 하나님께서는 우리를 사랑하시기 때문에 우리가 가능한 한 최고의 삶을 누리도록 하려 하신다.

두 번째로 내가 아들에게 해 주었던 이야기는 다른 모든 남성들이 그렇듯 그도 성호르몬이 활발하게 활동하기 시작하는 시기가 되었다는 점이다. 결혼을 하여 맺는 건전한 성 관계는 인간이 경험할 수 있는 가장 아름다운 경험들 중 하나다.

영화나 텔레비전, 소설, 그리고 잡지에서 다루는 주제 역시 근본적으로는 이와 연결되어 있으며, 나도 남성과 여성 사이에 서로 끌리는 매력은 부인할 수 없는 것임을 아이에게 말해주지 않을 수 없었다.

세 번째로 아들과 나눈 이야기는 성공적인 결혼은 믿음에 기초한다는 것이다. 만일 여자친구와 사귀는 동안 성적인 관계를 자제하고 결혼한다면 반드시 성공적인 결혼생활을 영위하게 될 것이다. 결혼을 한 후에도 출장이나 여러 가지 사정 등으로 부부가 가끔 서로 떨어져 있어야 할 경우가 있다. 그러나 혼전 성적인 관계를 자제했던 사이라면 서로에 대한 신뢰가 두텁기 때문에 성공적인 결혼생활을 영위할 수 있다는 것이었다.

내가 이 점을 강조하는 이유는 성적 충동이 최고조에 이르러 있는 시기가 바로 16~18세의 청소년이기 때문이다. 이 시기에 충동을 누르고 성 관계를 갖는 것에 대해 명확하게 반대의사를 표명할 수 있다면, 이들이 앞으로 삶을 살아가는 데 있어 자신의 배우자에게 믿음을 줄 수 있을 것이다.

네 번째로 아들과 함께 나눈 이야기의 핵심은 여자친구를 사귀는 동안 최대한 배려를 해주어 나중에 헤어지더라도 다른 사람에게 "나의 첫 사랑이었던 톰 지글러는 아주 좋은 추억을 남겨주었어요. 내게 항상 정중했고, 나를 항상 숙녀로 대해 주었거든요." 하고 말할 수 있도록 행동하라는 것이었다. 나는 아들에게 영원한 친구로 남을 수 있을 만큼 양심에 거리낄 것 없이 행동하는 것이 최선임을 이야기해 주었다.

 많은 부모들은 결혼관계 이외에 맺는 성 관계가 '옳지 않은 행위'임을 자녀에게 진지하게 말하지 않는다.

대안이 없다

다섯째, 남자건 여자건 성적으로 탐닉하는 것은 옳지 않은 일일 뿐 아니라 난잡한 섹스를 하게 되어 파괴적인 결과를 가져올 것이라는 점이다. 무분별한 섹스를 하다가 임신이라도 하면 중대한 결정을 내려야 한다. 결혼을 해야할까? 아니면 낙태를 하거나 결혼도 하지 않은 채 아이를 낳아야 하는가?

　　성경의 말씀을 믿는 기독교인들은 낙태가 살인 행위임을 잘 알고 있다. 그러므로 또 다른 결정을 내려야만 할 것이다. 혼자서라도 아이를 낳아서 키워보려고 시도하겠는가? 아니면 입양기관에 아이를 버리겠는가?

이런 결정을 내리는 것은 아주 고통스러운 일이 아닐 수 없다. 어떤 선택을 하건 문제는 따르게 마련이다. 10대의 청소년들이 임신을 하게 되면 건강에 심각한 손상이 따르게 마련이다. 또한 태아 역시 기형일 확률과 태아 사망률 역시 극도로 높아진다.

나는 청소년기의 경솔한 행동으로 원치 않는 아이가 생기게 된다면 두 사람 모두가 불행해질 것임을 특히 강조했다. 만약 이런 상황에서 두 사람이 그대로 결혼을 한다면 두 사람 모두 학업을 중단해야 할 뿐 아니라 이로 인해 꿈꿔왔던 미래를 모두 포기해야 하는 비참한 상황이 닥칠 것이기 때문이다.

결혼을 하지 않는다 해도 여자아이는 미혼모가 될 비참한 운명에 처하게 되는 반면, 남자아이는 믿음을 져버린 죄책감에 시달리며 남은 삶을 살아갈 것이다.

결코 친밀해질 수 없다

아들과 오랜 시간을 함께 보내면서 나는 성 관계를 갖게 된 여자친구와는 절대로 친밀해질 수 없다는 이야기까지도 나누게 되었다. 언뜻 들으면 이상하게 들릴 수도 있지만 그 이유는 간단하다.

일단 성 관계가 시작되면 이를 중단하기가 힘들어진다. 사실 남녀 관계에 있어 성 관계가 개입되면 성적인 욕구에 의하여 더욱 자주 만나게 된다(특히 성적 욕구가 활발한 남자아이일 경우는 더욱더 그렇다). 그러다 보면 다른 인간적인 측면들에 끌려서라기보다는 욕구 충족을 위해서만 만나게 되는 경우가 늘어나고, 결국 여자친구의 부모님과 개방적이고 좋은 관계를 맺지 못한 채 거짓말을 하면서 여자친구와 몰래 교제를 하게 될 것이다.

이렇게 성 관계를 목적으로 만나는 두 사람에게는 앞으로 미래를 위한 설계는 물론 행복한 결혼에 대한 논의도 불가능해진다. 이들이 결혼을 한다면 둘 다 직업을 가질지 혹은 자녀는 몇이나 둘 것인지, 자녀 교육 철학은 무엇인지, 자신들이 지닌 공통점과 차이점은 무엇인지 하는 것들을 침착하고 심각하게 논의하겠는가.

이런 모든 이야기를 느긋하게 나누면서 보낸 아들과의 주말은 무엇과도 바꿀 수 없는 소중한 시간이었다. 하지만 그렇다고 해서 이전에 내가 아들과 시간을 함께 보낸 적이 없었던 것은 아니다.
전에도 수많은 시간을 아들과 이야기를 나누었고, 아이가 성정하면서 부딪히게 될 문제들에 관하여 조언을 해주는 노력을 아끼지 않았다.

아이들과 이야기하라

이 책을 통해 지금까지 강조한 이야기의 핵심은 긍정적이고 도덕적인 아이를 키우며 이들이 밝은 미래를 준비하도록 돕는 부모의 올바른 자세는 아이들의 말에 귀를 기울이라는 것이다. 부모는 가능한 한 많은 시간을 아이들과 이야기를 나누어야 한다.

어떤 문제에 관해서 건 아이들과 이야기를 나눌 때 가장 중요한 것은 모든 대화를 마침표가 아닌 쉼표로 끝내는 것이다.
다시 말해서 어떤 문제에 관하여 아이들과 의견을 나누다가 이를 종결지을 때에는 "이 문제에 대해서는 언제든지 다시 이야기를 해 보도록 하자. 언제라도 내가 할 수 있는 한 성의 있게 대답해 주마."라고 이야기를 마무리하는 것이 좋다. 이렇게 함으로써 아이들은 자신이 가지고 있는 문제를 언제든지 부모와 의논할 수 있다는 편안한 마음을 가지게 될 것이다.

동성애 문제

오늘날 부모들이 걱정하는 또 다른 중요한 문제는 동성애에 관한 것이다. 많은 부모들이 자녀들을 올바르게 키우고 싶어한다. 그러나 요즈음 세상에 아이들이 접하는 모든 것, 읽고 보고 듣는 모든 매체의 영향이 너무나 크고 직접적이다. 존 앵커버그의 『동성애에 관한 사실들 The Facts on Homosexuality』이라는 책은 부모들이 효과적으로 자녀들과 대화하는 데 많은 도움을 줄 것이다.

아버지의 역할

동성애 문제에 있어 가장 중요한 것은 아버지의 역할이다. 실제로 아버지가 없거나 심리적으로 아버지의 부재를 경험한 아이들이 겪는 주된 문제는 성 역할 적응 문제다.

남성 동성애자의 경우 가장 흔한 가정의 모습은 아주 친밀한 어머니와 적대적이고 무관심한 아버지가 함께 하는 것으로 나타났다. 동성애자 아들을 둔 아버지는 정상적인 아들을 둔 아버지보다 훨씬 애정이(혹은 애정 표현이) 적다고 한다.

40명의 동성애자인 남성들을 대상으로 한 연구에서 밝혀진 바에 의하면 그들 중 어느 한 명도 아버지로부터 아무런 애정 표현도 받아보지 못했다는 것이다. 이들의 아버지는 모두 무심할 뿐만 아니라 가족의 중대사를 결정하는 등 가족문제에 있어서는 전혀 개입을 하지 않고 어머니에게 일을 떠넘겼다고 한다. 이런 아버지를 둔 아들들이니 아버지로부터 남성의 성 역할을 배웠을 리가 없지 않은가.

많은 남성 동성애자들은 어렸을 때부터 자신들의 가정에서는 어머니가 주도적인 역할을 해왔다고 진술했다. 이런 가정에서는 당연히 어머니나 아버지 모두 적절한 남성 성 역할의 본보기가 되지 못했을 것이다.

이 밖에도 동성애적인 문제를 일으킬 수 있는 잠정적인 조건들은 부모가 동성애에 대해 크게 문제 삼지 않는 자세를 보이거나 실제로 아이들이 동성애적인 행위나 근친상간에 연루되는 경우 등이 있다.

내가 지금 여기서 동성애의 문제를 끌어내는 이유는 만일 당신의 자녀가 지금 동성애적인 성향을 보이고 있다하더라도 희망을 버리지 않고 가족 모두가 합심하여 돕는다면 문제가 해결될 수 있음을 보여주기 위함이다.

성적으로 문제가 없는 긍정적이고 도덕적인 아이를 키우기 위해서는 아이들의 말에 귀 기울이고, 그들과 많은 대화를 하며 시간을 보내야 할 것이다.

아이들은 아직 어리지만 인격을 갖춘 인격체다. 부모가 아무리 아이들을 어리게만 바라보아도 그들에게 성적인 욕구가 있음을 부인하지 말아야 한다. 다만 그들이 이런 욕구를 올바르게 통제할 수 있도록 성 문제를 충분히 이해시키고, 이를 긍정적이고 올바르게 받아들일 수 있도록 도와야 할 것이다.

어떤 문제에 관해서 건 아이들과 이야기를 나눌 때 가장 중요한 것은 모든 대화를 마침표가 아닌 쉼표로 끝내는 것이다.

자기 평가

1. 당신은 누구로부터 성교육을 받았는가?

2. 당신의 아이들이 누구로부터 어떤 방식으로 성에 관하여 배우기를 원하는가?

3. 어머니로서 혹은 아버지로서 아이와 성에 관한 정보를 더 잘 나눌 수 있는 방법은 무엇인가?

4. 사실적인 정보에 정통해 있는 한 아이들은 모든 상황에 대한 준비를 더 잘하게 될 것이다. 이에 동의하는가?

5. 아이들에게 성에 관하여 가르치는 방법에 있어 많은 어려움이 있었을 것이다. 이를 바꾸기 위해 당신이 할 수 있는 일은 무엇인가?

6. 아들과 보낸 긴 주말에 관한 내용을 다시 읽고 요약해 보자. 자녀와 이런 시간을 보내는 것이 가치 있는 일이라고 생각하는가?

12

성폭행과 성추행

Sex Abuse and Harassment

성폭행과 성추행에 관련된 내용 역시 이 책에서 빼놓을 수 없는 중요한 부분이다. 나는 개인적으로 이런 정보를 충분히 숙지하고 있어야만 더 이상 성 관련 범죄에 어린이들이 희생 당하지 않으리라는 믿음을 가지고 있다.

본 장에서 다루어지는 내용이 아이를 돌보는 부모에게 훌륭한 지침이 되기를 바란다. 성폭행과 성추행을 당한 희생자는 정신적으로나 신체적으로 건강한 삶을 유지하기 힘들다. 대략 80%에 이르는 성폭행 범죄가 아버지나 양아버지, 남자 형제, 삼촌, 교사나 이웃, 심지어는 성직자와 같은 아이의 주변 인물에 의해 저질러지고 있다.

성폭행 사실은 빨리 발견되면 발견될수록 회복의 가능성도 그만큼 높아진다. 한 잡지에 실린 다음의 기사는 성폭행에 희생된 아이를 아주 잘 묘사하고 있으며, 이 아이를 돕는 과정 역시 잘 보여주고 있다.

성폭행의 희생자들은 대부분 조용해진다. 행복하고 명랑하던 아이들도 갑자기 우울해진다. 아이들이 악몽에 시달리거나 전과는 달리 두려움을 호소하기도 한다. 호기심이 억눌릴지도 모른다.

만일 아이가 집 밖에서 성폭행을 당했다면 학교에 가기 싫다고 떼를 쓰거나 울면서 엄마에게 매달리곤 할 것이다. 혹은 화장실 훈련을 받기 전 행동으로 돌아가거나 아기처럼 말을 하는 등의 퇴행 행동을 할 것이라는 점에 치료 전문가들은 동의한다.

"때로는 키스를 할 때 입을 벌리기도 하지요. 그리고 신체의 여러 다른 부분들을 부적절한 용어로 부르기도 합니다. 지나친 자위 행위도 성폭행을 당한 표시라 할 수 있습니다." 텍사스 인적 자원부의 어린이 보호원에서 근무하고 있는 성폭행 사례 연구 담당자인 앤 클락 씨의 말이다.

상담 전문가들은 아이의 행동을 관찰하는 부모들을 위해 다음과 같은 조언을 한다. "당황하지 말고 침착하십시오. 가능한 한 침착한 목소리로 말을 해야 합니다. 당황해 하는 행동은 아이에게 두려움을 줄뿐입니다."

부모 안내 센터의 임상관리자인 바니 히사나고 씨는 "부모들은 놀라움과 분노에 휩싸여 행동을 하게 될지도 모릅니다. 그러나 부모가 이렇게 당황한 모습을 보이면 아이들은 자신이 뭔가 큰 잘못을 했다고 생각하게 될 것입니다."라고 조언하고 있다.

"특히 어린아이일수록 부모의 이런 갑작스런 반응에 놀라 입을 다물고 아무 말도 하지 않게 되지요. 아이들은 부모의 감정에 아주 민감하거든요." 어린이 연구소의 치료사인 셜리 딜만 씨의 말이다.

"부모들이 감정적으로 동요하게 되는 것은 당연한 일입니다. 이것이 인적 자원부나 상담 연구소에 전화해서 전문가들을 찾는 가장 큰 이유지요. 부모 혼자서 문제의 전말을 캐는 것보다는 상담 전문가의 도움이 필요할 것입니다."라고 어린이 연구소의 또 다른 상담사인 엘리스 와이든 호프 씨는 말한다.

치료전문가나 가족들이 해야 하는 가장 중요한 일은 아이에게는 잘못이 없다는 점을 강조하며 아이를 안심시키는 것이다.

"우선은 아이에게 이 문제에 대한 책임이 없음을 이해시켜 주고 이에 대한 죄의식을 느끼지 않도록 해주는 것이 중요합니다."라고 바이덴호프 씨가 말했다.

"나쁜 짓을 저지른 것은 가해자인 어른이라고 말해주며, 부모인 당신과 다른 어른들이 다시는 이런 일이 일어나지 않도록 나쁜 어른으로부터 안전하게 지켜주겠노라고 약속을 해 주어야 합니다. 다시는 가해자를 만나지 않도록 보호해주겠다는 약속을 하고 아이에게 이를 확신시켜 준다면 아이의 정서적인 안정에 도움이 될 것입니다."라고 한 상담전문가가 주의 깊게 조언했다.

딜만 씨는 이렇게 말했다. "'이 사람이 너를 속인 거야. 네게 거짓 말을 하고 겁을 주었던 거란다' 하고 아이에게 다시 한번 확인을 시켜줄 필요가 있습니다. 삶은 예측할 수 없는 것이라는 사실을 아이가 진실로 납득할 수 있다면 부모를 비롯한 자신의 주변에 있는 어른들을 대하는 자세에 있어서도 많은 도움이 될 것입니다.

아이의 자존심을 세워주십시오. 긍정적인 생각을 가지도록 해준다면 자신에게 일어났던 일을 더 빨리 잊을 수 있게 될 겁니다. 아이가 학교생활이나 자신이 하고 있는 일에서 좋은 성과를 얻는다면 정서적 · 정신적 회복에 커다란 도움이 될 것입니다."

성폭행 자체가 아니라 '어린이 성폭행으로부터 입은 충격' 이야말로 상담전문가와 상의해야 할 문제다. 성폭행으로부터 받은 충격은 죄책감은 물론, 공포와 악몽, 우울증, 자존감의 상실 등으로 이어질 확률이 아주 높다. 여아일 경우에는 스스로 '망가진 물건'이 된 듯한 피해의식을 가지게 될 것이며, 남아의 경우에도 이 경험으로 인해 동성애자가 될 위험이 다분히 있다고 히사나고 씨는 말한다.

그는 계속해서 이렇게 지적하고 있다. "또다시 이런 일이 생길 경우 친척이나 친구 등 아이가 믿고 이야기를 나눌 수 있는 사람들의 구체적인 목록을 적어주는 것도 필요합니다. 그렇게 함으로써 아이는 자신에게 문제가 생기더라도 마음으로 의지하며 함께 이야기를 나눌 사람이 곁에 있음을 알게 될 것입니다."

아이들은 보통 어른들이 심리학적인 문제를 상담전문가와 이야기를 나누는 것과 같은 방식으로 함께 이야기를 나누며 문제를 해결하는 것에서 일종의 카타르시스를 경험한다.

"한 번은 어린 소녀가 '그 사람은 나빠! 나쁜 사람이야. 그 사람은 나빠, 정말 나쁜 사람이야.'라고 외치면서 인형모양의 펀치 백을 반복해서 때리는가 하면, 또 다른 여자아이는 성폭행 경험이 너무나 끔찍했던 나머지 어느 정도 감정적으로 안정이 되고 나서야 그 일에 관해 이야기를 하기 시작하기도 했습니다."라고 딜만 씨는 자신이 상담한 환자의 경우를 묘사했다.

모든 종류의 성폭력이 아이에게 커다란 상처를 남기는 것은 사실이지만, 그래도 가정 밖에서 일어나는 성폭행 사례는 그나마 덜 파괴적인 편이라고 바이덴호프 씨는 말을 잇는다.

"성폭력에 있어 그 가해자가 아버지인 경우 아이들은 이중적인 감정을 느끼게 됩니다. 아버지를 증오하면서도 사랑할 수밖에 없는 상황에 처하게 되는 거지요. 아버지가 사라져버렸으면 좋겠다는 생각을 하면서도 아버지를 그리워하게 됩니다. 아버지는 아이들의 삶에 있어 가장 중요한 사람이며 누구보다도 아이를 잘 돌봐야 하는 사람입니다.

자신이 보호받아야 할 가정에서 공격을 받는다면 아이에게 가정은 이미 가정으로써의 역할을 상실했다고 보아야 할 것입니다. 그러나 아직 가족 내에 믿고 의지하며 모든 문제를 이야기할 수 있는 구성원이 있다면 문제 해결에 있어 아주 다른 양상을 보일 것이라 믿습니다."

성폭력으로부터 아이들을 보호하려면 우선 아이들에게 아주 사적이고 '특별한' 신체 부위를 알려주고 그곳을 다른 사람들이 만지지 못하도록 하는 교육을 철저히 시켜야 한다고 상담전문가들은 조언한다.

아이들은 무엇이 '유쾌한 접촉'이고 무엇이 '불쾌한 접촉'인지를 구분할 수 있어야 한다. 만일 누군가가 '불쾌한' 방식으로 접촉을 시도한다면 '소리를 지르고 무슨 일이 있었는지를 이야기하라'고 아이들에게 일러주어야 한다. 딜만 씨는 아이들이 학교에서 일어나는 폭행 등과 같이 '무서운 일'에 관한 것이나 '우스운 느낌'을 갖게 되는 일에 대해서도 부모나 잘 아는 어른들에게 알리도록 교육 시켜야 한다고 말한다.

'불쾌한 접촉'이 어떤 것인지를 아이들에게 알려주는 가장 좋은 방법은 어린아이에게 수영복을 입히고 수영복으로 가려진 부분은 진찰을 하려는 의사를 제외하고는 그 어느 누구도 만지게 해서는 안 된다고 교육시키는 것이다.

"많은 부모들이 아이들과 성적인 내용을 함께 이야기하는 것을 당황해 합니다. 어른들은 아이들에게 권위를 내세우며 어른에 대한 존경심을 가지도록 가르치죠. 그리고 여러 규칙과 법규들을 가르칩니다. 그러나 어른들이 물쾌한 접촉을 해오는 경우에는 이떻게 대처해야 하는 지는 가르쳐주지 않습니다."라고 클락 씨가 말한다.

"아이들은 어른에게라도 불쾌하다고 느끼면 '만지지 마세요'라고 당당하게 말할 수 있도록 교육시킬 필요가 있습니다."라고 바이덴호프 씨가 조언한다. 그러나 모든 상담 전문가들은 건전한 대화와 아이에게 겁을 주는 행위 사이의 차이점을 강조했다.

치한은 어떤 사람인가?
그들은 왜 성희롱을 하는가?

우리는 아버지나 다른 어른들이 어린아이들과 성적인 혹은 근친 상간적인 관계에 연루되는 이유가 주로 충동적이며, 이는 가해적이지 않은 일이라고 생각한다. 그렇다면 도대체 어린이를 상대로 성적인 해를 가하는 사람들은 어떤 사람들인가?

　　1984년 5월 13일, 댈러스 타임즈 헤럴드지에 실린 조안 스위니의 기사는 이렇게 묻고 있다. "오늘 당신의 아이들을 안아 주었습니까? 아니라면 치한이 이를 대신할 겁니다." 기사는 이렇게 밝히고 있다.

> 대부분의 치한들은 자존감 및 자기 만족감이 아주 낮으며, 순간적인 충동을 제어하는 능력이 부족하다. 뿐만 아니라 유쾌하고 낭만적이며 장기간 유지될 수 있는 인간관계를 맺는 능력이 전혀 없는 사람들이다. 이런 사람들의 대부분은 알코올이나 마약 중독 증상을 보이기도 하며, 여성들과 폭력적인 성 관계를 맺기도 한다. 또 어떤 경우에 성인을 상대로는 성적인 불능 상태를 보이기도 한다. 성폭행의 가해자들은 보통 결손가정 출신으로 어린 시절 충분한 사랑을 받지 못하고 올바른 규율에 의거한 교육을 받지 못한 경우가 많다.

　　성추행을 일삼는 사람은 남녀노소 누구나 될 수 있다. "대체로 어린이 성 추행범들은 폭력적으로 위협 하지 않으며, 주로 희생자인 어린아이를 유혹하는 방법을 이용합니다. 이런 자들은 아이로부터 호의를 얻기 위하여 수많은 시간을 보내게 마련이죠."라고 뉴멕시코 경찰서의 조셉 폴리 경사는 말한다.

성 추행범들은 말을 잘 들을 것 같은 아이를 선택한다. 이들은 완강히 저항하는 아이에게는 접근을 하지 않을 것이다(이 책을 읽고 있는 부모들은 이 마지막 문장에 주목해야 할 것이다).

"어린이를 상대로 하는 성 추행범들은 아이들과 함께 있을 기회를 호시탐탐 노리고 있습니다. 그래서 이들은 공동체에서 어린이들을 돌보는 일을 찾는가 하면 보이스카우트나 어린이 캠프 등에 교사나 코치로 참여하기도 하지요." 남부 캘리포니아 대학의 정신의학 연구소 행동 과학 부서의 책임자인 브루스 그로스 박사의 말이다. 그는 최근 12년 동안 천 명 이상의 어린이 성 추행범들을 봐왔다고 한다.

그는 자신의 경험을 바탕으로 이렇게 충고한다. "성 추행범들이라고 해서 사회로부터 눈에 띄는 행동을 하지는 않습니다. 오히려 아주 평범한 생활을 하지요. 어린 여자아이들을 눈에 띄게 좋아하는 모습을 보이는 것은 주변 사람들에게 의심을 살 수 있으므로, 이들은 *외롭게 홀로 사는 어머니들을 유혹하여 그녀의 딸에게 접근하는 방법을 찾기도 합니다.*"

또 로스앤젤레스의 하버 대학의 의학 센터 부속 상담 서비스 부서에서 원장을 맡고 있는 롤렌드 서미트 박사는 이렇게 말한다. "보통은 자신이 아이들과 좋은 경험을 나누고 있다는 잘못된 믿음을 가지고 있기도 합니다. 스스로 아이들에게 성에 대한 친근감을 가르치고 있으며, 어른들에 의하여 거부당하고 있는 아이들의 성적 욕구를 충족시켜

주고 있다고 생각합니다.

심한 경우는 아이들에게 성 경험을 할 수 있는 기회를 제공하는 것이
자신의 임무라고 믿기도 하지요. 그렇지만 이유가 무엇이건 *어린아이
를 대상으로 성추행을 하기 시작하면 중독이 됩니다. 이는 마치 금
기를 한 번 깨게 되면 거리낌없이 그 금기를 다시 자행하는 것과 마
찬가지라 할 수 있습니다.”*

성 추행범의 행각

약 80%에 이르는 희생자들이 성 추행범을 잘 알고 있다. “어쩌면 아주
친절한 이웃일 수도 있습니다. 부모인 당신에게는 ‘제가 도와드리죠.
제가 아이들을 며칠 데리고 있을께요.’ 라며 접근을 합니다. 어린이를
상대로 하고 있는 변태성욕자들은 달콤한 사탕이나 장난감으로 환심
을 사거나 아이들을 공원이나 영화관에 데리고 가는 등의 방법으로 꾀
어냅니다.

아이들이 점점 더 편안하게 대하기 시작하면 ‘이 친절한 아저
씨’ 는 간지럼을 태우거나 레슬링을 하는 시늉을 하는 등의 다소 ‘순수
한’ 친근감을 유도하기 시작합니다. 그리고는 그 다음 단계로 포르노
를 이용하는 거죠. 이는 아이들의 거부 반응을 낮추기 위해서 이용되
곤 합니다.” FBI의 케니스 래닝의 말이다(그렇다 4~5세의 어린아이들은
포르노를 통해 ‘자극’ 을 경험하기도 한다).

"성 추행범들은 '단순한 누드' 사진을 이용합니다. 옷을 벗고 있는 아이들이 그저 웃고 있는 사진들로, 이런 사진들은 자신이 직접 찍은 앞선 희생자들의 사진이거나 잡지나 성교육용 교재에서 뜯어낸 것들입니다."라고 뉴욕시경의 다니엘 경감은 말한다.

그는 계속해서 다음과 같이 설명한다. "모든 아이들은 호기심을 가지게 마련입니다. 이렇게 물어볼지도 모르죠. '왜 이 아이들은 발가벗고 있어요?' 하고 말입니다. 그렇게 되면 아이가 믿고있는 성범죄자가 '뭐가 잘못됐니? 이 아이들은 아주 재미있어 하고 있단다. 너도 이 사진의 아이들만큼이나 예쁜걸. 아저씨가 사진 찍어줄까?' 라고 하면서 자연스럽게 상황을 이끌어갈 겁니다."

더 많은 아이들이 연루될수록 그 아이들이 가해자로부터 벗어나기가 힘들어진다고 전문가는 말한다. 여전히 상황을 벗어나려는 아이들이 있는 경우, 이제 성범죄자들은 그 동안 찍은 사진을 그 아이들의 부모에게 보내겠노라고 협박을 하기 시작한다.
어린이를 대상으로 하는 성추행이 점점 더 성행하고 있다. 우리는 이에 어떻게 대처해야 하는가?

우리의 목표를 기억하라

이 책을 시작하면서 지적했듯이 우리는 미래에 긍정적인 부모가 될 긍정적인 자녀의 양육을 추구하고 있다. 만일 처음부터 도덕적인 가치를 가르치고 부모와 자식 간의 단단한 유대관계를 형성한다면 남편이자 아버지는 가족 안에서 좋은 관계를 유지하여 외도를 하지 않을 것이며, 아내이자 어머니는 남편이나 아이들과 만족스러운 관계를 유지하게 될 것이다.

자녀의 안전과 복지를 생각하는 부모라면, 그래서 성 추행범들로부터 자녀를 보호하기 위해서라면 무엇이든 할 각오가 되어있는 부모라면 오늘날 미국의 도덕적 풍토에 개입하기를 적극 권장한다. 그러나 불행히도 당신은 건전하고 윤리적이며 도덕적인 시민임에도 불구하고 당신의 자녀는 성 추행범이나 성 범죄자들에게 노출되고 있는 것이 현실이다.

어린 자녀들을 둔 부모라면 일상의 모든 측면에서 그들과의 관계를 돈독히 하여야 할 뿐 아니라 아이들과 친분을 가지고 있는 사람들에 대해서도 주의를 기울여 자세히 알고 있어야 한다. 이와 관련하여 세 가지 사항을 강력하게 권장하고 싶다.

첫째, 이 나라의 시민으로서 포르노를 판매하는 상인들과는 사업상으로도 거래를 하지 말아야 한다. 당신의 시간이 허락한다면 왜 당신이 거래를 하지 않는지에 대한 이유를 편지로 쓰거나 단호하고 부드러운 말투로 직접 관리자에게 이야기해 줄 필요가 있다. 포르노 관련 품목을 판매하는 업체들은 편의점을 비롯하여 호텔과 모텔 혹은 경박한 포르노 관련 성인용 잡지를 판매하는 업체들을 모두 포함한다.

포르노가 폭력이나 어린이 성폭력과 강간에 있어 우발적인 요인이 되고 있다는 사실은 너무나 분명하다. FBI가 실시한 36건의 연쇄 살인범들과 관련된 조사에서는 81%(36건 중 29건)가 포르노로부터 가장 높은 성적 관심을 가지게 되었으며, 연쇄 살인의 가장 일반적인 성격 중 하나가 이와 관련되어 있음을 보여주고 있다.

1983년 윌리엄 마셜 박사는 86%의 강간범들이 포르노를 일상적으로 사용한다고 인정했으며, 57%가 단순히 포르노를 흉내내기 위해 범죄를 저질렀음을 시인했다고 밝혔다.

두 번째 권장사항은 성적으로 지나치게 개방적이거나 성욕을 부추기는 텔레비전 프로그램을 보게 되면 프로그램 협찬사들에게 지나치게 외설적인 장면의 방송을 계속할 경우 더 이상 그 회사의 상품을 이용하지 않겠다는 편지를 쓰라는 것이다.

이 책을 읽은 사람들만이라도 한 통씩 이와 같은 편지를 보낸다면 텔레비전 방송 내용이 훨씬 더 나아질 것이다. 이와 같은 편지를 받은 협찬사도 시간을 들여 편지를 쓴 한 사람 한 사람이 그렇지 못한 사람들 200여 명을 대변하고 있음을 충분히 알고 있을 테니 말이다.

마지막으로 권장하고 싶은 사항은 가족문제를 다루고 있는 단체에 가입하라는 것이다. 협회나 단체에 가입해 사회문제에 관심을 가지게 되면 생각보다 빨리 긍정적으로 해결될 것이다. 이러한 관심은 포르노 관련 상품과 방송을 만들 권리를 부인하는 것이 아니라는 점을 지적하지 않을 수 없다.

우리는 단지 상품을 소비하고 방송을 보는 데 드는 비용 지불을 거부하는 것뿐이다. 이는 당연한 소비자의 권리이며 또한 책임감을 가지고 이러한 검열에 참여해야 한다. 결국 성추행이나 강간의 예방은 당신의 손에 달린 것이다.

성희롱은 이제 그만

실제로 직장에서의 성희롱이 존재하며 점점 더 큰 문제가 되고 있다. 다행히 적절한 법률이 제정되어 지나친 성희롱이 발생할 시에는 법적인 해결을 모색하고 있기는 하다.

그러나 당신의 자녀들이 다니게 될 직장이고 보면 직장에서의 성희롱은 반드시 없어져야 할 것이다. 이런 점을 염두에 두고 우리 자녀들이 사회생활에 첫발을 내디뎠을 때 원치 않는 성적 접촉에 대해 어떻게 대처해야 하는 지를 살펴보도록 하자.

직장 내에서의 성희롱은 보통 눈에 띄지 않고 호의적이며 미온적인 방법으로 시작된다(이것이 더 위험하다). 그러나 때로는 노골적이고 저속하며 지속적인 경우도 있다. 어떤 경우이든 적절한 대응을 할 필요가 있으며, 우리 자녀들도 이에 대비를 해 두어야 할 것이다.

많은 경우에 있어 젊은 여성들(혹은 남성들)이 이런 성희롱의 대상이 된다. 직장 동료들이나 상사 혹은 사장이나 군 기관, 학교, 심지어는 교회에서까지 성희롱에 의한 희생자들이 생기고 있다. 어떠한 경우에서든 불쾌한 신체 접촉 및 언행에 대응하도록 준비가 된다면 단호하고 적절하게 처신할 수 있을 것이다.

자녀들이 직업에 대한 이야기를 하기 시작하면 이런 문제에 대한 교육을 철저히 시켜야 할 것이다. 꼭 직업이 아니라 하더라도 딸아이가 아기를 돌보는 아르바이트를 하려 한다해도 그녀가 일하고자 하는 집의 식구들에 대해 자세한 정보를 알아둘 필요가 있다.

활용 가능한 구체적인 사례

다음은 아기를 돌보는 일을 아르바이트로 삼은 자녀들에게 도움이 되는 사항들이다.

1. 아이를 돌보는 동안 낯선 사람이 방문을 한다면 아이의 가족들에게 전화를 걸어 방문자의 신원을 확인하고, 허락을 받고 나서 그 사람을 들여야 한다. 물론 방문자의 입장에서는 기분이 상할 수도 있지만 아이를 보호하고 있는 사람으로서 안전에 대한 책임을 지고 있음을 곧 이해하게 될 것이다.

2. 아이를 돌보는 집에서 누군가가 당신을 불편하게 하는 말이나 행동을 한다면 그 언행이 무엇이었는지를 반드시 부모에게 알려야 한다. 대부분의 경우에 있어 부모는 저녁때 아르바이트를 마치고 집에 돌아온 딸아이의 이야기에 귀를 기울여야 한다.
아르바이트를 하면서 겪은 일들과 이에 대응하는 자세가 이후 사회에 나가 정규 직업을 가지는 데 있어서도 많은 도움과 영향을 줄 것

이기 때문이다. 만일 딸아이가 일을 하고 있는 집의 식구들 중 이성의
상대로부터 불쾌한 신체적 접촉을 강요받았다면, 부모는 이를 반드시
알고 있어야 하며 더 이상 그 집 아기를 돌보는 일을 하도록 해서는 안
된다.

 미리 경계하는 것이 곧 무장하는 것이다.

부도덕한 사람

정규직업을 가지게 되었을 때의 문제는 달라진다. 정규직업을 가지려
면 적어도 16세는 되어야 한다. 이 나이 즈음이면 당신의 딸도 올바른
자신의 성 정체성과 성 역할을 이해하고 있을 뿐만 아니라 직업의 세계
에서 일어날 수 있는 여러 일들에 대한 이해의 수준도 높아져 있을 것
이다. 그러나 아직 어린 16세의 소녀는 20대에서 50대까지의 성인 남
성들과 상황이 다르다.

　　대부분 나이든 남성들은 이렇게 갓 사회에 나온 어린 소녀에게
'아버지'를 자처하며 접근한다. 그러면서 이를 자신의 요구를 정당화
시키는 명분으로 삼는다. 이들이 전형적으로 사용하는 수법은 아주
'순수하고' '즉흥적인' 행위로 소녀의 어깨에 손을 얹는 것이다.

또한 악수를 한다는 핑계로 오랫동안 손을 잡고 있기도 한다. 슬쩍 팔꿈치로 밀치며 '미안해요' 한 마디를 던지거나 좁은 복도를 일부러 나란히 걸으려 하거나 할 이야기가 있다며 잠시 '옆에 앉으라' 고 하는 등 아주 사소하고 작은 행동들로 친밀한 관계를 유도하려 한다.

그렇다고 해서 당신과 당신의 자녀가 직장 성희롱에 대해 편집증적인 집착을 보이라는 것이 아니다. 다만 미리 경계하는 것이 곧 무장하는 것임을 일깨워주고 싶을 뿐이다.

이 유혹꾼들이 이용하는 가장 효과적인 무기는 아첨과 관심이다. 많은 어린 소녀들이 "참 매력적이군요.", "옷이 참 잘 어울리네요.", "이렇게 아름다운 아가씨에게 모여드는 사내 녀석들로부터 아버지처럼 지켜줄께요." 혹은 "향수 냄새가 참 매혹적이군요."와 같은 찬사에 적절히 대응하지 못하는 경우가 많다.

직업과 함께 일하는 사람들에 대한 자연적인 관심에 따른 이러한 주의는 직업에 대한 어린 소녀의 생각과 선호도에 큰 해를 입힐 수 있다(비록 어린 소녀들이 훨씬 더 큰 위험에 처해있는 상황이기는 하지만 어린 소년들 역시 공격적인 여성이나 동성애자, 그리고 나이든 여성들의 성적인 공격 목표가 되고 있다. 그러니 이 소년들 역시 이런 파괴적이고 혼란스러운 관계를 피할 수 있는 적절한 대처방법에 대한 교육을 시켜야 할 것이다).

지금까지 사회의 부정적인 측면만을 들춰내기는 했지만 대부분의 사람들은 친절하고 예의바르며 존경할만한 성품을 지니고 있음을 잊지 말아야 할 것이다. 이들이 사회에 갓 발을 들여놓고 함께 일하게 될 우리의 딸들과 아들들에게 관심을 보이는 것은 당연한 일이다. 이런 사람들에게까지

의혹의 눈길을 보내며 불친절하게 대한다면 이는 참으로 불행한 일일뿐만 아니라 현실적이지 못한 일이 아닐 수 없다.

사실 친절함과 무례를 구분하기란 쉽지 않다. 이 두 가지의 관계를 구분할 수 있는 훈련은 아버지와의 관계에서 하는 것이 가장 좋다. 아버지가 딸에게 부모로서의 사랑을 보여주고 진심 어린 찬사를 보내주는 것이 얼마나 중요한지는 새삼 강조하지 않아도 될 것이다.

딸에게 주의를

중요한 것은 직장에서 불필요한 신체 접촉 등 성적인 희롱을 당할 때 적절히 대응하도록 딸들에게 주의를 주어야 한다는 것이다. 그렇다고 해서 사람들에게 불친절하거나 냉담하게 대하라는 말은 아니다.

다만 성적인 접근이나 유부남들의 입에 발린 칭찬 등에 넘어가서 이후 상처받는 일이나 미래의 삶에 치명적이고 파괴적인 영향을 미치는 일이 없도록 해야 한다는 말이다.

이를 마음속에 새기면서 딸과 심각하게 이 문제에 대하여 이야기해 보아야 할 것이다. 그렇다면 어머니로서 당신이 딸에게 해줄 수 있는 일은 무엇인가? 역시 남자들이 입에 발린 찬사를 떠벌리며 접근하는 것을 경계하라는 조언과 함께 딸아이가 옷을 입는 것 역시 조심스럽게 살펴보아야 한다.

스커트가 너무 끼거나 짧은 경우에는 문제를 일으킬 수 있다.

또 깊이 패인 블라우스를 입고 출근하는 것 역시 업무와 어울리지도 않고 적절하지도 않은 복장임을 지적해주어야 한다.

아버지는 남자들이 시각적인 자극에 가장 민감하다는 사실을 설명해주어야 하며, 자칫하면 오히려 자신을 유혹했기 때문에 접근을 했다는 명분만 제공하게 됨을 알려주어야 할 것이다.

집 밖에는 늘 늑대 같은 사내들이 당신의 딸들을 노리고 있음을 한시라도 잊어서는 안 될 것이다. 직장에 나갈 때뿐 아니라 외출을 할 때도 늘 단정한 복장을 할 것을 강조해야 한다.

당신이 딸의 안전을 걱정하는 실질적인 아버지라면 남성 심리에 대한 아주 귀중한 정보를 딸에게 알려 주어라.

준비하라

당신의 딸아이가 분명히 알아두어야 할 문제는 직장 동료나 상사가 그녀의 도덕성을 모욕할 때가 많다는 것이다. 이는 가볍게 처신할 문제가 아니다.

우선은 분노를 삭이는 것이 관건이다. 물론 이제 막 직장생활을 시작한 어린 소녀가 이에 대처하기란 쉬운 일이 아니다. 그렇기 때문에 사전에 당신의 딸에게 이런 가능성에 대해 경고를 해주고 적절히 대처하도록 조언을 해주어야 한다.

상사가 처음 치근대는 것에 대처하지 못한다면 그 다음에는 더욱 단호한 조치가 필요해진다. 불쾌한 행동을 하는 상사에게 약간 언성을 높여 어떻게 그런 행동을 할 수 있는 지를 따져 묻거나, 직장 상사가 나이 지긋한 사람이라면 딸 같은 직원에게 옳지 않은 행동을 하고 있음을 지적해주는 것도 한 방법이다.

물론 첫 직장에서 열심히 일해 보려는 젊은이에게 이런 식으로 상사와 정면으로 부딪치는 것은 참으로 어려운 일이다. 비극은 이렇게 어린 소녀들에게 성적으로 접근하려는 도덕적으로 타락한 어른들이 이것이 '사회생활'이라며 반발을 무마시키려는 데 있다. 이 얼마나 비열한 짓인가!

직장 내에서의 성희롱을 문제화시킨다면 이로 인해 자녀의 직장생활이 위태로워질 수도 있다. 그러다 보니 사실 직장에서 일어나는 성희롱이 표면으로 드러나는 경우는 극히 심한 경우가 대부분이다.

그러나 해고를 당하는 한이 있더라도 직장 내에서 이런 문제는 근절되어야 하며 이를 위해서는 피해 여성들이 법적 대응을 피해서는 안 된다.

이 모든 일이 처음 사회생활을 시작하는 어린 소녀에게 얼마나 힘겨운 일인지 잘 알고 있다. 하지만 상황이 어떻든 부모는 이런 모든 환경을 주의 깊게 살피면서 조언을 아끼지 말아야 한다. 왜냐하면 성적 학대나 도덕적인 모욕을 감수하면서 계속해서 일할 만큼 가치 있는 직업은 없기 때문이다.

성적 학대나 도덕적인 모욕을 감수하면
서 계속해서 일할 만큼 가치 있는 직업은
이 세상에 없다.

만일 당신이 성폭행의 희생자라면

마지막으로 금기시 되고 있는 주제인 근친상간에 대해 몇 마디 덧붙이
고자 한다. 우리 사회가 맞고 있는 커다란 비극 중 하나는 깨어져서는
안 될 금기, 즉 근친상간의 문제가 대두되고 있다는 데 있다. 우리는 모
두 문제의 심각성을 깨달아야 하며, 이런 문제가 우리 자녀에게 미칠
영향과 이에 대한 대책을 공동 포럼을 열어 강구해보아야 할 것이다.

강연을 다니면서 점점 증가하고 있는 근친상간의 문제와 그 파
괴적인 영향에 대해 청중들과 이야기를 나누기 시작한 것이 1984년이
었다. 45년에 이르는 내 연설경력에서 얼마 안 되는 기간 동안에 이루
어진 토론이었지만 이처럼 격렬한 반응이 오갔던 주제도 없었던 것 같
다. 처음으로 이 주제에 대해 이야기를 시작한 이래 수많은 전보와 편
지, 전화 심지어는 방문을 통해 이 주제에 대해 더 많은 연설을 해달라
는 신청이 쏟아졌다.

그 이유가 무엇일까? 자신이 희생자임을 밝히기 꺼리는 희생자
들이 많이 있었기 때문이다. 이들은 도움을 받고 싶어도 그럴 수 없었
으며, 도움을 받을 수 있는지 여부조차 알지 못하고 있었다.

내가 이 문제에 대해 연설을 할 때마다 세미나에 참석했던 사람들 중 몇 명이 내게 와서 감동어린 눈빛으로 악수를 청했다. 그러면서 그들이 건네는 것은 떨리는 음성으로 "감사합니다" 한 마디 뿐이었다.

대부분의 경우 더 이상의 말은 없었지만, 나는 그들이 근친상간의 희생자였음을 잘 알고 있다. 내가 작은 집단에서 연설을 할 때면 사람들의 표정과 눈빛을 하나하나 살필 수 있는데, 이들 중 어김없이 한 두 명은 어린 시절 근친상간을 당한 희생자였음을 눈치챌 수 있다.

몇 년 전 실제로 일어났던 구체적인 사건 두 가지를 언급하고자 한다. 시카고에서 60여명의 여성들이 한 세미나에 참석했다. 세미나를 마치고 집으로 돌아가는 길에 이들 중 3명이 어린 시절 근친상간을 당한 희생자였음을 알게 되었다. 그들이 이 사실을 다른 사람에게 밝힌 것은 그 때가 처음이었다. 이들은 새로운 희망과 안도감을 느꼈고 죄책감에서 벗어나 심리적인 치료를 받은 것 같다고 고백했다고 한다.

또 한 번은 교회에서 같은 주제로 연설을 했을 때의 일이다. 나를 잘 알고 있던 한 여성이 교회에서 근친상간과 같은 주제로 연설을 한다는 것에 대해 놀랐다고 심정을 털어놓았다. 그 날 저녁 남편과 식사를 하는 동안 그녀는 교회에서의 연설로는 어울리지 않는 주제였고 그런 희생자는 거의 없을 것이라며 자신의 놀람을 표현했다.

그녀의 말이 끝나자 잠시 침묵이 흘렀고, 마침내 남편이 입을 열었다. 자신이 6살 때 이웃으로부터 성폭행을 당했다는 것이다. 물론 그가 이런 마음의 상처를 다른 사람과 나눈 것은 그 때가 처음이었다.

나는 문제를 인식하는 것이 곧 그 문제를 해결하는 것이라고 생각하지는 않는다. 그러나 현실적으로 문제가 있다면 그 문제를 인정하고 알리기 전까지는 어떤 식으로든 그 문제를 해결할 수 없다는 점은 깊이 인식하고 있다. 이제는 지금까지 말 못할 문제를 지니고 있던 사람들이 그 문제를 인정하고 가능한 한 도움을 구할 수 있기를 바란다. 만일 당신이 말 못할 희생자라면, 그리고 그 상처를 마음속에 가지고 있다면, 이는 분명히 당신의 자녀에게도 깊은 영향을 미치게 될 것임을 명심하라.

이제 행동해야 한다

이와 같은 맥락에서 만일 배우자가 자녀를 성적으로 학대하는 사실을 알게 되었다면 이를 인정하고 싶지는 않겠지만 즉각적이고도 단호하게 도덕적인 결단을 내려야 한다. 물론 무기력한 아이를 보호하는 것이 무엇보다도 중요한 급선무다.

　　만일 당신의 생명에 위협을 느낀다면 도움을 청하라. 법적인 조치를 취하거나 지역의 목사나 변호사로부터 조언을 구하면, 이들은 당신의 생명을 보호하고 더 이상 아이의 삶에도 파괴적인 영향을 미치지 않도록 도울 것이다. 만약 당신이 특별한 조치를 취하지 않는다면 아이를 계속해서 학대하는 마음의 병을 지닌 사람을 상대하고 있음을 결코 잊어서는 안 된다.

　　현실적으로 이런 상황에 처해 있다면 이미 '가족' 이라는 이름은 유명무실해진 것이나 다름없다. 도움을 받는 것만이 가족을 지킬 수 있는 유일한 길이다. 자, 이제 결단을 내리고 당장 조치를 취하라.

만일 당신이 어린이 학대나 배우자 학대 혹은 다른 사람들을 상대로 성범죄를 저질렀다면, 나는 가능한 한 온화하게 이 문제에 대해 대화를 나누고 싶다. 동시에 당신의 행동에 대해 강력하고도 원칙적이며 설득력 있게 이야기를 하고 싶다.

간단히 말해서 당신은 깊은 병에 걸린 사람이다. 당신은 아이의 삶을 망쳐놓았을 뿐만 아니라 스스로의 삶도 망치고 있다. 잘못을 깨달을 수 있는 기회는 많지 않다. 더구나 진심어린 노력을 기울여 그 잘못을 고치기는 더욱 어려운 일이다. 그러나 이런 노력 없이는 당신이 가지고 있는 끔찍한 마음의 병을 절대로 고칠 수 없을 것이다.

자, 이제 이 단락을 마저 읽고 전화를 걸어 도움을 요청하길 바란다. 전화상담센터 및 정신건강협회에서 도움을 받을 수 있을 것이다. 이상적으로는 정신의학자나 심리학자에게 진찰을 받아보는 것이 좋지만, 당신은 지금 당장 도움이 필요한 상태다.

더 이상 스스로는 물론 다른 사람에게 파괴적인 영향을 주는 행위를 멈추어야 한다. 그러지 않으면 당신은 영원히 비참한 상태에 빠져있게 될 것이다. 하나님께서 함께 하심을 기억하라. 그분은 당신을 사랑하며 진심으로 돕고 싶어하신다. 그분은 자신의 대리인으로 고도로 훈련된 상담자를 두고 계신다. 그 사람을 찾으라.

부모들이여, 자녀를 보호하고 늘 그들에게 주의를 기울여라. 가장 중요한 것은 자녀에게 확실한 도덕적 기반을 마련해주는 것이다.

자기 평가

1. 성폭행을 당한 어린이는 어떤 성격을 보이는가?

2. 성 추행범들로부터 자녀를 보호하기 위하여 부모
   로서 할 수 있는 일은 무엇인가(어머니와 아버지의
   역할을 구체적으로 생각해보자)?

3. 성 추행범들은 일반적으로 어떤 사람들인가?

4. 딸을 두고 있는 부모라면 직장생활을 시작하는 딸
   아이에게 어떤 조언을 해주어야 하겠는가?

5. 부모로서 당신은 어린이 학대에 의한 비밀스러운
   희생자가 될지도 모른다. 이 때 다른 사람과 정보
   를 나누는 것이 도움이 되는가? 그렇다면 그 상대
   는 누구인가? 본 장에서 권하는 내용은 무엇인가?

13

용서
– 삶에 있어 최고의 긍정

Forgiveness
— The Ultimate "Positive" in Life

전 장에서 성폭행에 대해 다루었기 때문에 이번에는 성폭행 희생자의 가장 궁극적인 해결책이 무엇인지에 대해서 살펴야 할 필요가 있다.

성폭행의 희생자는 스스로에 대해 긍정적인 생각을 가질 수 없기 때문에 자녀를 양육하는 데도 많은 문제를 겪게 된다. 깊은 마음의 상처와 심리적인 장애를 오랫동안 겪어왔다면, 그 해결책은 무엇일까?

용서! 이는 인생에 있어 가장 중요하며 어렵고 위험한 행위라 하지 않을 수 없다. 성경은 이 문제에 대해 다음과 같이 명백히 밝히고 있다. "너희가 사람의 과실을 용서하면 너희 천부께서도 너희 과실을 용서하시려니와 너희가 사람의 과실을 용서하지 아니하면 너희 아버지께서도 너희 과실을 용서하지 아니하시리라" (마태복음 6:14-15)

용서는 당신에게 사랑과 하나님 아버지에게 이르는 분명한 길을 열어준다. 뿐만 아니라 용서를 함으로써 분위기를 밝게 할 수 있으며, 당신을 학대하거나 모욕한 사람에게 대화의 문을 열어준다. 친척이나 친구 혹은 심지어 당신을 학대한 사람과의 사이에 미움과 분노 혹은 비통함이 남아있다면(당신이 어른이라는 가정 하에 하는 말이다) 용서를 통해서만 완전히 자유로워질 수 있음을 기억해두기 바란다.

몇 년 전, 나는 어떤 문제로 고민하고 있는 남자로부터 긴 내용의 크리스마스 카드를 받았다. 그 편지는 나와 함께 했던 '심각하고 길었던 격론'에 대해 쓰고 있었다. 그 당시 그는 그 문제에 있어 전적으로 내가 틀렸다고 확신했었다. 그러나 몇 년이 지난 지금, 자신이 옳지 못했음을 깨달았다고 적혀 있었다. 이제 그 의혹을 해결하고 잘못된 문제를 바로 잡아 자신을 짓누르고 있는 죄책감을 떨쳐버리고 싶다고 했다. 그는 용서를 구하면서 자신의 잘못을 인정한다는 말을 마지막으로 편지를 끝맺고 있었다.

그러나 그는 자신의 주소를 적지 않았다. 내가 얼마나 그의 주소를 알고 싶어했는지 모른다. 사실 나는 그가 편지에 썼던 그 사건이나 그 사람에 대해서도 제대로 기억할 수 없다. 그러나 이 문제는 편지를 보낸 그 남자의 인생에서 아주 중요한 일이었을 것이며, 나는 그가 편지를 씀으로서 마음의 자유를 얻었다는 것이 기쁠 따름이다.

만일 이 책 전체에서 아이를 키우는 데 있어서는 물론, 직업을 가지는 데 있어 마음의 평화를 찾고 삶을 조금 더 풍요롭게 하는데 도움을 줄 수 있다고 굳게 믿고 있는 내용을 하나 꼽으라면 이렇게 말하고 싶다.

"살아오면서 당신이 잘못을 했다고 생각되는 대상을 찾아라. 그 대상에게 당신이 잘못한 일에 대해 용서를 빌어라. 그리고 이들이 모두 당신을 용서했음을 확인하라." 아마도 이것이 지금껏 당신이 해 온 일들 중 가장 어려운 것이 될 것이다. 뿐만 아니라 이는 당신이 지금껏 해 온 일들 중 가장 중요하며 가장 위험한 일(왜 용서를 하는 것이 위험한 일인지는 다음에 설명하기로 한다)이기도 하다.

용서하기 힘든 것

나는 일반적으로 청중들에게 이렇게 말한다. "당신은 당신을 다치게 하거나 모욕을 준 사람을 용서해야 합니다." 물론 모욕을 당하는 경우는 유기, 금품 강탈, 배신, 명예훼손 등과 같이 다양하다. 통계학자들은 근친상간이나 다른 여러 형태의 어린이 학대도 위와 같은 범주에 포함된다고 지적한다.

수천 명의 어른들이 어린 시절 그들이 입은 상처로부터 깊은 마음의 고통을 품고 있다. 정말이지 마음의 상처를 치유하는 것이 가장 중요하다고 말 할 수 있다.

근친상간이나 성적 학대를 받은 희생자를 만나본 내 경험에 따르면 그 사건이 최근의 일이건 40년이 지난 일이건 간에 자책과 분노, 그리고 좌절의 눈물을 흘리지 않는 사람을 본 적이 없다.

자신을 용서하라

당신이 희생자라면 자신을 대상으로 저질러진 범죄가 무엇이건 간에 이를 용서하는 방법을 배워야 한다. 구체적으로 말해서 당신이 만일 근친상간의 희생자라면 나는 당신에게 다음의 두 가지를 권한다.

첫째, 당신 자신을 용서해야 한다. 이것이 가장 중요한 일이다. 어린아이였던 당신은 이 불행한 사건이 일어날 당시 이를 저지할 수 있는 능력이 없었음을 인정해야 한다. 당신은 그야말로 순수한 희생자일 따름이다(어떤 전문가들은 여성의 34%, 그리고 남성의 11%가 근친상간의 희생자라고 지적한다).

당신 자신을 용서하라. 만일 당신이 죄책감을 느끼고 있다면 이로 인해 가해자에 의해 당신의 마음속에 심어진 상처를 계속해서 돌아보게 될 것이다.

 어떤 모욕을 당했건 ⋯ 용서해야 한다.

타인을 용서하라

두 번째로 당신이 해야할 일은 *당신을 희생자로 삼은 사람을 용서하*

는 것이다. 이것은 정말이지 아주 힘든 일이다. 그러나 이 과정을 거치지 않는 한 스스로 완전히 자유로워질 수 없으며 훌륭한 부모가 될 수 없다. 만일 자기 자신과 가해자를 도저히 용서할 수 없는 경우에는 전문가의 도움을 받아야 할 것이다.

용서를 하는 과정은 힘든 일일뿐 아니라 위험한 일이기도 하다. 용서를 하는 과정이 힘들다는 사실은 부인할 수 없는 일이다. 감정적으로는 가해자가 당신에게 용서를 구해야 한다는 생각으로 많이 불편해하고 있을 테니 말이다. 그러나 *다른 사람들의 눈에는 그 일이 어떤 일이건 간에 부분적으로는 당신 자신의 잘못으로 비쳐질 것임을 염두에 두기 바란다.*

용서를 하는 것은 위험하다. 왜냐하면 자신을 학대한 친척이나 배우자 혹은 믿었다가 배반당한 친구에게 다음과 같은 말을 해야 하기 때문이다.

"이제 나의 성공과 실패에 대해 그리고 나의 미래에 대해 절대로 당신의 탓을 하지 않겠습니다. 내가 상처를 받거나 알코올 혹은 마약 중독에 빠지건, 내가 성공을 하건 모든 것이 내 책임입니다."

당신이 자신의 행동에 대한 책임을 모두 받아들일 때 당신은 비로소 자유를 향해 한 걸음 크게 나아갈 수 있게 되며, 자아의 성장은 물론 개인적인 성공에 다가설 수 있을 것이다.

이제 당신은 아주 가치 있는 다른 두 가지 목표를 달성하게 될 것이다. 첫째, 당신의 용서로 인해 그 사람에게 다른 희생자를 대면할 수 있는 용기를 줄 수 있을 것이다. 따라서 당신은 한 명 이상의 피해자

및 가해자를 자유롭게 해 줄 가능성을 제공하게 될 것이다. 둘째, 자녀를 보호할 수 있을 것이다.

어린이 학대자와 근친상간을 저지르는 많은 사람들이 과거 그 희생자였음이 밝혀졌다. 이들은 자신이 희생되는 것을 너무 싫어한 나머지 심한 심리적인 압박을 받다가 역으로 자신의 자녀나 다른 어린아이들에게 해를 가한다는 것이다.

용서는 지혜로운 행위다. 과거 당신에게 부정적인 영향을 미쳤던 사람이 현재도 부분적이지만 부정적인 영향을 미치고 있다고 생각해 보라. 설령 그렇다 하더라도 앞으로는 당신에게 미칠 부정적인 영향을 막아야 하지 않겠는가?

그렇다. 용서는 실질적이며 심리학적으로 건전할 뿐만 아니라 당신의 신체적 정신적 건강에도 아주 중요하다. 20여 년 전에 나 자신이 이를 입증할 수 있는 한 사건을 직접 겪었다. 아주 절친한 친구와 나는 상당한 금액의 금전 문제로 심각하게 다투었다. 우리는 둘 다 자신이 옳다고 생각했다. 온갖 노력에도 해결점을 찾지 못하자 나는 '법적 권리' 를 찾겠다며 소송을 준비했었다.

되돌아보면 내가 심각한 잘못을 저질렀다고 말할 수밖에 없다. 법정에 가기 전에 문제해결을 위해 조금 더 많은 노력을 기울이지 않았기 때문이다. 게다가 나는 잘못된 판단을 내려 큰 실수를 저지르고 말았다.

내가 우리 둘 모두 친하게 지내는 다른 친구에게 그 친구가 내게 얼마나 큰 잘못을 저질렀는지를 이야기했기 때문이다. 특히 그 친구와의 사이에서 일어난 금전적인 문제로 집까지 내놓았다는 이야기를 그 친구에게 하고 말았던 것이다. 나중에 모든 문제가 서로에게 만족스럽게 해결 되기는 했지만 그 일이 남긴 상처가 너무 깊었다.

몇 년 후, 하나님께서는 내 삶을 바꿔 놓으셨다. 이 일이 내게는 너무나 드라마틱했으며 나는 다시 태어나게 되었다. 이 후 몇 달 동안 성경을 펼 때마다 타인을 용서하지 않으면 하나님께서도 나를 용서하지 않으실 거라는 말이 끊임없이 뇌리를 쳤다.

나는 그 때까지도 친구와의 좋지 않았던 일로 인해 상처를 받고 있었으며, 후회와 고통으로 더 이상 그 친구를 만나지 못한 채 하루하루를 보내고 있었다. 그러나 하나님께서는 이런 내게 용서로 이르는 길을 밝혀주셨고, 나는 마침내 행동을 취하게 되었다.

용서와 화해의 무드가 넘쳐나던 그 해 크리스마스 날, 마침내 그 친구에게 전화를 했다. 그 친구는 기꺼이 초대를 받아들였고, 나는 그 친구에게 당시의 잘못을 인정하고 내가 했던 말과 경솔했던 행동에 대한 용서를 구했다. 그는 선뜻 내 사과를 받아들이고 나를 용서해주었다. 치료의 효과는 즉시 나타났다.

그 날 이후로 나와 그 친구의 우정이 더욱 돈독해졌음은 말할 것도 없다. 오늘날까지 그는 가장 절친한 친구이자 믿음직스러운 조언자로서 내가 하고 있는 많은 일에 큰 도움을 주고 있다.

사실, 그 날 이후 친구의 도움으로 우리의 주고객이 된 회사와 연설계약을 맺어 많은 수익을 얻기도 했다. 또한 그 회사의 중역들이 내 연설에 장기계약을 맺으면서 비용을 선불로 지급하기도 했다.

그것은 내 연설에 대해 회사측에서 자진해서 대금을 선불로 지급한 첫 번째 사례이기도 하다. 이렇게 일이 풀리기 시작하자 나는 신발 사업을 경영하면서 겪고 있던 재정적인 어려움과 압박에서 마침내 풀려나게 되었다.

물론 뭔가 얻기를 바라는 이기적이고 실리적인 이유로 용서를 구하는 것은 부끄럽고 어리석은 짓이다. 내 경우에는 많은 실리적인 이익을 얻기는 했지만, 이는 전적으로 하나님의 말씀에 따라 용서를 구했기 때문이다.

만일 당신이 친구나 사랑하는 사람의 잘못으로 서로 불편한 관계로 지내고 있다면, 그 잘못이 무엇이건 서로를 용서하기 바란다. 이것이 두 사람을 위한 최선의 방법이다.
용서만이 두 사람의 관계를 명백히 호전시킬 수 있을 뿐만 아니라 마음의 상처를 치유해주고 상대와 화해를 할 수 있는 가능성을 열어줄 것이다.

 용서를 하는 과정은 힘든 일일 뿐만 아니라 위험한 일이기도 하다.

자기 평가

1. 가족 내에서 용서를 구하고 용서를 하는 일이 원칙
   화 되어 있는가? 그렇지 않다면 이를 위해 어떤 단
   계를 밟아야 하겠는가?

2. 다른 사람을 용서하는 일이 위험한 이유는 무엇인
   가?

3. 다른 사람을 용서함으로써 얻을 수 있는 이점은 무
   엇인가?

4. 당신이 용서해야 할 사람이 있는가? 당신의 자녀
   인가? 아니면 배우자? 이를 망설이고 있다면 그
   이유는 무엇인가?

5. 용서를 하면 당신과 당신에게 해를 입힌 사람 사이
   의 관계가 분명하게 호전된다. 이 밖에 용서를 함
   으로써 당신과 상대에게 어떤 도움을 줄 수 있는
   가?

부정적인 세상에서
긍정적인 아이로
키우기

14

규율
– 긍정적인 아이가 위대해지는 비결

Discipline
— The Key to a Positive Kid' s Greatness

**규율 : "잘못된 것을 바로 잡아주고 힘을 실어주
며 행동을 개선시키는 경험과 훈련"**

진정한 장애아

여러 형태의 장애아가 있다. 가령 프레디와 같은 아이는 아주 심한 장
애아다. 네가 프레디를 처음 만난 것은 수년 전 사우스캐롤라이나에서
살 때였다.

어느 날 나는 조리기구 세트를 팔기 위하여 그 아이의 집을 방문
했다. 그 아이를 언뜻 보면 내가 그를 심각한 장애아라고 칭하는 이유
를 알지 못할 것이다.

프레디는 아름다운 금발에 푸른 눈을 가진 조숙해 보이는 9살

난 소년이었다. 그 아이의 아버지가 '타고난 운동선수 체질' 이라고 말할 만큼 나이에 비해 몸집이 큰 편이었다. 학교 성적도 좋았으며 밝은 성격의 학생이라는 평을 받고 있었다. 그럼에도 불구하고 프레디는 내가 만난 그 어떤 아이보다도 심각한 장애를 가진 아이였다. 그에게는 커다란 행동 장애가 있었다.

프레디는 무례하며 경솔할 뿐 아니라 이기적이고 성급한 아이였다. 더구나 가족들을 협박하고 교묘하게 자기 마음대로 조정하는 데 자신의 좋지 않은 성격을 이용하곤 했다. 이런 이유들로 인해 학교에서도 선생님이나 친구들에게 좋은 평판을 듣지 못하고 있었다.

부모를 따라 부모의 친구를 방문할 때도 프레디는 환영받지 못했다. 그도 그럴 것이 방문한 집에서도 안하무인격으로 그 집 아이들이 가지고 노는 장난감을 빼앗는가 하면, 자신이 원하는 것을 얻기 위해서라면 서슴지 않고 떼를 썼던 것이다. 이런 프레디가 나중에 사회에 나가 직업을 갖는다면 어떻게 될까? 지금과 똑같은 자세를 보인다면 다른 사람들로부터 환영을 받지 못할 것이다.

그러나 엄밀히 말해서 이는 프레디의 잘못이 아니다. 그 아이는 그저 그가 배운 대로 행동하고 있을 따름이다. 그의 부모는 지나치게 그를 사랑한 나머지 그가 원하는 모든 일에 대해 '안 된다' 는 한 마디를 하지 못해 아이를 망치고 있었던 것이다.

아이가 떼를 쓰고 나쁜 성격을 내보이며 이기적이고 경솔하게 행동해도 부모들이 '안 된다' 는 말을 하지 못해 결국은 그가 자라면서 부모로부터도 듣지 못했던 반대를 학교나 또래 집단 또는 그 밖의 사회로부터 듣게 된 것에 불과하다. 얼마나 비극적인 일인가? 다른 모든 아이들과 마찬가지로 프레디도 역시 규율에 따른 훈련을 받기를 원했을 테니 말이다.

때로는 권위를 거부하고 싶은 것이 모든 인간의 본성이다. 아이들이 커가면서 한 번쯤은 이런 거부감을 가지는 단계를 거치게 마련이다. 긍정적인 자녀를 키우는 데 관심을 가진 부모라면 아이가 보이는 거부감이 진정으로 부모의 권위를 누르고 싶다는 반항심의 발로가 아님을 이해해야 할 것이다.

아이는 단순히 부모인 당신을 시험하고 있을 뿐이다. 아이가 진심으로 원하는 것은 당신이 자신을 사랑하지만 여전히 엄격하고 강건하다는 것을 다시 확인하는 것이다. 부모의 사랑과 권위를 모두 인정할 수 있는 아이만이 인생에서 성공할 수 있음을 기억하기 바란다.

규율을 통한 안정

어느 날은 아이가 부모에게 말대꾸를 하는 것을 엄하게 금지하고, 또 다른 날은 부모에게 말대꾸를 하거나 무례한 행동을 해도 벌을 주지 않는다면 아이의 내면에는 심각한 혼란이 야기될 것이다.

시카고 대학의 저명한 심리학 박사인 브루노 베들레헴 박사는 부모에게 말대꾸를 하거나 부모의 권위를 무시하는 행동을 하는 아이를 그대로 용인한다면, 아이에게 심각한 해가 미칠 것이라고 경고하고 있다.

아이의 안위는 아이가 의지하고 안내를 받고 싶어하는 부모에게 달려있는 것이다. 아이가 부모를 경시하기 시작하면 우러러 볼 대상이 없어지는 셈이 된다. 따라서 아이는 자신이 보호받고 있다는 안도감을 잃게 될 것이다.

가장 안타까운 점은 부모가 지나치게 많은 것을 허용하고 아이가 원하는 모든 것을 들어주게 되면, 사회의 다른 사람들도 자신에게 그와 똑같은 대접을 해주기를 바라고 기대한다는 것이다. 이는 말도 안 되는 비현실적인 일이다. 이렇게 지나치게 방임적인 상태에서 자란 아이는 다른 가정을 방문했을 때나 학교에 다니게 되었을 때에도 '지루하고 힘든 일'이 생기면 집에서 하던 대로 싫다고 떼를 쓰거나 제멋대로 행동하게 될 것이다.

이것은 오늘날 사회를 살아가는 데 있어서 치명적인 장애가 될 것이다. 특히 장기간에 걸쳐 이런 문제가 지속된다면 부모나 아이 모두에게 심각한 문제가 된다. 왜냐하면 자신의 아이들마저 나쁜 영향을 받을까 우려하는 친구들이 이기적이고 예의범절을 모르는 당신의 아이가 자신의 집을 방문하는 것을 환영하지 않을 테니 말이다. 이로써 결국 올바른 규율에 기초한 훈련을 받지 못한 당신의 자녀는 타인으로부터 거부당하고 있다는 생각으로 올바른 자아와 자존심에 손상을 입게 될 것이다.

규율과 규범은 이 세상의 보편적인 법칙의 일부다. *가장 작은 사회인 가족 내에서 훈련을 받지 못한 아이는 사랑이라고는 찾아볼 수 없는*

커다란 이 세상에서 훈련을 받아야 할 것이다.

친구 같은 부모

어떤 부모들은 아이들의 '친구'가 되고자 무던히 애를 쓰며 아이들과 평등해지려고 노력한다. 그러나 실제로 5살의 어린아이와 30이 넘은 어른과는 어떻게 해서든 동등해질 수 없다.

부모인 당신이 아이의 친구가 된다면 분명히 문제가 제기되는 시기는 훈육과 교육이 필요할 때이다. 어떻게 '친구'의 명령에 복종하고 친구의 교육을 받겠는가? 동등한 사이가 아니었던가.

이것이 바로 당신이 자녀에게 조언과 충고, 엄격한 규율과 사랑에 따른 훈육을 해 줄 어머니 아버지가 아닌 친구 같은 부모가 되고자 하면서 아이의 마음에 심어준 관점이다.

규율이란 무엇인가?

규율이란 아이가 가야할 방향을 제시해 주는 것이다. 그러므로 규율은 당신의 자녀가 배워야 할 모든 내용을 포함하고 있다. 그러나 불행히도 '규율'이라는 단어에 대해 대부분의 사람들은 아이들의 행동을 통제하고 이를 어길 시 벌을 주기 위한 잣대로 여기는 경우가 많다. 그러나 규율은 아이들을 위해 반드시 필요한 것임을 이해할 필요가 있다.

사실 체벌은 이 규율에 의한 교육이 실패했을 경우를 대비한 것이다. 그리스어와 히브리어에 있어서 '규율'이라는 단어는 단련, 교정, 비난, 양육, 훈련, 지도, 교육, 그리고 꾸지람의 모든 의미를 가지고 있다. 규율의 목적은 다분히 긍정적이다. 즉 훌륭한 성장을 방해하는 잘못과 장애로부터 자유로운 전인적 인간을 양성하는 것이 규율의 목적이라 할 수 있다.

규율과 동의어가 될 수 있는 말은 교육이다. 규율이라는 단어의 어원은 '스승을 따르는 사람'을 일컫는 제자(혹은 문하생)다. 제자가 두려움이나 체벌로 인해 스승을 따라서는 안 된다. 물론 긍정적이고 사랑이 넘치는 부모들은 아이들이 두려움 때문이 아닌 믿음과 사랑으로 자신들이 정한 규칙을 따르길 원한다.

자녀에게 규율을 기반으로 훈련을 시키건 그렇지 않건 간에 특정 가치를 교육시켜야 하는 것이 현실이다. 그러나 만일 당신이 사랑하는 마음으로 공정한 규율에 기초하여 자녀들을 교육시키지 않는다면, 우리 사회는 곧 사랑이나 공정함을 잃게 될 것이다.

일리노이의 한 대학에서 실시한 가족에 관한 연구는 규율에 관해 아주 중요한 점을 지적했다. 이들은 10대들이 독립심을 가지고 자신의 일을 스스로 결정하고 싶어하는데, 이에 대해 부모들이 관심을 보이지 않을 경우에는 마음의 상처를 받게 된다는 점을 강조한다. 비록 밖으로 표출하지는 않지만 이들은 그들이 결정을 내리고 행동을 하는 데 있어 타당한 한계가 지어지기를 원하고 있다는 것이다.

아마도 이들은 본능적으로 자신이 막 발을 내딛으려고 하는 세계가 어떤 곳인지를 알고 있는 것 같다. 그래서 그들은 이 세계에 대해 더 많은 지식과 확신, 그리고 규율을 익히고 싶어하는지도 모른다. 아이들도 성공은 요람에서부터 시작된다는 사실을 알고 있다.

> 가장 작은 사회인 가족 내에서 훈련을 받지 못한 아이는 사랑이라고는 찾아볼 수 없는 사회에서 훈련을 받아야 한다.

반드시 필요한 규율

"원하는 모든 일을 하면서 큰 사람이 되는 사람은 없다"는 말은 지극히 옳은 말이다. 소인은 자신이 원하는 일을 다 하지만 위대한 사람은 자신의 위대함을 다스리는 법을 따른다.

당신이 자녀에게 규율을 가르친다면 이는 곧 미래의 성공과 행복에 이르는 가장 중요하고 훌륭한 도구를 쥐어주는 것이다. 아이들은 모두 본능적으로 이를 알고 있다. 가령 부모가 이혼을 하게 되어 아이에게 한 쪽 부모를 택하라는 선택권이 주어졌을 때, 아이가 선택하는 쪽은 엄격한 규율을 가지고 자신을 훈육해주는 쪽이다. *아이는 진정한 규율이 사랑의 표현임을 알고 있다.*

규율에 의해 훈육을 받은 사람은 적시적소에서 필요로 하는 일을 하는 사람이다. 그래서 이런 사람은 곧 자신이 원하는 시기에 자신이 원하는 일을 할 수 있는 사람이기도 하다. 또한 이런 사람은 자신이 원하는 일만을 하는 것이 아니라 자신을 필요로 하는 일까지 기꺼이 하는 실로 실용주의적인 사람이기도 하다. 무언가 훌륭한 일을 성취해 낸 사람이 있는가? 그 사람이 바로 규율에 의해 훈육을 받은 사람이다.

아무도 행복하지 않다

아들과 함께 콜로라도에서 휴가차 일을 하고 있던 어느 여름이었다. 우리는 우연히 유명한 기자이자 논평가와의 토론을 텔레비전에서 보게 되었다. 그 당시 그녀는 누구보다도 할리우드에서 잘 알려진 사람이었다.

　　토론은 희극인 고(故) 프레디 프린즈 씨의 죽음에 관한 것이었다. 고(故) 프레디 씨가 운명을 달리한 지 얼마 되지 않은 시기였기 때문이다. 그 논평가는 이런 질문을 받았다. "운동선수나 가수, 영화배우 등 연예계의 유명인사들 중 일시적 충동이나 혹은 의도적으로 목숨을 끊으려는 사람이 있을까요?" 그러자 잠시 후 그녀는 아주 슬픈 목소리로 이렇게 대답했다. "제가 알고 있는 유명인사들 중에는 그런 위험에 처하지 않은 사람이 없습니다. 왜냐하면 현재에 만족하고 행복해하는 사람을 한 명도 알지 못하니 말입니다."

이 얼마나 비극적인 일인가? 대부분의 경우 스타라면 보통 사람들보다 돈도 많이 벌고, 또 그만큼 많은 돈을 쓰면서 만족한 삶을 사는 것처럼 보이지 않는가? 전용 비행기가 있어 원하는 곳은 어디든 갈 수 있으며, 수많은 대중들의 관심과 사랑을 받고 있을 뿐만 아니라 자신들을 위험에서 지켜줄 경호원까지 갖추고 있는 사람들이 스타 아닌가 말이다. 그들은 매일매일 칭송 받으며 우상시 되고 있다. 이런 사람들 중에 행복을 느끼는 사람이 없다는 것이다.

자, 이로써 자신이 가지고 있는 것으로 인해 행복을 느끼는 것이 아님이 분명해졌다. *행복은 바로 자기 내부에 있는 것이다.* 이것이 바로 이 책에서 내가 아이들에게 무엇을 주느냐가 중요한 것이 아니라 어떤 자질을 함양시켜 주어야 하는지를 끊임없이 강조하는 이유다.

부모를 위한 실질적인 조언

존슨 부인은 빌리의 엄지손가락을 메어줄 붕대를 찾아 방으로 들어서며 물었다.

"어쩌다 이렇게 됐니?"

"망치질을 하다가 다쳤어요."

"울음소리도 들리지 않던걸?"

"엄마가 외출하신 줄 알았죠."

– A. H. 버젠

이 짧은 이야기는 1984년 어느 주간지에 실린 유머다. 긍정적인 아이를 키우기 위해서는 부모들이 가끔은 아이를 무심하게 대할 필요가 있다.

당연히 모든 부모들은 귀여운 자녀가 넘어져 다치기라도 할까 봐 노심초사하며 노는 모습을 지켜보고 있다. 그러다가 아이가 넘어지기라도 하면 달려가서 일으켜 세워 안고 상처를 닦아주며 입을 맞추고 아이를 달래준다. 모든 부모들의 당연한 마음일 것이다. 그러나 항상 부모가 넘어진 자녀들을 일으켜 세워준다면, 이들은 스스로 일어서는 법을 배우지 못할 것이다. 언제까지 부모에게 의존해서 일어서야 하는가.

오해가 없기를 바란다. 물론 자녀가 많이 다쳐 도움이 필요하다면 부모로서 당연히 주의를 기울여야 한다. 그러나 아이를 넷이나 키우면서 아내와 나는 아이들이 가끔 주의를 끌기 위하여 일부러 넘어지기도 한다는 사실을 알게 되었다.

아이들이 넘어졌을 때 일부러 못 본 척하며 지켜보고 있으면 자신을 일으켜 세워주고 키스를 해주며 관심을 가져줄 엄마와 아빠를 기대하며 울음보를 터뜨리며 떼를 쓰기 시작한다. 아내와 나는 첫 아이를 키우면서 이를 깨닫게 되었고, 다음 아이들 셋을 키우면서 이에 유의해서 적절한 관심을 보여주었다.

우리가 생각해 낸 간단한 기술을 소개하고자 한다. 우리는 아이가 넘어지면 일단 아이가 바로 어떤 반응을 보이는지를 주시한다. 아이가 웃어야할지 울어야 할지를 망설이는 듯 보인다면, "이리와 보렴,

엄마가(아빠가) 봐 줄게." 하고 달랜다. 이때 아이가 일어나서 우리에게 다가오면 심각한 부상을 당한 것이 아니다.

한 가지 기억에 남는 사건은 우리 손녀딸이 어리광을 부리느라 실제로 다치지도 않았는데 상처를 입었다는 상상으로 울며 떼를 썼을 때이다.

나는 그때 찬장에서 아주 커다란 그릇을 꺼내 아이 앞에 놓으면서 이렇게 말했다. "예쁜 우리 아기 눈물이 얼마나 귀중한 데 그냥 흘려 버리나? 아가야, 이 그릇에 눈물을 모아주렴. 할아버지가 내다 팔아 부자가 돼야겠다." 그러자 울던 아이의 얼굴에 웃음이 번졌고, 나와 아이는 한참을 쳐다보며 웃었다. 이렇게 손녀의 나쁜 버릇이 자연스럽게 고쳐졌다.

부모들이 무심해야 할 또 다른 문제는 아이들 간의 사소한 다툼이다. 당신의 자녀가 다른 아이들과 다툼이 있다해도 또래끼리의 다툼이다. 바로 관여하지 말고 멀리서 지켜보는 것이 좋다. 그렇다고 아이가 다치거나 다른 아이를 다치게 하는 것을 그대로 보고 있으라는 말은 아니다.

나는 단지 서너 살의 어린아이 둘이 가지고 놀던 장난감 때문에 작은 다툼을 하는 경우를 말하고 있는 것이다. 이럴 때마다 부모가 나선다면 나중에는 다른 친구들이 당신의 자녀와 함께 놀려하지 않을 뿐만 아니라 부모들 간의 싸움으로 번지는 문제가 발생하기도 한다.

지금 이런 의문이 들지도 모르겠다. "그렇다면 아이들이 넘어졌을 때 일으켜주어야 하는 경우는 어떤 경우인가요?" 혹은 "아이들

사이의 다툼에 부모가 개입해야 하는 경우는 언제죠?" 이런 질문에 올바른 답을 줄만한 책은 없다.

그저 하나님께서 당신에게 부모로서 내려주신 본능과 아주 지극히 평범한 상식에 의존하는 수밖에 없다. 분명히 아이들이 자라면서 당신은 아이들과 당신 자신을 위하여 올바른 결정을 내리게 될 것이다.

'유파스 나무' 같은 부모

비록 지금까지 가정에서 자녀들을 돌보는 어머니의 역할을 강조하기는 했지만, 아이들에게 독립심을 키워주는 일이 중요하다는 점을 강조하지 않을 수 없다.

부모가 저지르고 있는 가장 큰 실수는 자신의 모든 에너지와 주의를 자녀에게 쏟아 붓고 있다는 것이다. 이것이 바로 '유파스 나무' 같은 부모의 행동이다.

유파스 나무는 인도네시아에서 자란다. 이 나무는 독을 품고 있어서 자신은 크고 튼튼하게 자라면서 그 아래 살고 있는 모든 식물을 죽게 만든다. 보금자리와 그늘을 만들어주고는 그 안에 들어온 것들을 파괴해버리는 것이다.

'유파스 나무' 같은 부모는 아이들에게 아주 부드럽다. 실질적으로는 아이들을 전혀 괴롭히지 않지만, 아이들이 정상적으로 '유아성'을 탈피하며 어른이 되어 가는 과정을 방해한다. 여기 유파스 나무 같은 부모의 좋은 본보기가 있다.

　　장소의 제한과 새로 태어난 아기를 잘 돌보려는 생각으로 많은 젊은 부모들이 아기 침대를 자신들의 침실에 가져다 둔다. 또 어떤 부모들은 아예 아기를 자신의 침대에서 같이 재우는 실수를 범하기도 한다. 이 두 행동 모두 아기가 아프거나 극도로 신경이 예민해져 있어서 엄마가 옆에 있다는 사실을 일깨워주고 확인시켜줄 필요가 있는 경우가 아니라면 과잉 보호다. 게다가 부모가 자는 침대에서 아기를 같이 재우다 보면 엄마나 아빠가 몸을 뒤척이다가 아이에게 상처를 입힐 위험을 가할 수도 있다.

　　비단 신체적으로 문제가 생기는 것으로 끝나지는 않는다. 이런 기간이 계속되면 부부 간의 관계도 일상을 벗어나 문제가 생길 수 있는 가능성이 생긴다. (추신: 아이가 아침 일찍 일어나 엄마 아빠가 자는 방에 몰래 들어와 장난을 치는 경우를 말하고 있는 것은 아니다.)

　　가장 심각한 문제는 부모와 같이 자는 것에 익숙해진 아이는 다른 곳에서 혼자 잘 수 없을 만큼 부모에게 의존하게 된다는 점이다. 이렇게 되면 당신과 당신의 아이, 그리고 당신의 결혼생활이 모두 위기를 맞이하게 됨은 자명한 일이다. 그러므로 아이에게는 어려서부터 혼자서 잠자리에 드는 습관을 들이도록 해야 한다.

처음에는 혼자 잠자리에 드는 것을 힘들어 할 것이다. 그러나 하루하루가 지나면서 이에 곧 익숙해질 것이다. 물론 당신의 잠자리가 편안해질 것임은 말할 필요도 없다.

스스로 하도록 일찍 교육하라

자녀에게 뭔가를 하도록 가르치려면 조기에 시작하라. 물론 칼을 사용하거나 잔디 깎는 기계와 같이 물리적으로 다칠 위험이 있는 도구들을 사용하는 일이 아닌 바닥을 닦거나 휴지통을 비우고 침대 정리를 하는 등 어린아이가 하기에 적합한 일들은 어렸을 때부터 스스로 할 수 있도록 교육을 시켜야 한다.

사실 이런 일들은 당신이 직접 하는 편이 더 간편할 것이다. 아이들에게 일하는 방법을 가르쳐주는 것보다 당신이 직접 그 일을 한다면 시간과 노력을 덜 들이면서도 훨씬 더 빨리, 더 깔끔하게 처리를 할 테니 말이다.

문제는 4세 정도의 어린아이들은 자신의 한계를 알지 못하기 때문에 무엇이나 할 수 있다고 생각하며, 이를 직접 해보고 싶어한다. 이때 당신이 "엄마, 아빠가 할 테니 내버려두렴." 하고 말한다면 이는 아이에게 이렇게 말하는 것이나 다름없다.

"너는 그 일을 잘 할 수 없지만 엄마 아빠는 할 수 있단다." 이를 아이에게 확신시키는 데는 시간이 걸릴 것이다. 그러나 아이가 9~10세가 되면 이를 확실히 납득하고 자신보다는 부모가 하는 것이 모든 면에서 훨씬 더 낫다고 믿게 될 것이다.

결국 아이는 당신이 모든 것을 하도록 내버려 둘 뿐만 아니라 집안 일을 거드는 일을 완강히 거부하기에 이를 것이다. 또 마지못해 집안 일을 돕는다 해도 당신은 결국 자신이 하는 것이 훨씬 더 낫다는 결론에 이르게 될 것이고, 이렇게 당신은 자녀를 준비도 시키지 않은 채 문제 많고 험난한 세상으로 내몰게 될 것이다.

집안의 작은 일들을 스스로 하도록 교육을 받으며 자라난 아이들은 긍정적인 성품을 지니게 될 것이다. 단계적으로 점점 더 많은 책임을 자연스럽게 받아들이게 되며, 언젠가는 부모보다 훨씬 더 훌륭하게 일을 처리할 수 있게 되는 날이 올 것이다. 그 날이 바로 당신의 교육이 빛나는 성과를 거두는 날이 될 것이다.

2연발식 부담

"네가 아픈 것보다 내가 더 아프구나." 오랜 세월을 거치며 내려오는 말이다. 이 말을 들은 우리의 아이들은 분명히 의아함을 감추지 못하고 '그래요? 그렇다면 잠시 입장을 바꿔볼까요?' 라는 생각을 할 것이다. 아이들은 부모에게 미안함을 느끼지 못하게 마련이다. 이것이 바로 부모가 되는 데 있어 가장 힘든 부분들 중 하나이기도 하다.

　나는 이런 부모가 지니고 있는 부담을 '2연발식 부담' 이라고 칭한다. 마치 방아쇠를 당기기 전에 심사숙고해야 하는 2연발식 권총과 같다.

　당신이 자녀를 꾸짖을 때 어떤 방법을 이용하느냐는 것은 부모의 입장에서 아주 민감한 부분이다. 왜냐하면 그 방법에 따라 아이의 자존심에 커다란 영향을 미칠 수 있기 때문이다.

아이를 꾸짖을 때는 아이의 잘못된 행동을 비판하고 꾸짖어야지 그 행동을 저지른 사람 자체를 비난해서는 안 된다. 당신이 자녀를 온전히 이해하고 있다면 아이들도 당신이 자신들로부터 무엇을 기대하는지 잘 알고 있을 것이다.

만일 그들이 알고 있는 기대치에 못 미치거나 해서는 안 될 일을 범했을 때는 꾸지람과 벌을 받을 것이라는 점도 잘 알고 있다. 아이들이 잘못을 저질렀을 때 주의해야 할 점은 마음이 약해지거나 앞으로 잘하겠다는 다짐 등을 빌미로 타협을 해서는 안 된다는 것이다. 아이들이 잘못했을 때 느끼는 죄책감을 완화시키고 부모로서의 권위를 지킬 수 있는 유일한 방법은 문제를 효과적으로 규율에 따라 해결하는 것뿐이다.

체벌이 필요한가?

빌리 그레엄 씨는 부모의 규율에 대해 이야기하면서 2살 난 아들이 화를 내며 침을 뱉었던 적이 있다는 말을 했다. 그는 이렇게 말했다. "어디서 그런 못된 버릇을 배웠는지 모르겠지만, 그냥 두면 나중에 더 나쁜 버릇이 될 것이 분명했기 때문에 체벌을 했습니다. 그 후로는 다시는 그런 행동을 하지 않더군요."

질문 신체적인 체벌이 반드시 필요한가?

답 몇 가지 이유에서 그렇다 할 수 있다. 기본적으로 2세에서

12세 사이의 아이들은 미숙하기 때문에 부모의 가르침을 잘 듣고 이해하고 책임감 있게 따르는 데 어려움이 있다. 인간성은 개인적인 의지의 문제다. 아이들은 아직 가족 내에서나 사회에서 스스로를 통제하기에는 역부족인 상태에 있다.

성숙함을 결정하는 가장 중요한 잣대는 스스로를 통제하고 다스리는 방법을 얼마나 터득했느냐에 달려 있다. 따라서 어린아이들이 이런 성숙함을 갖추고 있을 리가 없다. 규율은 말 그대로 '훈련을 위한 기반'이며, 우리의 아이들은 훈련을 필요로 한다. 규율은 대부분 말로써 훈육하는 것으로 이루어져 있지만 때로는 신체적인 체벌도 필요하다.

최우선적인 규칙으로는 아이가 '의도적'으로 부모에게 불복종할 경우 신체적 체벌이 반드시 필요하다는 것이다. 이것이 당신의 의도를 가장 빠르고 분명하게 전달할 수 있는 방법이다. 만일 아이가 여러 번 경고를 들은 후에도 찻길에서 놀거나 의자 위나 지붕 위에 올라가는 등 위험한 행동을 하려 한다면 엄하고도 신속한 반응을 보여야 한다.

아이들은 '이를 요구할 것'이다. 그러나 아이들은 자신이 요구하고 있는 것을 올바로 이해하지 못할 경우가 많다. 부모로서 당신이 인도하는 올바른 길을 이해하고 그에 반항하지 않고 따르려면 시간이 걸릴 것이다. 따라서 아이가 무엇을 요구하고 있는지를 정확히 알아야 한다.

아이들이 부모에게 도전할 때에는 체벌을 아껴서는 안 된다. 체벌은 곧 아이들을 보호하기 위한 것이다. 아이들은 엄격한 규율에 따른 훈련을 원하고 있지만 그들이 이를 깨닫고 있지 못하다는 사실을 알아야 한다. 우리가 그들을 필요로 하는 일을 하도록 교육시킨다면 아이들은 자라서 자신이 원하는 인물이 될 수 있을 것이다.

관심을 보여 주라

신체적 체벌은 규율에 따라 훈육을 시키는 여러 방법들 중 하나다. 이는 아주 신중하게 선택해야 하며 의도적인 반항을 할 경우에만 사용해야 하는 방법이다.

체벌이 필요할 때에도 어떤 방법을 선택하느냐가 아주 중요하다. 화가 나 있는 동안에는 절대로 신체적인 체벌을 하지 말아야 한다. *아이들이 간혹 당신의 이성을 잃을 정도로 화나게 만드는 경우도 있을 수 있다. 그러나 이때는 체벌을 자제해야 한다.*

나의 절친한 친구이자 정신과 의사인 존 코젝 박사는 아이가 심하게 반항을 해서 부모인 당신이 화를 내게 된 경우라면 체벌을 하기 전에 자신을 진정시킬 시간을 가지라고 조언한다. 이 때 당신이 기억해야 할 사실은 체벌이 당신의 분노를 표출하기 위해서가 아니라 규율에 기반한 훈육을 위한 것이라는 점이다.

코젝 박사는 한 쪽 부모가 체벌을 했을 경우, 다른 쪽 부모가 아이를 위로하며 체벌을 한 이유를 차근차근 설명해주는 것이 중요하다고 지적한다. 이렇게 해야만 아이에게 부모인 당신이 그들을 얼마나 사랑하는

지를 알릴 수 있으며, 체벌의 이유와 의미를 올바르게 전달할 수 있다는 것이다.

부모의 체벌은 관심과 사랑이 담겨 있어야 하며 아이들이 느낄 죄책감을 덜어주는 데 도움이 되어야 한다. 심리학자들은 죄책감이 해소되지 않는 한 사람에게 아주 파괴적인 영향을 미친다고 지적한다. 반항적인 행동을 하거나 부모에게 복종하지 않는다면 아이는 죄책감을 느끼게 된다. 그러나 처크 스윈돌 씨가 말하듯 이런 죄책감은 아이들이 체벌을 받으면서 흘리는 눈물과 함께 해소 될 것이다.

그러나 당신은 얼마나 자주 체벌을 하는가? 체벌이 필요한 상황이 얼마나 자주 발생하는가? 당신이 다른 때보다 체벌의 방법을 더 많이 사용해야 하는 시기는 바로 취학 시기다. 그러나 이 시기에도 일찍부터 규율에 따라 훈육을 시켰다면 체벌의 필요성은 사라지게 될 것이다. 결정권은 부모에게 있다.

그러나 아이가 당신의 말을 이해하고 지시에 따를 수 있는 나이, 즉 적어도 15~18개월이 되기 전에는 어떠한 신체적인 체벌도 가해서는 안 된다.

주의해야 할 교육법

요즈음 '흔들린 아기 증후군' 의 사례가 속속 보도되고 있다. 부모들이 갓난아기를 심하게 흔들어 두뇌 손상을 입은 결과다.

일반적으로 부모들은 아이가 저지르는 잘못된 행동(보통 아이이기 때문에 저지르는 서툰 행동들일 경우가 많다)을 인식하도록 하기 위하여 벌을 주거나 아기의 울음을 그치게 하려고 애를 쓴다. 그러나 유아기에 있는 아이들에게는 이런 노력이 소용 없다. 왜냐하면 아기들은 너무 어려서 자신이 뭘 해야 하는지를 이해하지 못하기 때문이다. 그러나 비극은 부모가 이 사실을 이해하지 못한다는 데 있다. *아기를 흔드는 행위는 체벌을 넘어 학대라고 할 수 있다.*

갓난아기들은 배가 고프거나 덥거나 추울 때, 또는 불편하거나 아플 때 울음을 터뜨릴 것이다. 아장아장 걷기 시작한 아이들은 여기저기를 어지르며 다닐 것이다. 어리기 때문에 야기되는 서투름으로 인해 아이가 무언가를 깨뜨리거나 엎지른 경우, 체벌은 혼란을 가져온다.

그 이유는 체벌에 대한 정당한 이유가 없기 때문이다. 이는 마치 아이의 머리카락이 검은 색이 아니라 갈색이기 때문에 체벌을 가하는 것이나 마찬가지 상황인 것이다. 아이가 성숙하지 못하고 아이 같기 때문에 체벌을 한다고 할 것인가?

그러나 저녁식사 시간에 두 살 난 당신의 자녀가 자리에 가만히 앉아있지 않는다면 어쩌겠는가? 이 때는 아이의 엉덩이를 가볍게 때려주는 것이 좋다. 가능하다면 자나 회초리가 될 만한 것을 보여주며 으름장을 놓는 것도 한 방법이다.

아이가 유치원에 들어가거나 학교에 입학할 나이가 되면 의도적인 반항에 대한 엄격한 규율과 이에 따른 체벌이 필요하게 된다. 그러나 이와 함께 아이는 자신의 행동을 유발할 동기부여를 받을 필요가 있다. 그러므로 규율에 따른 엄격한 교육이라 해도 행동에 제한을 두고 체벌을 하는 방법과 함께 특정 행동을 하면 상을 주거나 하는 등의 방법을 함께 이용하면 효과적이다.

이제 다음으로 제기되는 주요한 의문점은 자녀를 체벌하는 데 이용할 수 있는 도구에 관한 것이다. 손으로 직접 체벌을 하기보다는 얇은 자나 가는 나뭇가지를 이용하여 만든 회초리를 사용하는 것이 좋다. 체벌 도구를 선택할 때는 심각한 상처를 입히지 않을 정도로 가벼운 것을 선택해야 한다. 체벌 도구는 아이들을 아프게 하지만 이와 함께 부모의 '따뜻한' 마음이 함께 전달될 수 있어야 한다. *"고통이 없으면 얻는 것도 없다."*고 했다.

아이에게 규율에 따라 체벌을 해야 할 경우가 생기면 손으로 직접 때리지 말고 반드시 심각한 상처를 내지 않을 정도의 적당한 체벌 도구를 이용하여 개인적인 감정이 개입되지 않은 상황에서 체벌을 해야 한다. 그러나 아주 급박한 상황에서는(어린아이가 바로 위험한 행동을 하려 할 때) 손으로 두어 번 엉덩이를 때려 아이의 주의를 돌릴 수도 있다.

규율에 의해 교육을 받은 사람은 적시적소에서 필요로 하는 일을 하는 사람이다.

시기와 장소에 주의하라

신체적인 체벌을 할 경우 주의해야 하는 또 다른 사항은 절대로 아이의 얼굴에 손을 대지 말라는 것이다. 주인에게 정기적으로 맞는 무기력하고 주눅이 든 애완 강아지를 쓰다듬어 본 적이 있다면, 아이에게 가해지는 잘못된 체벌이 원래의 목적과는 달리 아이의 정신과 심리에 파괴적인 영향을 주게 되는 이유를 잘 이해할 것이다.

재미있는 것은 '체벌 행위의 측면'에서 본다면 우리의 신체는 얼굴이 있는 앞쪽보다는 등이 있는 뒤쪽이 체벌을 가하기에 적합하도록 구성되어 있다는 것이다.

가정생활은 때로는 엄격한 신체적인 체벌로 인해 지켜지기도 한다. 이는 우리의 일상생활의 일부이자 부모의 중요한 역할이기도 하다. 물론 아주 주의 깊게 조절되어 사용되어야겠지만 체벌은 긍정적인 아이를 키우는 데 있어 필수 불가결한 요소임에 틀림 없다.

여러 해 동안 어린이 교육을 개혁하자는 목표 아래 체벌이 아이들의 성격형성에 부정적인 영향을 미칠 뿐 아니라 어린이 학대로 이어질 가능성을 제기하며 논란을 벌여왔다. 다행스러운 일은 더욱 심도 있는 연구를 통해 이와 같은 교육 개혁자들의 생각이 잘못 되었음이 분명하게 밝혀졌다는 것이다.

조각가의 끌과 정이 거친 돌의 구석구석을 다듬어 매끈하고 훌륭한 조각작품을 탄생시키듯, 엄격한 규율에 기반을 둔 체벌은 아이들의 성격이 지닌 미성숙함이나 이기심 등을 다듬어 험난한 이 세상에 발을 내딛었을 때 승리자가 될 수 있는 훌륭한 성격을 함양해 줄 것이다.

모든 부모에게 보내는 경고

때로는 어린이 학대와 체벌 사이의 경계가 모호해지기도 한다. 체벌 시에 지나치게 감정을 담아 세게 때린다면 이는 체벌이 아닌 학대가 될 것이다. 체벌을 하고 난 후 체벌 부위에 상처가 나서 피가 나거나 멍이 들거나 할 경우는 *과도한 체벌을 했다는 증거다. 이 책에서 가장 중요한 부분이 바로 이 단락임을 명심하라.*

'관용' 과 '권위' 의 차이

솔트레이크 시의 유타 대학에서 심리학 교수로 있는 빅터 클라인 박사의 저서 『자녀를 성공시키는 비결 How to Make Your Child a Winner』에서는 1950년대부터 수많은 미국 가정에서 일어나고 있는 주요 재난에 대해 서술하고 있다.

많은 예를 들었지만 자주 거론되었던 것이 '관용' 과 '가족 민주주의' 로 어린아이들은 선천적으로 선하며 자신의 운명을 스스로 결정할 수 있다는 잘못된 믿음을 바탕으로 시행되었던 고매한 실험에 지나지 않음을 밝히고 있다.

이런 '관용'이나 '가족 민주주의'와 같은 관점에서 바라보면 아이들을 통제하는 것이 '권위'를 내세우거나 '반민주적'인 것으로 보여지며, 사랑의 매도 '전문가'의 입을 통해 어린이 학대로 분류되었다. 고로 좋은 부모란 아이들이 원하는 것을 마음대로 하도록 내버려 두어야 한다는 결론이 나온다.

클라인 박사는 50년대에 성행했던 이 이론에 대해 강한 반대 의견을 표명하고 있다. 그는 아이들의 행동에 타당한 한계를 설정하고 부모들이 이에 따른 적절한 통제를 가함으로써 아이들이 반사회적인 충동을 누르고 스스로 내면을 통제하게 될 것임을 지적한다.

심리학자인 제임스 도브슨 박사는 『강한 의지의 어린이 The Strong-Willed Child』의 저자이기도 하다. 그는 이 책에서 "물론 실수가 없을 수는 없다. 하지만 나는 무한한 지혜와 통찰력이 부족하기 때문에 단순히 내 책임을 유기할 수는 없다. 게다가 분명한 것은 어떤 결정을 내리는 데 있어 내가 아이들보다는 더 많은 경험과 더 나은 견해를 가지고 있음을 부인할 수 없다. 그들이 걸어 가고 있는 길을 나는 이미 다 지나왔지 않은가."

심리학자인 스텐리 코퍼스미스 박사에 의해 실시된 일련의 연구에 따르면 높은 자부심을 가지고 있는 아이들은 부모들이 엄격한 규칙을 정해두고 이에 따라 생활할 수 있도록 자상하고도 철저하게 관리해 주고 있는 경우가 대부분이었다.

이와 같은 연구 결과는 스스로 명확하고 확고한 믿음을 가진 부모라면 이에 따라 자녀들을 교육함으로써 자녀들이 올바르게 자랄 수 있도록 든든한 후원자가 될 수 있음을 명확하게 보여주고 있다.

부모가 이런 그들의 책임을 받아들이지 않고 아이들의 행동에 있어 한계를 설정하고 지속적인 관심을 기울이지 않는다면 아이들은 이를 곧 부모들의 무관심으로 치부해버릴 가능성이 높다. 이는 결국 아이로 하여금 내적인 통제력을 기르려는 자신의 능력을 퇴화시켜 버리도록 하는 부정적인 결과를 가져오게 될 것이다.

규율은 필수적일 뿐만 아니라 긍정적인 것이다. 규율이 없이는 성공적으로 자녀를 키울 수 없을 것이다. 규율은 좋은 습관을 형성하는 데 도움을 줄 뿐 아니라 올바른 판단을 내리는 데 필수적이라 하겠다. 훌륭한 규율은 나약함이 아닌 강건함을 만들어낸다.

즉 *방종이 아닌 책임감을, 진부함이 아닌 창조력을 키워주는 것이 규율이다.* 그러나 이와 함께 부모의 사랑과 헌신의 능력이 발현됨으로써 훌륭한 성격 형성에 도움이 될 수 있을 것이다.

훌륭한 규율은 나약함이 아닌 강건함을 만들어낸다.

자기 평가

1. 본 장에서 프레디의 예를 든 이유는 무엇인가?

2. 본 장에서 제시하고 있는 규율의 정의는 무엇인가?

3. '유파스 나무' 부모가 의미하는 것은 무엇인가?

4. 체벌에 대한 필자의 견해는 무엇인가?

5. 심리학자인 제임스 도브슨 박사의 말에 동의하는가? 그 이유는 무엇인가?

6. 훌륭한 규율은 진부함이나 나약함이 아닌 힘을 준다고 했다. 이에 동의하는가?

15

긍정적인 인내가
긍정적인 아이로 키운다

Raising Positive Kids Is Simple
— But Not Easy

"정복의 조건은 항상 간단하다. 그저 잠깐 고생
하고, 잠깐 인내하며, 항상 믿음을 가지고, 되돌
아보지 마라."

– 심즈

긍정적인 인내

우리 아이들에게 중국 대나무 이야기를 들려줄 필요가 있다. 이 이야
기는 애리조나 주의 피닉스 지방 출신 연설가이자 내 친구인 조엘 웰든
이 들려준 것이다.

중국 대나무는 중국에서 자라는 식물로 씨를 뿌리고 물을 주고
거름을 준다. 그러나 첫 해에는 아무런 변화도 일어나지 않는다. 둘째

해에도 물을 주고 거름을 주며 돌보지만 아무런 변화도 일어나지 않는다. 세 번째와 네 번째 해에도 물을 주고 거름을 주지만 역시 아무런 변화도 일어나지 않는다. 다섯 번째 해가 되어 물을 주고 거름을 주면 그제야 대략 6주 째가 되는 시기에 변화가 생기기 시작한다. 이 중국 대나무는 대략 27센티미터 정도 자라있을 것이다.

과연 그 대나무가 6주 동안에 27센티미터가 자랐을까? 아니면 5년이 지났기 때문일까? 분명한 대답은 5년이 지나서야 27센티미터가 자랐다는 것이다. 5년 동안 물을 주고 거름을 주며 공을 들이지 않았다면 중국 대나무는 싹을 틔우지 못했을 것이다.

우리에게는 모두 '중국 대나무' 이야기와 같은 경험들이 있을 것이다. 기하학, 물리학 혹은 화학 숙제를 하면서 어려움을 겪어본 적이 있을 것이다. 아무리 열심히 공부해도 답을 찾지 못하고 몇 번을 시도한 끝에 결국 다음날 선생님에게 웃으며 이렇게 말을 한다. "선생님, 문제가 잘못 된 것 같아요." 그러면 선생님은 "다시 한 번만 더 풀어보렴." 하고 미소를 머금고 대답을 한다.

다시 한번 문제를 풀어보면 이번에는 정말 답이 보일 것이다. 사실 문제를 풀고 보면 왜 전에는 이 문제를 풀지 못했을까 하는 생각에 절로 웃음이 나기도 한다. 그러나 여기서 짚고 넘어갈 것은 우리가 문제를 풀어내지 못했던 이유는 지식이 모자라서가 아니라 우리의 인내력이 부족했기 때문이라는 것이다.

논리는 감정을 바꿀 수 없지만 행동은 바
꿀 수 있다.

규율이 먼저 – 즐거움은 다음

24년 동안 내 몸무게는 90kg이 넘었다. 그러나 이것은 내가 '선택한
것'이었다. 왜냐하면 내가 먹은 음식은 내가 좋아서 먹은 것이기 때문
이다. 오늘 많이 먹을 때는 내일 체중이 늘어날 것을 선택한 것이나 마
찬가지다.

45세가 되었을 때, 나는 체중 조절을 하고 건강에 주의를 기울여
야겠다는 생각을 하게 되었다. 그래서 나는 식습관과 운동습관을 바꾸
었고, 165파운드로 체중을 줄였다. 그리고 그와 함께 내 삶도 바뀌었
다.

37파운드를 줄이기 위해 노력했던 10개월이 내게는 가장 힘겨
운 시간들이었다. 10개월 중 9개월 동안 내가 끔찍이도 싫어했던 조깅
을 지속해서 했다. 조깅도 싫어했지만 점점 뚱뚱해져 가는 내 외모와
호흡이 곤란해져 오는 상황은 더욱 참기 힘든 일이었다.

19년 동안 매주 약 23km를 뛰면서 발을 잘못 내딛어 발목을 한
번 삐는 부상을 입었을 뿐이다. 나는 매주 평균 5번 조깅을 하는데 매
번 기분이 더 나아지고 힘이 솟아나 25살 때에도 하지 못했던 일을 할
수 있을 것 같은 생각이 들곤 했다. 내가 조깅을 얼마나 좋아하게 되었

으면 기온이 영하로 내려가는 추위에도 불구하고 조깅을 쉬지 않는다 (물론 실내에서 하는 조깅이다. 오해가 없기를 바란다).

1990년 쿠퍼 박사의 조사에 따르면 빨리 걷기가 장기적으로 볼 때 건강에 아주 좋다고 한다. 75세가 된 지금 내 심박수는 47, 혈압은 118/80, 그리고 쿠퍼 의원의 래리 기본즈 박사의 말에 따르자면 콜레스테롤 수치도 아주 '양호한' 상태라고 한다.

긍정적인 아이를 기르기 위해서 자녀에게 가르쳐야 하는 *가장 중요한 교훈은 인내심이다.* 대부분 아이들은 모든 일을 '대충, 빨리' 끝내려고 한다. 아이들은 원하든 원하지 않든 숙제를 해야하며 학교에 가야 한다. 오해가 없길 바란다. 아이들이 심하게 열이 나거나 아픈 경우에 대해서 이야기를 하고 있는 것이 아니다. 다만 학교에서 해야 하는 어떤 일을 하기 싫어서 학교를 그만 다니고 싶어하는 아이들을 받아주어서는 안 된다는 말이다.

시도하지 않으면 성공은 없다

내가 아는 모든 성공한 사람들이 자신이 전적으로 원해서 훌륭한 많은 일들을 한 것은 아니었다. 재미있는 것은 우리가 어떤 일을 시작할 때나 끝낼 때 전적으로 원해서 그렇게 하는 것은 아니라는 점이다.

내가 하고자 하는 말은 간단하고 명확하다. 논리가 마음이나 감정을 바꿀 수는 없지만 행동은 바꿀 수 있다는 것이다. 이는 아주 귀중

하지만 아이들에게 사랑을 담은 인내심이 없이는 가르쳐주기 힘든 교훈이다.

자신의 능력을 최대한으로 활용하는 사람은 누구나 단련되고 인내심을 지녀야만 모든 일을 해낼 수 있음을 이해하고 있는 사람이다. 누구나 좌절과 패배의 아픔을 겪지 않을 수는 없다. 위대한 발명가 찰스 케터링은 영리하게 실패하는 법을 배워야 한다고 했다.

일단 실패를 하고 나면 그 실패의 원인을 면밀히 분석하여 그 실패 원인을 분석해야 한다는 것이다. 케터링은 모든 실패는 위대한 성공으로 한 걸음 더 다가서는 디딤돌이라고 믿는다. "실패를 해서는 안 되는 때는 단 한 번, 그것이 마지막 시도일 때 뿐입니다."라고 그는 말한다.

실패를 했을 때는 당신의 패배를 인정해야 한다. 그리고 실패를 했다해도 그 실패를 헛되이 하지 않도록 한다. 그 실패로부터 배울 수 있는 모든 것을 배워라. *모든 실패에는 교훈이 따르게 마련이며, 현실적으로도 당신이 그 교훈을 알고 있었다면 실패를 하지 않았을 것이기 때문이다.*

무엇보다 중요한 것은 실패가 또 다른 시도를 하지 않는 변명거리가 되어서는 안 된다. 이제 걸음마를 배우는 아기가 넘어졌다고 해서 "거봐, 안 되잖아. 그냥 앉아서 지내렴." 하고 말하는 부모는 없을 것이다.

한 걸음 더

어떤 일에 실패를 했던 간에 그 실패를 받아들이고 걸음마를 배우는 아기가 다시 일어서서 발을 떼어놓듯이 다시 시작할 수 있을 지는 모른다. 그러나 이제는 실패에 대해 더욱 민감하고 현명하게 대처해야만 한다.

실패로부터 얻을 수 있는 것이 무엇인지를 아는 것이 중요하다. 부모인 당신이 실패를 함으로써 더 나은 삶을 살아가는 것을 보여준다면 자녀도 이를 거울삼아 실패를 두려워하지 않고 이로부터 배우려는 자세로 생활하게 될 것이다.

조지아 주의 애틀랜타에 사는 스티브 브라운은 "할 가치가 있는 일은 그 일을 아주 잘하게 될 때까지 다시 시도해 볼 가치가 있다."고 말했다. 인내심은 성공한 모든 사람에게서 찾아볼 수 있는 중요한 자질이다.

또 다른 예는 프리드초프 난센이라는 탐험가에 대한 이야기다. 그는 동료와 함께 북극지방 탐험 도중 길을 잃었다. 식량은 바닥났고 데리고 다니던 개를 포함해서 먹을 수 있는 모든 것들을 먹으면서 생명을 유지해 나갔다. 그들은 끝없이 넓게 펼쳐진 눈밭을 터덜터덜 걸으면서 살아 있는 사람의 흔적을 찾고 있었다. 그러나 어디를 둘러봐도 하얀 설원이 펼쳐져 있을 뿐 인적은 찾아볼 수 없었다.

난센의 동료는 모든 것을 포기하고 결국 눈밭에 누워 생을 마감했다. 그러나 난센은 달랐다. 그는 자신의 패배를 인정할 만큼 강인했다. 그는 '한 발자국만 더, 한 발자국만 더'를 마음속으로 외치면서 비틀거리며 앞으로 나아갔고 결국 실종된 탐험가들을 찾는 미국 원정대에 의하여 구조되었다.

　　이 이야기가 전하고 있는 바는 분명하다. 난센이 그랬듯이 당신이 비틀거리더라도 계속해서 앞으로 나아간다면 결국 원하는 바를 얻게 될 것이다. 분명한 것은 가만히 앉아 있는다면 절대로 비틀거릴 일이 없을 것이며, 얻는 것도 없을 것이라는 점이다.

인내를 가지고 지식과 성장을 추구하는 현명한 사람은 반드시 행복해질 것이다. 행복이 모든 사람들의 목표인 이상 자녀를 긍정적이고 생산적인 인물로 키우고 싶다면 반드시 인내심을 키워주어야 한다.

많은 문제가 있음에도 불구하고 끈기있게 인내하면 결국은 해결된다.

부모가 모범을 보여야 한다

도중에 일을 그만두는 사람은 결코 성공할 수 없으며, 성공하는 사람들은 결코 자신이 하던 일을 도중에 그만두지 않는다는 사실은 동서고금을 막론하고 통용되는 진실이다. 불행히도 아이들은 처음부터 인내심을 지니고 있지는 않다.

대부분의 아이들이 도중에 실증이 나면 일을 그만둬 버린다. 아이들은 어떤 일에 깊이 빠져들었다가도 실증이 나면 바로 그 일을 중단해버린다. 이것이 바로 걸음마를 배우는 어린아이들에게서 볼 수 있는 일반적인 모습이다.

그러나 이런 아이들이 자라서 자신들이 가지고 놀던 장난감들을 치우고 집안청소를 돕고 침대를 정리하는 등 어머니의 일을 도울 수 있는 나이가 되면, 부모들은 이제 아이들에게 인내하는 자세를 길러주기 시작해야 한다.

아이들이 해야할 일이 무엇인지, 언제까지 그 일이 끝나야 하는지, 그리고 그 일이 잘 마무리되었는지를 부모가 확인하는 일은 아주 중요하다. 만일 아이들이 어린 시절부터 자신의 책임을 완수하는 습관을 들이지 않는다면 그 이유가 무엇이건, 나중에 어른이 되어서도 책임을 회피하려 할 것이다. 이런 관점에서 부모들은 자녀의 습관들이기에 주의를 기울여야 한다.

부모들이여, 자녀에게 인내심을 길러주는 일에 있어서는 고집을 부려야 한다. 아이들이 처음에는 이런 당신의 교육에 불만을 표시할지는 모르지만 되돌아보면 이것이 그들의 삶에 커다란 도움이 되리라는 점을 곧 이해하게 되고 감사해 할 것이다.

오래 전 칼빈 쿨리지가 이런 말을 했다. "세상의 어떤 것도 인내를 대신 할 수는 없다. 타고난 재능조차도 이를 대신할 수는 없다. 타고난 재능을 가지고 성공한 사람들보다 더 평범한 사람은 없다. 천재성 역시 인내를 대신 할 수 없다. 보답이 없는 천재성은 웃음거리에 지나지 않는다. 교육도 인내를 대신 할 수 없다. 세상에는 교육을 받은 낙오자들이 즐비하지 않은가."

당신이 아이들에게 인내의 가치를 가르칠 때, 아이들은 일시적으로 머뭇거릴지 모른다. 그러나 목표를 향해 나아가는 그들의 삶은 결코 멈추지 않을 것이다. 아이들은 곧 확고한 인내심으로 해결되지 않는 문제가 없음을 이해하게 될 것이다.

자기 평가

1. 중국 대나무 이야기를 요약해 보라.

2. 찰스 케터링으로부터 얻을 수 있는 교훈은 무엇인가? 당신의 인생에서 이 교훈의 효과를 본 적이 있는가? 자녀에게 이 교훈을 어떻게 전달할 수 있는가?

3. 필자는 아이에게 충분한 인내심이 없다고 생각한다. 부모가 이 문제에 대해 어떻게 대처해야 하는가?

4. 스티브 브라운이 한 말을 다시 한 번 상기해 보라.

5. 최근에 당신의 자녀가 어려운 일을 하고 있을 때 포기하지 않도록 격려했던 적이 있는가? 어려운 점은 무엇이었으며 가치 있는 일이었는가?

16

진정한 사랑

Real Love

"사랑에는 조건이 없다. 그저 생각 없는 난봉꾼 처럼 마구 퍼주는 것이 사랑이다."

– 한나 무어

특별한 소년

많은 경우 신체적으로나 정신적으로 건강한 자녀 대신 정신지체 혹은 신체적 지체를 가지고 있는 자녀를 두기도 한다. 가벼운 지체를 가진 자녀가 태어나기도 하지만 가끔 심각한 지체아가 태어나기도 한다.

    나는 『정상에서 만납시다 See you at the Top』에서 뇌성마비를 앓고 있는 어린 소년에 대해 자세하게 묘사한 바 있다. 이 아이의 부모 인 버니 로프칙과 엘라인 로프칙 부부는 캐나다 사람들로 지금은 내게 있어 형제 자매와 같은 사람들이다.

　　30명에 달하는 의사들이 한결같이 로프칙 부부의 아들 데이비드에게는 희망이 없으니 아이의 안위나 정상적인 다른 가족들을 위해서 특별 시설에 보내는 것이 좋다고 조언했다. 그러나 로프칙은 문제를 찾아내려는 의사가 아닌 문제를 해결하려는 의사를 찾았다. 그 의사가 바로 세계적으로 유명한 시카고 출신의 펄스타인 박사였다.

　　버니는 오스트레일리아의 한 소년에 대한 진료 약속이 취소되면서 펄스타인 박사와 운명적인 만남을 가지게 되었다. 그들 부부는 데이비드를 시카고에 있는 펄스타인 박사에게 데려갔다. 모든 종합적인 진찰을 거친 후에 펄스타인 박사는 데이비드의 회복을 기대한다면 그들이 해야 할 일들을 알려주었다.

　　그 중 한 가지는 데이비드가 2살이 되었을 때, 아이의 다리에 묵직한 버팀대를 대주어야 한다는 것이었다. 그리고 매일 밤 점차적으로 이 버팀대를 단단하게 죄어주어야 했다. 버니와 그의 아내가 버팀대를 대고 이를 죌 때마다 데이비드는 저항을 했다.

　　자, 생각해 보라. 데이비드는 흑단 같이 검은머리와 윤기가 흐르는 피부, 그리고 아름다운 초록색 눈을 가진 정말 귀여운 아이였다. 그런 아이가 눈에 눈물을 가득 담고 "오늘밤에도 그걸 차야 하나요? 아빠, 오늘 밤 한 번만 빼놓으면 안 되나요?"라고 애원을 한다고 상상해 보라.

　　부모라면 버니와 엘라인이 겪었을 아픔과 갈등을 이해하리라. 그러나 그들 부부는 데이비드를 너무나 사랑하기 때문에 아이의 이런 간청을 물리쳤다. 그래서 더 이상 치료가 필요하지 않게 되었을 때 웃으며 아이의 청을 모두 들어주는 현명한 부모가 되었음은 물론이다.

이제 그 '어린 데이비드'는 88.5 킬로그램이 나가고 가슴이 떡 벌어진, 모든 면에서 훌륭한 성인이 되었다. 그렇다. 사랑은 힘들다. 그러나 아이들을 위해 이보다 더 좋은 것은 없다.

말할 필요도 없이 자녀를 키우는 많은 경우에 있어 실랑이를 벌이지 않고 아이들이 요구하는 대로 내버려두기가 훨씬 더 쉽다. 또한 텔레비전을 보고, 인스턴트 식품을 먹는 자녀들을 그대로 내버려두는 것이 더 편안할지도 모른다.

나중에는 9시에는 잠자리에 들어야 하는 이유를 설명해주는 대신에 10시까지 깨어있어도 내버려두게 될 것이며, 급기야는 '다른 아이들처럼' 늦게 귀가하는 것까지 내버려두게 될 것이다. 그러나 진정한 사랑은 어디까지나 아이들을 위한 것이어야 하며, 누구나 하듯이 쉽게 할 수 있는 것이 아니다.

진정한 사랑과 거짓된 사랑

부정적인 세상에서 긍정적인 자녀를 키우기 위해 가장 필요한 것은 깊고 순수한 사랑이다. 아이들은 진정한 사랑과 매스컴에서 자주 등장하는 거짓된 사랑의 차이를 분명하게 이해할 필요가 있다.

몇 년 전 아내가 입금을 하러 은행에 갔다. 알다시피 은행원은 돈을 세서 금액을 확인하고 나서야 입금을 해준다. 그런데 이들은 돈을 너무나 빨리 세기 때문에 신기하게 느껴지곤 했다. 그래서 출금을 할 때도 돈을 너무 많이 주는 것은 아닌지 걱정이 되어 금액이 정확한지 확인을 해보고는 한다.

은행원이 돈을 세다가 갑자기 동작을 멈추더니, 20달러 짜리 지폐를 집어들면서 이렇게 말했다고 한다. "지글러 부인, 이것은 위조지폐입니다." 은행원이 즉시 위조지폐를 알아볼 수 있었던 것은 은행에서는 위조지폐를 절대로 취급하지 않기 때문이다. 그래서 은행원들은 위조지폐가 나타나면 만져보기만 해도 그 차이를 분명하게 알 수 있다.

그렇다. 위조지폐와 진짜 화폐에 분명한 차이가 있듯이 진정한 사랑과 거짓된 사랑 사이에도 커다란 차이가 있다. 위선적인 거짓 사랑은 종종 텔레비전 프로그램이나 삼류 소설에 등장한다.

만난 지 한 시간만에 남자와 여자가 저녁식사를 하러 가고 '의미 있는 관계'를 형성하며 열렬한 사랑에 빠져 같이 잠자리에 든다. 그러면서 그들은 이 위선적인 사랑을 도덕적으로 아무런 결함이 없는 진정한 사랑으로 만들려 노력한다.

사전 상으로는 "사랑이란 이성간의 부드럽고 열정적으로 좋아하는 감정"이라고 되어있다. 분명한 것은 진정한 사랑은 부드럽고 열정적으로 좋아하는 감정 이상의 것이라는 점이다.

아이들이 볼 때 진정한 사랑이란 가족 구성원 중 누군가가 아파 병상에 있을 때, 몇 달이건 몇 년이건 병상을 지키며 진심으로 걱정해주는 것이다. 왜냐하면 아이들은 순수하고 깊은 사랑을 행동으로 실천하는 것을 보고싶어하기 때문이다.

사랑을 표현하라

몇 년 전 아들과 이런 저런 이야기를 나누면서 이런 질문을 했다. "아들아, 누군가가 아버지의 어떤 점이 좋은지 묻는다면 뭐라고 대답하겠니?"라고 했더니 그는 "어머니를 사랑하신다는 점이 제일 좋아요."라고 대답했다.

그래서 나는 자연스럽게 왜 그런 말을 하는지를 물었고, 아이는 "아버지, 아버지께서 어머니를 사랑하시는 한 어머니를 존중하실 테고 어머니 역시 아버지를 사랑하시겠죠. 그렇게 되면 우리 가족은 파괴되지 않을 테고, 저 역시 어머니나 아버지 한 쪽을 선택해야 하는 불행한 상황에 처하지 않게 되잖아요." 하고 분명한 논리로 설명을 했다.

물론 그때, 나는 그의 가장 절친한 친구가 부모님의 이혼으로 한 쪽 부모를 선택해야 하는 상황에 처하게 되었다는 사실을 알지 못하고 있었다.

부모가 부부 간의 사랑을 아이들 앞에서 표현하는 것은 아주 중요하다. 부부가 진정으로 서로를 사랑한다면 서로에게 사려 깊고 신중하게 대할 것이다. 이는 당신 자신에게도 좋은 일일 뿐만 아니라 아이에게도 아주 좋은 영향을 미칠 것이다.

지금 집안에서 이 글을 쓰고 있지만 나는 텍사스 동부에 있는 홀리레이크 호수에 있다. 이 곳은 아내와 내가 함께 휴식을 취하려고 내려왔으며, 대부분의 글을 여기서 썼다.

　　오늘밤은 유난히 안개가 많이 낀 날이다. 방학이라 아들도 우리와 함께 있다. 내가 글을 쓰느라 바쁘기 때문에 아들과 아내는 저녁을 먹고 집에서 48킬로쯤 떨어진 타일러로 영화를 보러갈 계획을 짜고 있다. 안개가 점점 옅어지고는 있었지만 여전히 짙었다.

　　아들 녀석은 우리 식구 모두가 함께 영화를 보러 나가길 바랐지만 아내는 사려가 깊은 사람이다. 아니, 사실은 내가 더 생각이 깊은 사람이다. 그래서 두 사람에게 영화를 보러 가지 말라고 권했다. 타일러에 가는 일이 급한 일이었다면 문제는 달랐겠지만 안개가 자욱하게 낀 날 운전을 하며 그 먼 곳까지 아내와 아들이 나가는 것을 보고만 있을 수는 없었던 것이다.

　　내가 그들에게 타일러에 가지 말라고 한 이유는 흥을 깨기 위해서나 두 사람만 즐거운 시간을 보내는 것이 배가 아파서가 아니다. 절대로 그렇지 않다. 가족들이 즐거울 수 있다면 나도 행복하다. 그러나 나는 그들을 너무나 사랑하기 때문에 짙은 안개가 낀 날 어떤 위험이 도사리고 있을지도 모르는 도로 위로 내보내고 싶지 않았던 것이다. 이것이 바로 행동으로 보여주는 사랑이 아니겠는가. 부모의 사랑은 모든 일상사에서 표현되는 것이다.

진정한 사랑은 당신에게 쉬운 일은 아니
지만 자녀를 위하여 최선을 다하도록 요
구 되어지는 것이다.

포옹과 키스

대부분의 부모, 특히 아버지에 대한 오해는 그들이 자녀에게 많은 사랑
을 주지 않는다는 것이다. 내 강연을 들었던 40대에서 60대에 이르는
수많은 사람들이 부모로부터 사랑한다는 말과 함께 따뜻한 포옹과 키
스를 받은 기억이 없다고 말했다. 비극적인 것은 이렇게 말하는 많은
사람들이 그들의 자녀와 손자손녀들에게 역시 똑같이 그들의 사랑을
표현하고 있지 않다는 점이다.

다행스럽게도 부모로부터 따뜻한 사랑의 포옹이나 키스를 받으
며 자라지 못한 사람들도 이제는 서서히 자녀에게 이런 사랑의 표현을
보여주고 있다. 이는 참으로 바람직한 모습이다.

아버지와 어머니는 아들과 딸에게 키스를 해주어야 한다. 괜한 남
자다움을 과시하는 사람들이 걸음마 단계를 벗어난 남자아이에게 아버지
가 애정을 표현하면 동성애자가 될 확률이 높아진다는 근거 없는 이야기를
하는데, 이는 잘못된 생각이다. 사실은 오히려 그 반대다.

소아 전문 정신과 의학자인 로스 캠벨 박사는 자신의 경험 및 모든
지식에 비추어 보았을 때, 아버지로부터 애정을 듬뿍 받은 사람은 성적으

로 왜곡된 상태를 보이는 경우는 없었다고 말한다.

애정이 필요한 것은 어른이 되어서도 마찬가지다. 한 심리학자는 정신적 건강을 위해서는 하루 네 번 따뜻하게 포옹을 할 필요가 있다고 말한다. 로스앤젤레스의 캘리포니아 대학에서 실시한 연구들은 *포옹이 수많은 신체적인 문제는 물론 심리적인 문제들을 경감시켜 줄 뿐 아니라 수명을 연장시켜주고 건강을 유지시켜주며 스트레스를 줄여줄 뿐 아니라 숙면에도 좋다*는 결과를 발표했다.

나는 감히 자신 있게 "우리 가족은 포옹을 제대로 하며 살았다."고 말할 수 있다. 특히 아내는 수시로 가족들과 따뜻하고 가벼운 포옹을 하며 인사를 나눈다. 그래서 우리 식구들은 그녀가 움직이는 것이면 모두 끌어안고 인사를 한다는 우스갯소리를 할 정도다. 어찌되었든 아내와 나의 포옹하는 습관으로 인해 아이들도 이런 습관이 들었다. 결과가 궁금한가? 물론 우리 가족은 강한 유대감이 생겼고, 해를 거듭 할수록 서로를 사랑하는 마음이 깊어갔다.

사랑은 우리 모두를 승리자로 만든다

사랑과 그 사랑을 표현하는 것이 오늘날 우리의 가정에서 발생하는 많은 문제들을 해결하는 방법이라고 확신한다. 사랑은 다른 어떠한 것도 이룰 수 없는 일을 이루어낸다.

댈러스에서 가졌던 한 세미나에서 테네시 주 출신의 한 젊은이와 그의 아내를 만났다. 그는 재정적으로 빈틈이 없었으며 비교적 성공적이었다. 그러나 그에게는 한 가지 문제가 있었다. 문맹이었던 것이다. 세미나에서 나는 각자 노트에 '내가 좋아하는 것' 을 적어보라고 했을 때, 이 사내는 아무 것도 할 수 없었던 것이다.

세미나가 열리고 있던 셋째 날, 그는 자리에서 일어나 이렇게 말했다. "고백할 것이 있습니다. 지금까지 노트에다 적어 내라고 한 모든 좋은 내용들을 하나도 할 수 없었습니다. 글도 아내가 읽어줬으니까요. 저는 사실 문맹입니다. 쓸 줄도 읽을 줄도 모릅니다." 그리고는 울음을 터뜨리는 것이었다.

그 날 세미나에 모인 사람들 중 말레이시아 출신의 젊은이와 텍사스 주 출신의 덩치 큰 남자, 그리고 호주 출신의 한 여성이 이 젊은이에게 가서 그를 따뜻하게 감싸 안아주며 함께 눈물을 흘렸다. 함께 모였던 모든 사람들이 일어서서 테네시 주 출신의 젊은이와 그에게 다가가 함께 눈물을 흘렸던 세 사람을 둘러싸고 박수갈채를 보내주었다.

이 젊은이를 한 인간으로서 존경하고 그의 아픔에 공감한다는 의미였다. 나는 세 개의 서로 다른 대륙과 나라에서 온 네 명의 사람들이 서로 부여잡고 사랑과 관심을 나누며 서로를 격려하는 이 광경을 미국 국민들 모두에게 보여주고 싶은 심정이었다.

사랑은 어떠한 영적인 측면보다 숭고하며 순수하고 값진 것이다. 사랑만이 인간으로부터 가장 놀라운 잠재력을 끌어낼 수 있으며, 아무리 힘든 상황에서도 인내할 수 있는 힘을 줄 수 있다. 우리는 아이가 심하게 아프거나 사고로 다쳤을 때 부모들이 깊은 사랑으로 간절하게 기도하며 병상을 지키는 모습에서 사랑의 힘을 실제로 볼 수 있다. 사랑은 항상 모든 것을 극복한다.

긍정적인 자녀로 키우는 데 필요한 진정한 권위

여러 가지 면에서 이 책을 끝내는 방식이 아주 독특할 것이라는 생각이 든다. 지금까지 나는 내 경험과 관찰을 통해 얻은 정보와 자료를 함께 나눴다. 또한 수년 간에 걸쳐 수많은 부모들과 자녀 양육에 대해 권위를 가진 전문가의 이야기를 함께 나누기도 했다.

내가 하고자 하는 이야기들을 뒷받침하고자 제시한 자료들이 자녀를 긍정적이고 올바르게 양육하는 데 효과적이고 좋은 지침이 되기를 희망하며 또 그러리라 믿는다.

그러나 한 가지 고백하자면 이 책이 거의 마무리 되어가고 있는 시점에 나는 자녀를 양육하는 데 있어 많은 도움을 줄 수 있는 전문가를 방문했다.

다양한 모양과 크기로 나타나는 사랑

그녀의 이름은 델마 보스턴이며 그 명성은 몇 년 전부터 익히 알고 있었지만, 내가 그녀를 만난 날은 1984년 12월 21일 금요일이었다. 1969

년 델마의 남편은 살해당했고, 모든 일이 어둡게만 보였다. 그러나 델마는 보기 드물게 뛰어난 사람이었다. 순수한 사랑과 믿음의 측면에서 그녀는 남부 댈러스의 테레사 수녀라 불려도 손색이 없을 정도였다.

델마는 200여 명의 수양 자식들을 두었으며, 1984년 12월에도 그녀는 14명의 아이들을 키우고 있었다. 델마가 키운 아이들은 버려진 아이들이었다. 그들 중 몇몇은 정신적인 장애를 가지고 있었으며, 어떤 아이들은 심각한 신체적 장애를 가지고 있기도 했다.

그러나 델마가 이 아이들을 데려왔을 때 기적이 일어났다. 이 아이들 대부분은 신체적으로나 성적으로 혹은 정신적으로 극심한 학대를 받은 아이들이었다. 델마는 남녀나 인종을 가리지 않고 버려진 아이들을 받아들였다.

22살이 된 조나단은 9살 때 정신 지체로 버려진 아이 중 하나였다. 그는 20여 개의 어린이 보호소를 전전하며 좋지 않은 명성을 쌓아가고 있었다. 이제 더 이상 그를 돌보겠다는 사람은 없었다. 그러나 그때 선뜻 아이의 보호를 자청한 사람이 바로 델마였다. 조나단보다 더 심한 정신 지체를 가지고 있는 아이들도 다른 기관에서 받아들여졌다.

조나던이 모두에게 거부당한 이유는 한 밤중에 깨어나 다른 친구의 침실로 가거나 사람의 얼굴에 침을 뱉거나 오줌을 누는 행동들 때문이었다. 대부분의 가정에서도 싫어하는 행동들이 분명했다. 델마에 의해 받아들여진 조나단은 기적의 소년이 되었다.

델마가 길러낸 또 다른 아이는 마르코 데반즈라는 10대 소년이었다. 그는 신체적인 장애로 인해 대부분의 시간을 침대에 누워서 보내야 했다. 그의 뼈는 너무나 물러 일어설 수가 없었던 것이다. 마르코는 아주 밝고 똑똑한 소년으로 모든 이들의 마음을 사로잡는다. 델마가 그와 이야기하는 모습을 보면 알겠지만, 그 아이의 눈은 다른 사람들에게도 힘을 북돋워줄 정도로 낙천적이며 밝게 빛난다.

아이들을 사랑하고 하나님을 믿어라

델마와 이야기를 나누면서 어떻게 이런 기적을 만들어 냈는지를 물었다. 그러자 그녀는 겸손하고 믿음에 찬 표정으로 "전 단지 그 아이들을 사랑하고 하나님을 믿었을 뿐입니다."고 대답했다.

그녀에게 표창이라도 하려면 "아닙니다. 하나님께서 모든 것을 돌봐주시는 걸요." 하고 웃으며 말한다. 그렇다. 하나님께서 모든 걸 돌봐주신다. 그러나 이 '특별한' 아이들의 경우에 있어서는 델마와 같이 마음이 따뜻하고 사랑으로 충만한 훌륭한 여인으로 하여금 당신의 일을 대신하도록 하신 것이다. 그래서 그녀는 이 험난한 세상에서 혼자의 힘으로 살아갈 수 없는 아이들을 훌륭하게 자라도록 도울 수 있었던 것이다.

내가 이런 이야기를 하는 이유는 당신이 당신의 자녀를 바라볼 때, 그 아이가 정신적으로나 신체적으로 어떤 상태에 있거나 상관없이 사랑을 보여주라는 것이다. 델마의 아이들은 저마다 델마의 사랑과 믿음에 반응을 보여왔다. 물론 델마가 해 온 일이나 하고 있는 일이 쉬운 일이라는 말은 아니다.

델마 보스턴의 집에서 자란 아이들을 보면 가장 크게 성공한 사람은 델마임을 알 수 있다. 성공을 함으로써 느끼는 희열도 크겠지만, 이는 아이가 어떤 문제를 가지고 있는지에 상관하지 않고 보살펴주고 사랑으로 돌봐줌으로써 이 아이가 더 나은 삶을 살게 되는 모습을 보면서 느끼는 행복감과는 비교도 되지 않을 것이다.

당신의 아이가 어떤 면에 있어 정상이 아니거나 건강하지 않다 하더라도 댈러스의 델마 보스턴이 만들어낸 기적을 생각하며 희망을 가지기 바란다. 그녀가 아무런 연고도 없이 학대받고 버려진 지체아에게 사랑과 책임과 애정을 보여주었다면 부모인 당신은 자녀에게 더 많은 사랑과 애정을 쏟으며 아이가 정상적인 생활을 하는 것은 물론 인생에서 성공할 수 있도록 큰 도움을 줄 수 있을 것이다. 그렇게 된다면 결국 가장 크게 성공한 사람은 바로 당신이 될 것이다.

내가 첫 페이지에서 언급했던 새로운 안경을 끼고 자녀들을 대하라는 당부를 마지막으로 이 책을 맺고자 한다.

기도하는 마음과 참을성 있는 희망, 긍정적인 교육과 하나님께서 주신 사랑으로 모든 장애를 극복하며, 당신의 자녀만이 할 수 있는 일이 무엇인지를 볼 수 있는 진정한 안경을 낀 부모가 되길 바란다.

 사랑은 아무도 할 수 없는 일을 할 수 있도록 한다.

자기 평가

1. 로프칙 가족의 이야기를 기억하는가? 그들의 자녀
   사랑법을 설명해 보라.

2. 진정한 사랑과 위선적인 사랑의 차이를 설명하라.

3. 가족 간에 따뜻한 포옹을 자주 하는가? 이런 애정
   표현이 아이들이 행복하게 자라는 데 도움이 된다
   고 생각하는가?

4. 한 세미나에서 만난 테네시 주 출신의 젊은이에 대
   한 일화를 기억하는가? 그의 문제가 무엇이었는
   가? 그에게 보여진 진정한 사랑은 무엇인가?

5. 당신은 모든 면에서 특별한 자녀를 두었다. 장기적
   으로 볼 때 이 아이에게 진정한 사랑을 보여줄 수
   있는 방법은 무엇인가?

내가 지금까지 써 온 글들에 대해 정작 우리 아이들은
어떤 생각을 하고 있는지 알고 싶은 사람들이 많을 것이다. 그래
서 아이들에게 우리가 한 일 중에서 잘했다고 생각하는 것과 잘
못했다고 생각하는 일을 직접 물어보았다.

✤ 우리가 잘못한 것 ✤

1. 이유 없는 반대   훌륭하게 성장하는 것을 방해하는 부모의
잘못된 자세는 자녀의 행동에 반대를 하면서도 아무런 이유를 제
시하지 않는 것이다. 많은 경우에 있어 부모는 반대를 하면서도
"하지 말라면 하지 말아야지" 하는 식의 논리를 내세운다. 이는 우
리가 반드시 고쳐야할 잘못된 자세다.

2. 가족과 함께 하는 활동의 결핍   아이들은 가족과 함께 하는
활동이 적다는 사실에 실망감을 나타냈다. 아이들은 구체적으로
가족 소풍이나 캠핑을 가자고 하거나 농구나 축구를 함께 하자는
등의 활동을 요구한다.

3. 잘못한 일에 대한 체벌의 부재   아이들에게 과제를 부여하고 이 과제를 완수하지 못했는데도 부모들은 벌을 주지 않는다. 아이들은 이 점을 지적하며 자신들이 책임감을 가질 수 있도록 가정에서 훈련을 받아 성공적인 삶을 준비할 수 있어야 한다고 말했다.

4. 성 문제에 관한 부적절한 주의와 교육   자녀가 성장함에 따라 부모가 주의를 기울여야 하는 문제는 성교육 문제다. 특히 여자아이의 경우 적절한 성교육이 절대적으로 필요하다.

5. 독단적으로 처리하는 잦은 이사   부모가 잘못하고 있는 것들 중 하나는 다른 도시로 이사를 자주 다닌다는 것이다. 물론 피치 못할 사정으로 이사를 하는 것은 어쩔 수 없다. 그러나 아이들을 생각해서 가능한 한 이사를 해야하는 일이 생기지 않도록 해야할 필요가 있다. 또한 이사를 해야 할 일이 발생할 시, 독단적으로 결정을 내리기보다는 가족회의를 열어 아이들과 함께 이야기를 충분히 나누어 결정을 해야 한다.

6. 재정적인 문제의 처리   막내 딸이 17살 되던 해에 우리 가정

의 재정상황이 극히 불안했었다. 그리고 아내와 나는 이런 문제를
아이들에게 내색하지 않았다. 그런데 나중에 우리 부부는 아이들
이 그 기간을 얼마나 힘겨워하고 있었는지 알게 되었다.

우리 아이들은 가족이 모든 것을 잃고 거리에 나앉게 될까봐 걱정
을 하고 있었던 것이다. 조금만 솔직하게 아이들에게 이야기해 주
었더라면 이런 쓸데없는 불안감은 주지 않았을 것이다.

⚜ 우리가 한 올바른 일 ⚜

아이들과 이야기를 하면서 우리 부부가 잘못한 일보다 다음과
같이 잘한 일들이 많다는 것에 위안을 받았다.

1. **아이들이 주문한 음식을 같이 주문해 준 점**   흥미로운 점
은 아이들이 부모에게 고마워하고 있는 점들 중 하나가 식당에서
자신들에게 음식을 주문할 기회를 먼저 준다는 것이다. 사실 부모
들은 대부분 아이들이 원하는 음식을 함께 시켜 먹는다. 이런 부모
의 행동이 아이들로 하여금 긍정적인 자기 이미지를 가질 수 있도
록 도와준다는 것이다.

2. 올바른 것과 잘못된 것의 절대적 기준을 제시해 준 점 가령 어머니는 아이에게 거짓말이 나쁜 것임을 가르쳐주기 위하여 스스로도 거짓말을 하지 않는다. 또한 12살이 되면 아이들에게 어린이용 승차권이 아닌 성인용 승차권을 사줌으로써 법을 준수해야 함을 몸소 가르쳐준다는 것이다.

3. 부적절한 언어를 사용하지 않은 점 아이들은 부모가 사용하지 말라는 부적절한 언어를 부모들이 직접 사용하는 것을 들은 적이 없다고 했다. 다른 사람에게 욕설을 하거나 비하하는 말을 부모로부터 들은 적이 없다고 설명했다.

4. 아이들에게 정중하게 대한 점 부모를 비롯한 어른들에게 정중하게 대하고 '감사합니다'와 '부탁드립니다'라는 표현을 자주 사용하라는 가르침을 준 것이 삶을 살아가는 데 많은 도움이 되었다고 했다.

5. 자신은 물론 타인을 존경한 점 우리 아이들은 아내나 내가 스스로를 통제하지 못할 정도로 술을 마신 것을 본 적이 없다고 했

다. 아이들이 우리에게 가장 고마워하고 있는 점은 서로에 대한 존경과 사랑을 보여주었다는 것이다. 또한 다른 인종은 물론 타인을 존중하는 자세를 가르쳐준 것에 대해 가장 높은 가치를 두고 있었다.

6. 개인적인 책임 강조   둘째 딸 신디는 자신에게 책임감을 심어주어 고맙다는 말을 했다. 숙제를 스스로 하는 것은 물론 제시간에 귀가하고 대학에 들어가면서 스스로 자신의 진로를 결정할 수 있도록 올바르게 자신을 안내해준 것을 특히 고마워하고 있었다.

7. 합리적인 데이트 금지   우리는 '다른 사람들이 다 그렇게 한다'는 이유로 조금의 관심으로 데이트 하는 것을 반대했다. 아내와 내가 강조한 것은 두 사람이 결혼하여 가정을 꾸릴 책임을 질 수 있을 만큼 서로를 원할 때에만 정식적으로 데이트를 하도록 가르쳤다.

8. 아이들의 이야기를 들어준 점   수잔은 특히 우리가 자신들의 이야기를 많이 들어주고 함께 이야기를 나눈 것에 고마움을 표했다.

9. 편애를 하지 않은 점 우리는 모두를 똑같이 사랑했다. 물론 우리 딸들은 톰은 예외라고 대답했는데 우리 부부가 해외여행을 할 때 동행했기 때문이다(톰은 셋째가 10세 되던 해에 태어났다. 우리가 여행을 할 때는 딸들이 결혼을 한 후였다).

10. 사랑과 애정을 표현한 점 아이들에게 가장 중요한 것은 애정을 보여주는 것이다. 부부 간의 사랑은 물론 자녀에 대한 사랑도 표현되어야 편안함을 느낀다.

우리 부부가 한 일 중 가장 중요한 것은 아이들에게 무조건적인 사랑을 보여주었다는 것이다. 험난한 세상에서 긍정적이고 올바른 자녀를 키우는 데 있어 중요한 것은 사랑의 힘이다.
가정은 사랑과 창조력, 영감(靈感)과 즐거움의 원천이 되어야 한다. 당신과 당신의 가족이 이와 같은 가정을 꾸리는 데 이 책이 많은 도움이 되기를 바라며, 실제로 많은 도움이 되리라 확신한다.